George A. Akerlof, Rachel E. Kranton
Identity Economics

George A. Akerlof, Rachel E. Kranton

IDENTITY ECONOMICS

Warum wir ganz anders ticken, als die meisten Ökonomen
denken

Aus dem Amerikanischen von Helmut Dierlamm

Titel der Originalausgabe:
Identity Economics. How our Identities shape our Work, Wages, and Well-Being.
Princeton, Princeton University Press 2010

Bibliografische Information der Deutschen Nationalbibliothek
Die Deutsche Nationalbibliothek verzeichnet diese Publikation in der Deutschen Nationalbibliografie; detaillierte bibliografische Daten sind im Internet über http://dnb.d-nb.de abrufbar.

1   2   3   4   5   6   15   14   13   12   11

Copyright © 2010 by Princeton University Press
Alle Rechte der deutschen Ausgabe:
© 2011 Carl Hanser Verlag München
Internet: http://www.hanser-literaturverlage.de
Lektorat: Martin Janik
Herstellung: Stefanie König
Umschlaggestaltung: Brecherspitz Kommunikation GmbH, München,
www.brecherspitz.com
unter Verwendung einer Fotografie von Fotolia
Satz: le-tex publishing services GmbH, Leipzig
Druck und Bindung: Friedrich Pustet, Regensburg
Printed in Germany
ISBN 978-3-446-42696-2

INHALT

TEIL 1 IDENTITÄTSÖKONOMIE

1 EINLEITUNG

Ann Hopkins wurde 1978 im Büro für Regierungsdienstleistungen der Wirtschaftsprüfungsgesellschaft Price Waterhouse eingestellt. Allen Berichten zufolge war sie eine fleißige und sorgfältige Mitarbeiterin. Sie bekam eine liegengebliebene Anfrage des US-amerikanischen Außenministeriums mit der Bitte um Bearbeitungsvorschläge, und unter ihrer Federführung wurde daraus ein Auftrag im Wert von fast 25 Millionen Dollar.[1] Es war der höchstdotierte Beratungsvertrag, den Price Waterhouse je an Land gezogen hatte, und Anns Kunden im Außenministerium waren dementsprechend begeistert von ihrer Arbeit. Im Jahr 1982 wurde sie als einzige Frau unter 88 Kandidaten als Partner vorgeschlagen.[2] Doch ihre Beförderung wurde abgelehnt.

Was war an ihrer Leistung negativ beurteilt worden? Kollegen beschwerten sich über ihr Benehmen und die Art wie sie ihr Personal behandelte. In schriftlichen Äußerungen zu ihrer möglichen Beförderung notierten die Seniorpartner: »Müsste mal einen Kurs auf der Charme-Schule belegen«; sie bezeichneten sie als »Macho« oder schrieben: »Kompensiert zu stark die Tatsache, dass sie eine Frau ist«. Ihr Vorgesetzter unterstützte zwar ihren Antrag, meinte aber, wenn sie Partner werden wolle, müsse sie »weiblicher gehen, weiblicher reden, sich weiblicher kleiden, Make-up und Schmuck tragen und sich eine schicke Frisur zulegen«.[3]

Hopkins klagte daraufhin auf geschlechsspezifische Diskriminierung nach Title VII des Civil Rights Act. Nach einer

Reihe von Berufungsverfahren kam der Fall 1988 vor den Obersten Gerichtshof. Dort urteilte eine Mehrheit der Richter, dass Hopkins' Firma mit zweierlei Maß gemessen habe. Im Urteil hieß es, dass »ein Arbeitgeber, der Aggressivität bei Frauen ablehnt, für dessen Berufsbild aber genau diese Eigenschaft erforderlich ist, Frauen in einen unlösbaren und unzulässigen Zwiespalt bringt: Sie verlieren ihre Stelle, wenn sie sich aggressiv verhalten, verlieren sie aber eben auch, wenn sie es nicht tun.«[4]

Price Waterhouse vs. Hopkins ist ein Beispiel dafür, wie sich die Identität eines Menschen ökonomisch auswirken kann. Die Seniorpartner beriefen sich auf damals gültige Verhaltensnormen: *Männer* sollten sich anders verhalten als *Frauen*. Diese Ansichten, so ließe es sich interpretieren, spiegelten grundlegende menschliche Bedürfnisse und Vorlieben wider: Die Partner arbeiteten schlicht und einfach gern mit Frauen zusammen, die »weiblicher« redeten und einen »weiblicheren« Gang hatten als die Klägerin. Dabei handelt es sich jedoch nicht um grundlegende Präferenzen wie »ich mag Orangen« und »du magst Bananen«, die die Grundlage der wirtschaftswissenschaftlichen Theorie des Handels bilden. Vielmehr beruhen diese Bedürfnisse und Präferenzen auf dem jeweiligen sozialen Umfeld und darauf, wer mit wem interagiert. Sie sind von bestimmten *Normen* abgeleitet, die wir als die sozialen Regeln definieren, welche festlegen, wie Menschen sich in verschiedenen Situationen verhalten *sollen*. Diese Regeln sind manchmal explizit, manchmal implizit. Sie sind weitgehend internalisiert und werden oft mit Vehemenz vertreten. Die »Bedürfnisse« und »Präferenzen«, die sich aus ihnen ableiten, sind oft Gegenstand von Auseinandersetzungen und können wie im Fall von Ann Hopkins so heftig sein, dass sie am Ende gerichtlich entschieden werden müssen.

Dieses Buch führt das Konzept der Identität und die damit verwandten Normen in die Disziplin der Wirtschaftswissenschaft ein. Die Wirtschaftswissenschaft beschränkt sich heute nicht mehr auf Fragen des Konsums und des Einkommens: Wirtschaftswissenschaftler ziehen heute bei ihren Berechnungen auch eine große Vielfalt nicht-ökonomischer Motive in Betracht. Durch die Identitätsökonomie werden die Wirtschaftswissenschaften jedoch um ein Novum ergänzt. Menschen haben in jedem sozialen Kontext eine Vorstellung davon, wer sie sind. Diese Vorstellung ist wiederum an Auffassungen darüber geknüpft, wie sie selbst und andere sich verhalten sollten. Eben diese Vorstellungen spielen, wie wir sehen werden, beim Funktionieren von Volkswirtschaften eine wichtige Rolle.

Wir beginnen mit dem Fall Hopkins, weil es dabei klar ersichtlich um die geschlechtliche Identität einer Person geht. Schon das Kleinkind lernt, dass sich Jungen und Mädchen unterschiedlich verhalten sollten. Doch das Geschlecht und – ähnlich offenkundig – die ethnische Herkunft eines Menschen sind eindeutige Beispiele für seine Identität und die damit verbundenen Normen. In diesem Buch untersuchen wir dagegen Normen, wie sie sich in vielen verschiedenen Zusammenhängen manifestieren, etwa am Arbeitsplatz, zu Hause und in der Schule.

Lassen Sie uns die Bedeutung der Identität im Wirtschaftsleben an einem weiteren Beispiel demonstrieren, das aus einem Bereich stammt, von dem man vielleicht nicht erwartet hätte, dass diese dort eine Rolle spielen könnte. An der Wall Street geht es bekanntermaßen angeblich nur ums Geld. Wie aus Charles Ellis' Buch über die Geschichte von Goldman Sachs hervorgeht, stützt sich der Erfolg des Finanzinstituts beim Geldverdienen jedoch paradoxerweise darauf, dass dieses Ziel, zumindest kurzfristig, tatsächlich anderen Zielen untergeordnet wird.[5] Der finanzielle Erfolg des Unternehmens beruht nämlich auf einem Ideal, das dem der US-amerikanischen Luftwaffe »Service before Self« (»Selbstloses Dienen«) erstaunlich ähnlich ist. Oder wie ein Geschäftsführer des Unternehmens neulich zu uns sagte: »Wir bei Goldman rennen zum Feuer hin.« Die 14 Geschäftsprinzipien von Goldman Sachs wurden in den siebziger Jahren von John Whitehead, dem Co-Chairman des Unternehmens formuliert, als dieser befürchtete, dass die Firma im Zuge ihrer Expansion ihre grundlegenden Werte verlieren könnte. Das erste Prinzip lautet: »Die Interessen unserer Kunden stehen immer an erster Stelle. Wir wissen aus Erfahrung, dass unser eigener

Erfolg darauf beruht, dass wir unseren Kunden gute Leistungen erbringen.« Die Prinzipien verlangen ferner Teamgeist und Innovationsbereitschaft und die strenge Einhaltung von Vorschriften und Normen. Der letzte Grundsatz des Prinzipienkatalogs lautet:»Integrität und Ehrlichkeit sind der Kern unseres Geschäfts. Wir erwarten von unseren Mitarbeitern, dass sie sich in allem, was sie tun, an hohen ethischen Normen orientieren, und zwar sowohl bei der Arbeit als auch im Privatleben.«[6] Wie das Militär und wie kommerzielle Unternehmen, die wir in diesem Buch untersuchen, ist Goldman Sachs ein Beispiel für praktische Identitätsökonomie. Seine Angestellten handeln nicht nach ihren eigenen Grundbedürfnissen: Indem sie Whiteheads Prinzipien akzeptieren, identifizieren sie sich mit ihrer Firma und versuchen sowohl im Geschäfts- als auch im Privatleben deren Idealen zu entsprechen. Ihr Kredo lautet:»Absolute Loyalität gegenüber der Firma und den Gesellschaftern.«[7]

Die Ursprünge von *Identity Economics*

Unsere Arbeit über Identität und Ökonomie begann 1995, als wir beide zufällig in Washington weilten. Wir waren zusammen in Berkeley gewesen, George als Professor und Rachel als Studentin. George hatte danach eine Stelle an der Brookings Institution angenommen, und seine Frau war Mitglied des Federal Reserve Board geworden. Rachel hatte ihre Karriere an der University of Maryland fortgesetzt.

Unser Buchprojekt begann damit, dass Rachel mich anschrieb und meine neueste Publikation als fehlerhaft kritisierte.[8] Ich hätte das Problem der Identität ignoriert, dem in der Wirtschaftswissenschaft allgemein zu wenig Beachtung geschenkt werde. In der Folge trafen wir uns und vermuteten zunächst, dass das Problem der Identität in der damaligen Wirtschaftswissenschaft doch schon erfasst war, und zwar in Form von *Präferenzen.*

Wir diskutierten monatelang miteinander. Wir besprachen die Forschungsergebnisse von Soziologen, Anthropologen,

Psychologen, Politologen, Historikern und Literaturwissen-
schaftlern. Und wir konzentrierten uns dabei auf die Frage
der Identität, darauf, welche Rolle es spielt, dass Menschen
eine Vorstellung davon haben, wie sie selbst und andere sich
verhalten sollen; dass die Gesellschaft ihnen beibringt, wie
sie sich verhalten sollen; dass Menschen durch diese Vorstellungen motiviert werden, und das manchmal so stark, dass
sie bereit sind, dafür zu sterben. Wir arbeiteten viele Gedanken und Nuancen exakt aus, um eine grundlegende Definition von Identität zu entwickeln, die sich leicht in die Wirtschaftswissenschaft integrieren ließ. Und wir stellten fest,
dass sich die Integration der Identität auf so verschiedene
Felder wie die Makroökonomie und die Ökonomie der Erziehung auswirken würde.[9]

Dieses Buch entwickelt einen wirtschaftswissenschaftlichen Ansatz, nach dem Präferenzen je nach sozialem Kontext
unterschiedlich ausgeprägt sein können. Durch die Konzepte
Identität und Normen verändert sich das Verständnis von
Präferenzen. Einfache Geschmacksvorlieben wie die Präferenz für Orangen oder Bananen (um das oben benutzte Beispiel wieder aufzugreifen) werden allgemein als typische Eigenschaften von Individuen angesehen. Im Gegensatz zu
diesen Vorlieben hängen Identität und Normen einer Person
jedoch von ihrem sozialen Kontext ab. Die Integration der
Konzepte Identität und Normen ergibt eine Theorie der Entscheidungsfindung, in der der soziale Kontext relevant wird.

Das neue Konzept der Präferenzen ist wichtig, weil Normen wichtige Motivationsquellen darstellen. Normen beeinflussen Augenblicksentscheidungen – zum Beispiel so trivia-
le wie die, welches T-Shirt man zum Joggen anzieht. Aber sie
beeinflussen auch Lebensentscheidungen von großer Trag-
weite, etwa ob ein Mensch die Schule abbricht, ob und wen er
heiratet, ob er arbeitet, spart, investiert, in den Ruhestand
geht oder in den Krieg zieht. Wie sich in diesem ganzen Buch
beobachten lässt, sind Identitäten und Normen leicht zu erkennen. Anthropologen und Soziologen beschäftigen sich sogar von Berufs wegen mit der Beobachtung von Normen. Wir
haben bereits zwei Beispiele angeführt: Goldman Sachs und
seine 14 Prinzipien und die Art und Weise, wie die Senior-

partner bei Price Waterhouse Ann Hopkins sahen. Menschen bringen dadurch, wie sie sich selbst und andere beschreiben, ihre Ansichten zum Ausdruck. Oder wie es der Oberste Gerichtshof in seiner Entscheidung im Fall Hopkins formulierte: »Man braucht keine Spezialausbildung, um einen Fall von geschlechtsspezifischer Diskriminierung darin zu erkennen, dass eine aggressive Angestellte angeblich ›einen Kursus auf der Charme-Schule‹ nötig habe. Auch muss man nicht Psychologie studiert haben, um zu erkennen, dass vermutlich das Geschlecht einer Angestellten kritisiert wird und nicht ihre ›sozialen Fähigkeiten‹, wenn sich diese durch einen Hosenanzug in einem weicheren Farbton oder durch eine neue Farbe ihres Lippenstifts korrigieren ließen.«[10]

Die Wirtschaftswissenschaft hat bisher weder über die Sprache noch über den analytischen Apparat verfügt, um solcherlei empirisches Material zu verwerten oder derartige Normen und Motivationen zu beschreiben. Natürlich haben schon viele Wirtschaftswissenschaftler nicht-ökonomische Motive wie Moral, Altruismus und Prestigedenken als Ursachen für menschliches Verhalten postuliert. Dieses Buch bietet jedoch sowohl das Vokabular als auch einen umfassenden theoretischen Rahmen für die Erforschung dieser Motive.

Ideen haben Folgen

Die Wirtschaftswissenschaft hat (ob nun zum Guten oder zum Schlechten) einen starken Einfluss darauf, wie Politiker, die Öffentlichkeit und die Medien sich äußern und denken. Die moderne Wirtschaftswissenschaft ist geprägt von dem im 18. Jahrhundert unternommenen Versuch Adam Smiths, die Moralphilosophie in eine Sozialwissenschaft zu verwandeln, die eine gute Gesellschaft schaffen sollte. Dabei berücksichtigte Smith alle menschlichen Leidenschaften und sozialen Institutionen in seinem Versuch. Im 19. Jahrhundert begannen die Ökonomen mathematische Modelle dazu zu konstruieren, wie die Wirtschaft funktionierte. Dabei hatte sie das stark reduzierte Menschenbild eines nach dem rationalen Optimum strebenden Menschen vor Augen, der nur von wirtschaftlichen Motiven geleitet wurde. Als sich die Wirtschaftswissenschaft im 20. Jahrhundert weiterentwickelte, wurden die Modelle ausgeklügelter, doch das vorherrschende Bild des *Homo oeconomicus* erwies sich als Hemmschuh. Dies änderte sich erst, als Gary Becker Wege fand, eine Vielfalt ganz realer Präferenzen, etwa für Diskriminierung, für Kinder oder für altruistisches Verhalten, darzustellen.[11] Erst vor relativ kurzer Zeit hat die Verhaltensökonomie den kognitiven Bias und andere psychologische Erkenntnisse in die Wirtschaftswissenschaft eingebracht. *Identity Economics* wiederum fügt mit einem neuen »Wirtschaftsmenschen« und einer »Wirtschaftsfrau«, die mehr Ähnlichkeit mit echten Menschen in realen Situationen haben, dem Ganzen den sozialen Kontext hinzu.[12]

Was bringt uns nun aber dieses realistischere Menschenbild? Wir bekommen ein verlässlicheres Modell, durch das die Wirtschaftswissenschaft ein nützlicheres Werkzeug zur Optimierung von Institutionen und Gesellschaft wird. Das umfassendere, in einen sozialen Rahmen gestellte Verständnis individueller Entscheidungsfindung sollte Wirtschaftswissenschaftlern, die auf verschiedenen Ebenen arbeiten, dabei helfen, robustere Beschreibungen der wirtschaftlichen Verhältnisse zu konstruieren. Auch Sozialwissenschaftler aus anderen Disziplinen werden die Identitätsökonomie vermutlich nützlich finden, weil sie einen Zusammenhang zwischen ihrer Arbeit und ökonomischen Modellen herstellt und ihnen so eine umfassendere Beschreibung sozialer Prozesse ermöglicht. Politische Analysten und Wirtschaftsstrategen werden von der Identitätsökonomie profitieren, weil sie aufzeigt, wie sich die Folgen öffentlicher Maßnahmen und privater Geschäftspraktiken genauer voraussagen lassen.

Die These »Ideen haben Folgen« war im Jahr 2002 ein Thema bei der Feier zu Milton Friedmans 90. Geburtstag im Weißen Haus.[13] Oder wie es John Maynard Keynes zwei Generationen zuvor formuliert hatte: »Wahnsinnige in hoher Stellung, die Stimmen in der Luft hören, zapfen ihren wilden Irrsinn aus dem, was irgendein akademischer Schreiber ein paar

Jahre vorher verfasst hat.«[14] Die Identitätsökonomie verhilft menschlichen Affekten und sozialen Institutionen wieder zu ihrem Recht innerhalb der Wirtschaftswissenschaft. Ob die Wirtschaftswissenschaft das Konzept der Identität berücksichtigt oder nicht, hat demnach durchaus Folgen.

2 IDENTITÄTSÖKONOMIE

Dieses Kapitel führt das Konstrukt der Identitätsökonomie ein. Es zeigt die Bruchlinie zwischen einer Wirtschaftswissenschaft, in der Identität und Normen nicht berücksichtigt werden, und einer, in der sie als relevante Faktoren betrachtet werden.

Identität, Normen und Nutzenfunktionen

Wir Wirtschaftswissenschaftler haben unsere eigene Art, Motivation zu beschreiben: Wir sagen, ein Individuum habe eine »Nutzenfunktion«. Diese ist ein mathematischer Ausdruck für das, was einer Person wichtig ist. Zum Beispiel kann einer Person ihr heutiger und ihr künftiger Konsum wichtig sein. Sie trifft dann Entscheidungen, um ihre Nutzenfunktion zu optimieren. Zum Beispiel wird sie sich entscheiden, wie viel Geld sie sich leihen und wie viel sie sparen will. Es erscheint vielleicht umständlich, eine Motivation mathematisch zu beschreiben, doch erweist es sich als nützlich. Die Nutzenfunktion und die Daten, die in sie einfließen, sind für die Wirtschaftswissenschaft ein Instrument, um Motivation formal zu klassifizieren. Im Prinzip kann mit einer Nutzenfunktion jede Art von Motivation ausgedrückt werden.

Die meisten ökonomischen Analysen konzentrieren sich auf finanzielle Motive wie das Streben nach mehr Konsum

oder Einkommen. In der Wirtschaftswissenschaft von heute
geht es jedoch nicht nur um Geld, und viele Wirtschaftswissenschaftler sind der Ansicht, dass auch nicht-finanzielle
Motive untersucht werden sollten. Nutzenfunktionen wurden
entwickelt, um eine große Bandbreite an nicht-finanziellen
Bedürfnissen und Präferenzen auszudrücken, etwa Kinder-
wunsch, das Streben nach Prestige oder das Verlangen nach
Fairness und Vergeltung.

Trotz dieser Vielzahl von Aktivitäten beharrt die Wirtschaftswissenschaft jedoch mit wenigen Ausnahmen auf der
Grundhypothese, solche Bedürfnisse und Präferenzen seien
individuelle Merkmale, die unabhängig vom sozialen Kontext existierten. Manche Personen legen einfach mehr Wert
auf Kinder, andere weniger. Manchen ist ihr Prestige wichtig,
anderen nicht so sehr. Und so weiter. Bei dieser Grundhypothese wird nicht berücksichtigt, dass es zumindest teilweise
von der Identität einer Person abhängt, was ihr wichtig ist
und wie wichtig es ihr ist.

Wir wollen dies mit dem Bedürfnis nach »Fairness« illustrieren. Führende Wirtschaftswissenschaftler wie zum Beispiel John Nash, Hal Varian, Matthew Rabin und Ernst Fehr
haben das Phänomen der Fairness in unser Blickfeld ge-
rückt.[15] Sie vertreten die Ansicht, dass es Menschen wichtig
ist, fair zu sein und fair behandelt zu werden. Bei einer Nutzenfunktion sollten solche Anliegen demnach berücksichtigt
werden. Das so wahrgenommene Phänomen der Fairness ist
eine Erklärung für viele Ergebnisse von Experimenten, bei
denen Versuchspersonen (in der Regel Studenten in einem
universitären Labor) an Szenarien teilnehmen, durch die
ökonomische Transaktionen simuliert werden. Anstatt ihren
eigenen finanziellen Gewinn zu maximieren, entscheiden
sich die Versuchspersonen dabei in der Regel für ein Ergebnis, das »fair« zu sein scheint.«[16]

In der realen Welt jedoch hängt es vom sozialen Kontext
ab, was jemand als fair empfindet. An vielen Orten gilt es als
fair und vielleicht auch als ganz natürlich, andere Menschen
auf eine Art und Weise zu behandeln, die andernorts als un-
fair oder gar grausam gelten würde. Diese Beobachtung ist
genauso wichtig wie offensichtlich. In Indien behandeln die

hohen Kasten die niederen Kasten nicht als gleichgestellt. In Ruanda behandelten Tutsi und Hutu einander nicht als ebenbürtig. In den USA behandelten die Weißen die Schwarzen lange nicht als gleichrangig. Auch im täglichen Umgang zwischen Menschen lässt sich Ungerechtigkeit beobachten. Auf dem Spielplatz geht es oft nicht fair zu. Auch der Umgang zwischen Chirurgen und OP-Schwestern ist nicht von Gleichberechtigung geprägt. In vielen Ländern sind selbst heute noch Frauen und Mädchen körperlicher Gewalt ausgesetzt; sie dürfen nicht zur Schule gehen oder das Haus verlassen, und sie dürfen weder wählen noch eigenen Besitz haben, noch ein Bankkonto eröffnen.

All diese Beispiele haben eines gemeinsam: Sie haben etwas mit der Identität der Beteiligten tun. Die Normen, die unser Verhalten bestimmen, hängen von unserer Position in einem bestimmten sozialen Kontext ab. Wie viel Wert auf Fairness gelegt wird, ist deshalb davon abhängig, wer mit wem in welchem sozialen Rahmen interagiert. In Experimenten, bei denen bewusst Menschen mit verschiedener sozialer Identität zusammengebracht werden, behandeln die Versuchspersonen einander tatsächlich anders als in Gruppen mit gleicher sozialer Identität. Die Ergebnisse dieser Versuche werden im vierten Kapitel behandelt.

Soziale Kategorien, Ideale und Beobachtung

Woher kennen Menschen die Normen, die für ihre Situation gelten und ihnen vorschreiben, was sie tun oder lassen sollen? Wir lernen eine Menge, wenn wir andere beobachten. Ein offensichtliches Beispiel ist der Spracherwerb, bei dem Kinder allem Anschein nach mühelos sprechen lernen, indem sie andere nachahmen. Dabei lernen sie nicht nur Wörter und Grammatik, sondern ahmen bemerkenswerterweise auch die korrekte Aussprache nach. Außerdem machen sie subtile Unterscheidungen, wenn sie eine Sprache lernen.[17]

Kinder von Einwanderern nehmen den Akzent ihrer Spielkameraden und nicht den ihrer Eltern an. Schon Sechsjährige wissen, dass bestimmte Sprachstile für das Gespräch mit bestimmten Personen geeignet sind. So berichtet zum Beispiel Lisa Delpit von einer schwarzen Erstklässlerin, die ihre Lehrerin fragte:»Wie kommt es, dass Sie wie eine Weiße sprechen ... wie meine Mama, wenn sie am Telefon ist?«[18]

In der formalen Sprache der Sozialwissenschaften ordnen die Menschen sich und andere *sozialen Kategorien* zu. Und soziale Kategorien und Normen sind automatisch miteinander verknüpft: Menschen verschiedener sozialer Kategorien *sollen* sich unterschiedlich verhalten. Diese Normen legen auch fest, wie verschiedene Arten von Menschen (Personen verschiedener sozialer Kategorien nach unserem neuen Vokabular) einander behandeln sollen.

Identität, Normen und soziale Kategorien mögen vielleicht wie abstrakte Konzepte erscheinen, spielen aber in der Realität eine wichtige Rolle und sind leicht wahrzunehmen. Die Normen sind besonders klar, wenn Personen ein *Ideal* haben, wer sie sein wollen und wie sie sich verhalten sollen. (Mit *Ideal* meinen wir die typischen Merkmale und das Verhalten, die mit einer sozialen Kategorie verbunden sind.) Dieses Ideal kann durch eine reale oder eine nur in der Vorstellung existierende Person verkörpert werden. Religionen bieten offensichtliche und wirkungsvolle Beispiele. Der Gründer einer Religion und ihre führenden Propheten oder Heiligen verhalten sich häufig beispielhaft. Für Christen ist das Leben Christi, wie es in der Heiligen Schrift geschildert wird, ein Ideal, nach dem sie ihr Verhalten ausrichten sollen. Für Muslime ist es das Leben Mohammeds und die Sunna. Auch in der Art, wie Menschen über ihr Leben reden, lassen sich Kategorien, Normen und Ideale beobachten. Viele Menschen können sofort beschreiben, wie sie und andere sich ihrer Ansicht nach verhalten sollten. Wer dagegen verstößt, über den wird geklatscht. Der externe Beobachter, etwa ein Anthropologe auf Forschungsreise, braucht sich nur mit den an einem Ort kursierenden Geschichten und Gerüchten vertraut zu machen, um daraus auf die herrschenden Normen zu schließen.

Ein kleines Stück amerikanischer Alltag, wie es Erving Goffman beobachtet hat, bietet ein elementares Beispiel dafür, welche Rolle Identität und Normen spielen.[19] Goffman beschreibt Kinder an einem Karussell. Kinder sind sich ihres Alters sehr bewusst. Sie geben stolz ihr genaues Alter an, und zwar oft nicht nur in Jahren, sondern auch in Monaten und manchmal sogar in Tagen. Auch die Normen für altersgerechtes Verhalten sind ihnen sehr bewusst: Sie wissen, dass große Kinder anders handeln sollten als kleine. Kinder an einem Karussell sind deshalb ein »natürliches Experiment«, bei dem sich die Rolle von Normen beobachten lässt. Kinder verschiedenen Alters reagieren unterschiedlich auf das Karussell: Kleinkinder sitzen bei den Eltern auf dem Schoß. Vier- und Fünfjährige fahren allein. Sie sind stolz auf ihre Errungenschaft, lachen und winken den Eltern zu, die am Rand stehen. Ältere Kinder versuchen ihre freudige Erregung zu verbergen; sie reiten auf einem lustigen Tier, etwa einem Frosch oder einem Tiger, oder sie stehen auf, während sich das Karussell bewegt. An ihren Gesichtern lässt ich ablesen, dass ihnen das Karussell gefällt, aber auch, dass es ihnen peinlich ist. Sie verhalten sich wie der Dreizehnjährige, den die Autoren letztes Jahr selbst beobachtet haben. Er rutschte zuerst unruhig auf einem Pferd herum, wechselte dann auf einen Strauß und dann noch einmal auf ein anderes Tier. Noch bevor die Fahrt zu Ende war, hatte er das Karussell ganz verlassen.

Warum verhalten sich ältere Kinder so? Es liegt nicht daran, dass sie das Kinderkarussell nach der Definition der traditionellen Wirtschaftswissenschaft für eine Präferenz oder Vorliebe nicht mögen würden. Im Gegenteil: Genau wie jüngere sind auch ältere Kinder offenbar ganz hingerissen von der Bewegung und der Musik. Trotzdem sind sie zwiespältig, sie mögen zwar das Karussell, wissen aber, dass sie zu alt dafür sein sollten.

Solche Wechselwirkungen zwischen Präferenzen und Normen stehen im Zentrum dieses Buchs. Am Karussell lässt sich eine allgemeine Regel zeigen: Wenn Menschen tun, was sie ihrer Ansicht nach tun sollten, sind sie, wie die Vier- und Fünfjährigen, glücklich. Wenn sie jedoch, wie die älteren

Kinder, den Normen nicht genügen, die sie (und andere) sich gesetzt haben, sind sie unglücklich. Sie treffen dann neue Entscheidungen, um ihren Normen gerecht zu werden.

Umfassende Integration

In diesem Buch werden *Identität, Normen* und *soziale Kategorien* in die Wirtschaftswissenschaft integriert. Wir verwenden den Begriff *Identität* außerdem als Abkürzung, um alle drei Begriffe zu bündeln. Der Begriff *Identität* wird in der akademischen Forschung und in der Alltagssprache auf viele verschiedene Arten benutzt. Viele Wirtschaftswissenschaftler würden ihn als schwammig bezeichnen. Wir jedoch geben ihm im Kontext unserer Analyse eine genaue Definition. Die Identität einer Person bestimmt, wer sie ist: ihre soziale Kategorie. Diese Identität beeinflusst ihre Entscheidungen, weil mit verschiedenen sozialen Kategorien verschiedene Verhaltensnormen verknüpft sind. Goffmans Karussell ist ein elementares Beispiel dafür, es geht darin erstens um die sozialen Kategorien der verschiedenen Altersgruppen der Kinder, zweitens um die Verhaltensnormen, die für die Mitglieder der verschiedenen sozialen Kategorien gelten und drittens darum, dass diese Normen das Verhalten beeinflussen. Der Dreizehnjährige kann das Karussell nicht genießen, also macht er sich aus dem Staub.

Identitätsökonomie und Angebot und Nachfrage

Unsere Diskussion von Identität und Nutzen hat sich vom Kinderkarussell bis zum Völkermord erstreckt. Und tatsächlich ist eine wichtige Aussage unseres Buches, dass das Konzept von Identität und Normen und von deren Abhängigkeit von der jeweiligen sozialen Kategorie sehr vielseitig anwendbar ist. Identität kann sich auf die Interaktionen eines Augenblicks, eines Tages, einiger Jahre, eines ganzen Lebens oder mehrerer Generationen beziehen. Zum Beispiel kann sich eine Mutter im Laufe desselben Tages zu Hause als Mutter und bei der Arbeit als Berufstätige sehen. Die soziale Kategorie bezieht sich dann darauf, wie sie sich zum jeweiligen Zeitpunkt sieht. Außerdem kann sich das Selbstverständnis von Menschen im Lauf ihres Lebens dramatisch verändern.

Das Konzept der Identität ist also genauso vielseitig wie das altbewährte Konzept von Angebot und Nachfrage. Dieses kann sich für einen Zeitraum von wenigen Sekunden auf eine bestimmte Aktie oder ein bestimmtes Wertpapier beziehen. Aber es kann auch auf die langfristige Entwicklung einer Volkswirtschaft Anwendung finden. In beiden Fällen sprechen wir im relevanten Kontext von Angebot und Nachfrage.

Wir verwenden das Konzept der Identität ganz ähnlich. Bei der Analyse von Angebot und Nachfrage werden im relevanten Kontext zunächst Verkäufer und Käufer identifiziert. Als zweiter Schritt werden die vorherrschende Technologie und die Marktstruktur ermittelt. Und als dritter Schritt werden die individuellen Gewinne oder Verluste analysiert, die sich aus bestimmten Handlungen wie der Bestimmung der Preise oder dem Kauf von Waren ergeben. Analog verknüpfen wir im Rahmen der Identitätsökonomie zunächst Personen mit bestimmten sozialen Kategorien. Sodann stellen wir die bei den sozialen Kategorien vorherrschenden Normen fest. Und als dritten Schritt postulieren wir die persönlichen Gewinne oder Verluste, die sich angesichts der jeweiligen Identität und der entsprechenden Normen aus verschiedenen Entscheidungen ergeben. Aus diesen Gewinnen und Verlusten ergibt sich dann in Kombination mit den Ergebnissen der herkömmlichen ökonomischen Analyse, was die Menschen tun werden.

Die Gliederung des Buches

In Teil Eins wird das Konstrukt der Identitätsökonomie aufgebaut. Wir erklären, wie wir die Konzepte Identität und Normen formell in die ökonomische Analyse integrieren und diskutieren, ob diese Konzepte in die moderne Wirtschaftswissenschaft passen.

In den Teilen zwei und drei wenden wir unser Konstrukt auf vier verschiedene Bereiche der Wirtschaftswissenschaft an: die Bereiche Betriebsorganisation und Bildung, den Bereich Geschlecht in Erwerbs- und Hausarbeit und den Bereich Ethnizität und Armut. In allen Bereichen führt unser Ansatz zu neuen und andersartigen Ergebnissen. Zum Beispiel führt er zu einem neuen Verständnis von Organisationen. Vor ungefähr 40 Jahren entwickelte die Wirtschaftswissenschaft eine Theorie der Arbeitsanreize, in der sie die Rolle von Löhnen und Prämien betonte. Ein gutes Unternehmen setzt laut dieser Theorie diese Anreize richtig. Bei genauerer Betrachtung kommt man jedoch zu einem fast gegenteiligen Schluss. Wenn es den Beschäftigten nur auf die Löhne und Prämien ankommt, nutzen sie das System für ihre eigenen Zwecke. Sie tun, was sie tun müssen, um Prämien zu erhalten, aber nicht unbedingt, was gut für die Kunden oder die Firma ist. Wenn finanzielle Anreize allein nicht funktionieren, was funktioniert dann? Die Identitätsökonomie lässt vermuten, dass eine Firma dann gut arbeitet, wenn ihre Beschäftigten sich mit ihr identifizieren und ihre Normen gut für die Ziele der Firma sind. Da Firmen und andere Organisationen das Rückgrat aller Volkswirtschaften sind, verändert dieses neue Ergebnis unser Verständnis der Ursachen von Erfolg oder Misserfolg einer Volkswirtschaft.

Bei der Analyse von Schulen haben wir ein neues Verständnis von Bildung gewonnen. Ebenfalls vor etwa 40 Jahren hat die Wirtschaftswissenschaft eine Theorie der Bildung entwickelt, die vor allem die finanziellen Kosten und den finanziellen Nutzen berücksichtigte. Seitdem sind diese Kosten und Vorteile genauer untersucht worden, etwa in bezug auf den Aspekt, wie sich falsche Informationen über den Nutzen von Bildung auswirken können, oder auf die Fragen, welche Auswirkungen Peer-Groups auf den Lernerfolg haben oder wie sich Ungeduld bei Schülern auswirkt. Die Identitätsökonomie fettet all dies noch weiter an: Was eine längere Schulausbildung kostet, aber auch, wie hart für die eigene

Ausbildung gearbeitet wird, ist zu einem überwiegenden Teil von Normen abhängig. Wie stark Schüler vom Unterricht profitieren und wie hoch ihre sogenannte »Bildungsnachfrage« ausfällt, das hängt größtenteils davon ab, was für ein Selbstbild sie haben, und ob sie es überhaupt richtig finden, dass sie ihre jeweilige Schule besuchen. Gute Schulen, Schulen mit einer niedrigen Abbrecherrate und gutem Lernerfolg verändern die Identitäten und Normen ihrer Schüler. Wir befassen uns also mit den beiden fundamentalen Fragen der Bildungsökonomie: Wer besucht eine Schule und warum? und: Was ist für Erfolg oder Misserfolg einer Schule verantwortlich?

Im letzten Teil dieses Buches richten wir den Blick in die Zukunft. Wir beschreiben, wie die Identitätsökonomie neue Daten nutzt und warum Wirtschaftswissenschaftler genau wie Naturwissenschaftler durch genaue Beobachtung gewonnene Daten unbedingt zur Kenntnis nehmen sollten. Wir diskutieren außerdem, wie wirtschaftswissenschaftliche Untersuchungen durch das Konzept der Identität erweitert werden. Durch die Berücksichtigung des Faktors Identität vergrößert sich zum Beispiel das Feld der Entscheidungsmöglichkeiten, die ein Wirtschaftswissenschaftler untersuchen sollte. Menschen haben oft eine gewisse Wahl, was ihre Identität betrifft. Eltern entscheiden, auf welche Schule sie ihre Kinder schicken. Frauen können manchmal entscheiden, ob sie Karriere machen oder Hausfrau werden sollen. Einwanderer entscheiden, ob sie sich assimilieren. Männer und Frauen entscheiden, ob sie heiraten oder Singles bleiben wollen. Die Motive oder Vorlieben von Menschen beruhen also wenigstens zum Teil auf ihren eigenen Entscheidungen. Die Wahl einer Identität könnte demnach die wichtigste »ökonomische« Entscheidung sein, die ein Mensch in seinem Leben trifft. Außerdem lässt sich aus dem Konzept der Identität auf einen neuen Grund schließen, der für einen Wandel von Präferenzen verantwortlich sein kann. Dritte Parteien können ein Interesse daran haben, das Selbstverständnis und die Normen anderer Menschen zu ändern. Werbefachleute, Politiker und Arbeitgeber nehmen allesamt Einfluss auf soziale Kategorien und Normen. Schließlich vermittelt das Konzept der Identität auch ein neues Bild von den Ursachen der Ungleichheit. Normen können ein Verhalten vorschreiben, das zu schlechter Leistung und Arbeitslosigkeit führt. Ethnische Herkunft, kultureller Hintergrund und soziale Klasse können beschränken, welche Identität jemand annehmen kann. Da die Identität Grundlage des Verhaltens ist, sind solche Beschränkungen die vielleicht wichtigste Determinante für wirtschaftliche Stellung und wirtschaftliches Wohlergehen.

3 IDENTITÄT UND NORMEN IN DER NUTZENFUNKTION

Lassen Sie uns zu den Grundlagen dieses Buches übergehen. Dieses Kapitel wird genauer darstellen, wie wir den Begriff der Identität in ökonomische Analysen integrieren. Alle wirtschaftswissenschaftlichen Studien beginnen mit einer Beschreibung menschlicher Motive. Wir entwickeln an dieser Stelle eine neue, erweiterte Nutzenfunktion, die die Konzepte Identität, Normen und soziale Kategorien mit einschließt.

Das grundlegende Verfahren

Unsere Nutzenfunktion ist kurz und schlüssig. Mit nur drei Bestandteilen, nämlich Kategorien, Normen und Idealen sowie dem Identitätsnutzen, erfassen wir, wie Motivation mit dem sozialen Kontext variiert. Unser Verfahren umfasst zwei Teile: Im ersten Teil stellen wir die Standardkomponenten des Nutzens fest, d.h. die Vorlieben einer Person für bestimmte Waren, Dienstleistungen oder andere Wirtschaftsgüter. Im zweiten Teil stellen wir die Identitätselemente für den relevanten sozialen Kontext fest:

- die *sozialen Kategorien* und die Zuordnung der einzelnen Personen zu den Kategorien, das heißt ihre *Identität*.

- die *Normen* und *Ideale* für jede Kategorie.

- den *Identitätsnutzen*, der gewonnen wird, wenn Handlungen mit den Normen und Idealen einer Person übereinstimmen und den Identitätsverlust, der ihnen entsteht, wenn sie nicht kongruieren.

Die letzte Komponente enthält unter Umständen *Externalitäten*. Diese sind wirtschaftswissenschaftlich so definiert, dass die Handlung einer Person einer anderen nutzt oder schadet. Ein klassisches Beispiel für eine negative Externalität ist die Umweltverschmutzung durch eine Fabrik. Eine Person kann in Bezug auf ihre Identität nicht nur aufgrund ihrer eigenen Entscheidungen, sondern auch aufgrund der Entscheidungen anderer Nutzen erlangen oder Schaden erleiden. Die Menschen, die unter der Umweltverschmutzung durch die Fabrik leiden, erleiden einen Schaden, weil andere Personen Normen verletzen. Und genauso wie man gegen Umweltverschmutzung protestieren kann, kann die verletzte Partei auch gegen die Verletzung von Normen protestieren oder diese bestrafen. Wir werden in diesem Buch mehrere Beispiele für solche Verluste an Identitätsnutzen und die entsprechenden Antworten darauf untersuchen.

Wie können wir als Analysten in einem solchen Verfahren die relevanten sozialen Kategorien und Normen bestimmen? Wir stützen uns auf Beobachtungen, wie bei allen Anwendungsbeispielen in diesem Buch zu sehen sein wird.

Durch unser Verfahren erhalten wir eine verbesserte Nutzenfunktion mit neuen Trade-offs, also ausgleichenden Interessenabwägungen. Eine Handlung kann zum Beispiel den Konsum erhöhen, aber den Identitätsnutzen vermindern. Genau wie bei allen anderen wirtschaftswissenschaftlichen Analysen nehmen wir an, dass eine Person »ihren Nutzen maximiert«, indem sie die richtige Balance hinsichtlich der oben genannten Interessenabwägungen findet. Und wie bei jeder anderen wirtschaftswissenschaftlichen Analyse sollte der Begriff der »Nutzenmaximierung« nicht automatisch bewusste Entscheidungen des Individuums beinhalten: Er ist eine Metapher, die von Wirtschaftswissenschaftlern sehr weit interpretiert wird. (Wir behandeln diese und andere stillschweigende Bedeutungen der von Wirtschaftswissenschaftlern gebrauchten Begriffe im Postskriptum »Der Stein von Rosetta« am Ende dieses Kapitels.)

Kurzfristige und langfristige Entscheidungen

Im einfachsten Fall nehmen wir an, dass eine Person sich für bestimmte Handlungen entscheidet, um den eigenen Nutzen zu maximieren, der mit ihrer Identität, vorhandene Normen und sozialen Kategorien zusammenhängt. Sie sucht ein Gleichgewicht zwischen dem Standardnutzen von Teil eins des Verfahrens und dem Identitätsnutzen von Teil zwei herzustellen. Die Analyse verläuft ähnlich wie bei einer kurzfristigen Untersuchung von Angebot und Nachfrage, bei der Konsumenten und Firmen ihre Entscheidungen vor dem Hintergrund einer unveränderlichen Technologie und einer verankerten Marktstruktur treffen.

Zu einem gewissen Grade kann sich eine Person nicht nur für eine Handlung, sondern auch für eine Identität entscheiden. Soziale Kategorien sind mehr oder weniger fest zugeschrieben, aber Menschen verfügen über eine gewisse Entscheidungsfreiheit darüber, wer sie sind. Wie oben bemerkt, können zum Beispiel Einwanderer darüber entscheiden, ob sie sich assimilieren wollen oder nicht. Eine Untersuchung solcher Entscheidungen würde eine langfristige Analyse ergeben, bei der, wiederum ähnlich wie bei Angebot und Nachfrage, Firmen und Verbraucher einen Markt betreten oder verlassen können. Auch die Wahl der Identität ist nicht unbedingt eine bewusste Entscheidung.

Langfristig können Menschen auch ihre Normen und Ideale und sogar das Wesen von sozialen Kategorien verändern. Diese Veränderungen können von interessierten dritten Parteien, wie etwa Firmen oder Politikern, beeinflusst werden. Wieder ist das Verfahren ähnlich dem von Angebot und Nachfrage, wo sich die Technologie langfristig als Ergebnis von Kräften in- und außerhalb des Marktes entwickelt.

Beispiel Rauchen

Rauchertrends in den USA sind ein einfaches Beispiel dafür. Rauchen ist ein beträchtliches wirtschaftliches und soziales Problem. Die Centers for Disease Control and Prevention bezeichnen Rauchen als die häufigste vermeidbare Todesursache in den Vereinigten Staaten.[20] Der Produktivitätsverlust durch Rauchen wurde auf 82 Milliarden Dollar pro Jahr geschätzt.[21] Wirtschaftswissenschaftler untersuchen schon seit Jahren die Auswirkungen des Zigarettenkonsums, so etwa beim National Bureau of Economic Research (NBER) im Rahmen des Programms über den Gebrauch von Substanzen, bei dem auch der Konsum von Alkohol und illegalen Drogen untersucht wird.

Eine typische wirtschaftswissenschaftliche Studie konzentriert sich auf die Nachfrage nach Zigaretten. Diese ergibt sich aus einer Nutzenfunktion mit der Präferenz Rauchen: Manche Leute rauchen einfach gern. Genauere Analysen berücksichtigen auch, dass Nikotin suchterregend ist und dass es ein Vergnügen sein kann, gemeinsam mit Freunden zu rauchen. Eine der zentralen Fragen lautet bei solchen Studien, welche Auswirkungen Tabaksteuern insbesondere auf den Zigarettenkonsum von Teenagern haben.

Um im Rahmen der Identitätsökonomie eine Theorie des Rauchens zu entwickeln, würden wir auf die gleiche Art wie die traditionelle Wirtschaftswissenschaft beginnen. Wir würden zunächst den Standardnutzen von Tabak und Nikotin bestimmen. Und dann würden wir mittels Beobachtung die Bestandteile der Identität bestimmen.

Die Normen, die das Rauchen betreffen, haben sich im Laufe des 20. Jahrhunderts dramatisch verändert, besonders für Frauen. Zu Beginn des Jahrhunderts war es unschicklich, wenn Frauen rauchten. Bis in die 1960er Jahren hinein wurde Rauchen bei Männern eher akzeptiert als bei Frauen.[22] Dies änderte sich erst mit der Frauenbewegung in den 1970er Jahren, was nicht nur durch die wissenschaftliche Forschung, sondern auch durch die Werbekampagne für die Zigarette Virginia Slims belegt ist. Ihr Slogan lautete: »Du hast es weit gebracht, Baby.«[23] Die Frauenbewegung, wie sie in den Anzeigen dargestellt wurde, befreite die Frauen von Waschzubern, altbackenen Kleidern und dem Rauchverbot.[24] Unserem Verfahren gemäß postulieren wir die sozialen Kategorien Männer und Frauen; wir bestimmen die Normen für Männer und Frauen gemäß der damaligen Zeit; und wir definieren den Nutzenverlust, der eintritt, wenn man von der Norm abweicht.

Unsere Nutzenfunktion sagt wie erwartet voraus, dass die Unterschiede zwischen Männern und Frauen, was das Rauchen betrifft, anfangs groß waren, aber nach den 1970er Jahren praktisch nicht mehr existierten. In den zwanziger Jahren rauchten fast 60 Prozent mehr Männer als Frauen.[25] Auch 1950 war es immer noch eher normal, dass ein Mann rauchte als eine Frau.[26] Bis 1990 war die Lücke dann fast geschlossen.[27] Diese Konvergenz von weiblichem und männlichem Rauchverhalten lässt sich mit traditionellen wirtschaftswissenschaftlichen Theorien nicht erklären. Sie würde nämlich nach ökonomischen Unterschieden zwischen Männern und Frauen (wie etwa einer Verringerung des Einkommensunterschieds zwischen Männern und Frauen) suchen. Solche Erklärungen sind jedoch nicht ausreichend, da in der ersten Zeitperiode auch Frauen mit hohem Einkommen nicht rauchten.

Das Rauchen ist ein klares Beispiel dafür, dass soziale Normen eine Rolle spielen. Die Veränderung der geschlechtsspezifischen Normen war der wichtigste einzelne Grund dafür, dass immer mehr Frauen in den Vereinigten Staaten rauchten. Die herrschende ökonomische Theorie könnte vermuten lassen, dass hohe Steuern die Menschen vom Rauchen abschrecken könnten. Aber hohe Steuern sind schwer einzuführen und schwer durchzusetzen. Die Identitätsökonomie erweitert die Suche nach möglichen Ursachen und Lösungen.

POSTSKRIPTUM ZUM DRITTEN KAPITEL
EIN STEIN VON ROSETTA

Weil es das Ziel dieses Buches ist, ein neues Konzept in die Wirtschaftswissenschaft einzuführen, müssen wir die Sprache dieser Wissenschaft benutzen, in der es viele unausgesprochene Konventionen und Metaphern gibt. Diese ist ziemlich umfassend, und sie sollte nicht zu wörtlich genommen werden. Wir erklären in diesem Postskriptum, wie wir verschiedene Begriffe verwenden, die in der Wirtschaftswissenschaft Bedeutungen und Konnotationen annehmen, die sich vom normalen Sprachgebrauch und der Verwendung in anderen Sozialwissenschaften unterscheiden. (Wir führen Beispiele für interessierte Leser an, andere dürfen stattdessen gleich mit dem nächsten Kapitel beginnen.)

Individuelle Entscheidung und Maximierung einer Nutzenfunktion

In unserer Analyse werden die Entscheidungen, die Menschen treffen, wie in nahezu der gesamten modernen Wirtschaftswissenschaft als Mittel zur Maximierung der individuellen Nutzenfunktion beschrieben. Dies könnte zu dem falschen Schluss verleiten, dass es sich um bewusste Entscheidungen handelt. Doch die bewusste Entscheidung ist nur *eine* Möglichkeit, und aus wirtschaftswissenschaftlicher Sicht kann sich eine Nutzenmaximierung auch durch unbewusst getroffene Entscheidungen ergeben. Wie Amartya Sen bemerkte, verwenden Physiker dieselbe Technik, wenn sie sagen, dass ein Lichtstrahl »dem Prinzip des geringsten Zeitaufwands folgt«. Natürlich trifft das Licht keine bewusste Entscheidung. Aber aus der Sicht des menschlichen Beobachters verhält es sich so, als ob es eine solche treffen würde.[28] Milton Friedman, der als Wirtschaftswissenschaftler am anderen Ende des politischen und ideologischen Spektrums stand wie Sen, war ebenfalls der Ansicht, dass das Konzept der Nutzenmaximierung keine Annahme über das Bewusstseinsniveau der einzelnen Personen beinhaltet.[29]

Die Rolle der Sozialisation

Dieser Agnostizismus in Bezug auf das individuelle Bewusstsein bei der Nutzenmaximierung und bei unserer Definition der Identität führt dazu, dass sich die Kluft zwischen der wirtschaftswissenschaftlichen Analyse und der anderer Sozialwissenschaften immerhin verkleinert. In vielen Disziplinen der Sozialwissenschaft wird das individuelle Verhalten weitgehend auf die Sozialisation und nicht auf bewusstes Handeln zurückgeführt. Menschen verhalten sich von selbst, wie sie sich verhalten, sie stellen ihr Verhalten nicht in Frage, sondern handeln meist aus Gewohnheit. Sie sind Produkte ihres sozialen Umfelds und sich gar nicht der Tatsache bewusst, dass sie sich auch ganz anders verhalten könnten. Auf dem Karussell zum Beispiel ist den winkenden Vierjährigen nicht klar, dass sie sich auch wie der betont gelangweilte Dreizehnjährige verhalten könnten. Nur der Sozialwissenschaftler erkennt diese Möglichkeit. Ein konventionelles wirtschaftswissenschaftliches Modell wiederum berücksichtigt die Sozialisation der Menschen nicht, es sei denn alle wären auf die gleiche Art sozialisiert. Alle Unterschiede zwischen den Menschen werden als idiosynkratische, persönliche Unterschiede betrachtet.

Nach unserem Identitätsmodell ist dagegen beides möglich. Menschen haben individuelle Präferenzen in ihrer Nutzenfunktion, aber auch Normen fließen in das Modell ein. Individuen erwerben einige dieser Präferenzen und erlernen einige dieser Normen als Mitglieder von Gemeinschaften. Die Normen können durch Mechanismen der Zustimmung oder Ablehnung der Gemeinschaft internalisiert werden. Gerüchte, Geschichten und private wie öffentliche Kritik sind gängige Arten der Vermittlung und Verstärkung von Normen.

Individuelle Entscheidungen sind in unserem Rahmen also nicht nur von durch idiosynkratische Vorlieben motiviert, sondern auch durch internalisierte soziale Normen. Das in diesem Kapitel beschriebene Verfahren zur Bestimmung einer Nutzenfunktion ermöglicht also die Herstellung einer Synthese.

Die Beziehung zwischen Wohlbefinden und Nutzen

Es ist für Wirtschaftswissenschaftler normal, die Maximierung des eigenen Nutzens zur Maximierung des individuellen Wohlbefindens in Bezug zu setzen. Wir verwenden die Nutzenfunktion in diesem Buch jedoch niemals auf diese Weise. Für uns ist in diesem Buch die Nutzenfunktion lediglich eine Beschreibung der Motivation.

Struktur und »Wahl der Identität«

In unserer Analyse ist manchmal davon die Rede, dass Menschen ihre Identität wählen. Auch diese Formulierung könnte auf eine bewusste Entscheidung hindeuten, wir gehen jedoch nicht von dieser Annahme aus. Menschen können einfach versuchen, sich anzupassen: Sie fühlen sich in verschiedenen Situationen lediglich mehr oder weniger wohl. Manche, wie zum Beispiel die Journalistin Jill Nelson, deren Autobiographie wir unten zitieren, können über die Zielkonflikte reden, denen sie ausgesetzt sind, aber andere sind nicht in der Lage, ihre Motive zu beschreiben und sich ihrer vielleicht nicht einmal vollständig bewusst.

Außerdem verfügen Menschen in vielen Fällen nur über beschränkte Entscheidungsfreiheit, was ihre Identität betrifft. In jeder ökonomischen Analyse wird die Beschreibung von Wahlfreiheit immer mit einer Beschreibung der Grenzen dieser Freiheit kombiniert. Zum Beispiel können soziale Strukturen die Entscheidungsfreiheit des einzelnen Menschen begrenzen. In einer Gesellschaft, in der soziale Kategorien von ethnischer Zugehörigkeit, familiärem Hintergrund oder kultureller Herkunft abhängig sind, kann es für eine Einzelperson praktisch unmöglich sein, eine neue Identität anzunehmen. Unser Rahmenmodell berücksichtigt solche Verhältnisse.

Modelle der *Identität* und ihre Definition

Im Lauf des letzten Jahrhunderts haben Wirtschaftswissenschaftler mehr und mehr Modelle entwickelt, um wirtschaftliche und soziale Phänomene zu beschreiben. Nützliche Modelle, wie zum Beispiel aufschlussreiche Karikaturen, lenken die Aufmerksamkeit des Betrachters auf interessante Merkmale einer Situation. Unser Verfahren beschreibt einen neuen »Aspekt«, der in unsere Modelle integriert werden kann. Unser Fokus, also das, was wir unter Identität verstehen, ist im Kontext aller Modelle, bei denen wir das Konzept verwenden, klar definiert. Deshalb gibt es keinen Grund, seine Bedeutung zu hinterfragen.

Durch diese Methodologie werden semantische Debatten, etwa über die Frage: »Was verstehen wir unter Identität?« vermieden. Wenn jemand anderes ein anderes Modell entwickeln und Identität anders definieren sollte, würden wir auch seine Definition in Betracht ziehen. Die wirkliche Debatte findet auf einer anderen Bühne statt und kann nur empirisch gelöst werden: Bringt das Modell mit dem neuen Identitäts-Aspekt neue und erhellende Ergebnisse hervor?

Die Definition von *sollen*

Wir sagen oft, die Leute hätten Vorstellungen davon, d.h. Normen darüber, wie sie und andere sich verhalten *sollten*. Dieses *Sollen* kann durch ethische oder moralische Ansichten bestimmt sein. Wir jedoch verwenden eine breitere Bedeutung von *sollen*. Wie Menschen sich verhalten *sollten*, kann durch einen sozialen Code bestimmt sein, der oft weitgehend internalisiert und sogar fast gänzlich unbewusst ist. Zum Beispiel ziehen wir uns ordentlich an, wenn wir eine Vorlesung halten; wir *sollten* sie nicht in Sandalen und Shorts halten. Es gibt keinen moralischen Grund dafür, sich in Schale zu werfen, aber Shorts und Sandalen wären unangemessen, außer vielleicht auf einem Campus in Südkalifornien.

Die Welt ist voll von solchen sozialen Codes, die oftmals noch sehr viel stärker wirken und sehr viel heftigere Gefühle auslösen, als dies unser Beispiel tut. Und ein Großteil dieser Normen wird tatsächlich unbewusst eingehalten. In diesem Sinne entspricht unsere Verwendung des Wortes *Normen* in vielerlei Hinsicht seiner Verwendung außerhalb der Wirtschaftswissenschaft.

Individualistische Identität versus interaktionistische Identität

Wir sprechen von der individuellen Maximierung einer Nutzenfunktion, die die sozialen Normen und die Präferenzen oder Vorlieben eines Individuums bestimmt. Diese Beschreibung ist, oberflächlich betrachtet, eine individualistische

Sicht von Identität. Eine Einzelperson erzielt (in Abwesenheit anderer Personen) einen »Identitätsnutzen«, wenn sie die Normen ihrer sozialen Kategorie beachtet. Auch hier jedoch nehmen wir eine breitere Sicht der Dinge ein. Der Gewinn an Identitätsnutzen kann aus der Freude bestehen, die man empfindet, wenn man etwas tut, wodurch man in eine bestimmte Gruppe hinein passt. Er kann aber auch aus dem Gewinn bestehen, der sich aus der Unterscheidung verschiedener Gruppen voneinander ziehen lässt. Der Nutzen hängt also von Gruppenprozessen ab.

Unsere breitere Definition von Identitätsnutzen entspricht dem interaktionistischen Verständnis der Identität in der Soziologie und der Anthropologie, demzufolge Identitäten und Normen aus sozialer Interaktion und Machtbeziehungen entspringen. Menschen aus verschiedenen Gruppen oder Klassen entwickeln gemeinsame Zeichen, um sich von anderen Gruppen oder Klassen zu unterscheiden.[30] Unsere Analyse kann außerdem die Dynamik zwischen Individuum und Gruppe erfassen und zeigen, wie eine bestimmte Art von Aktivität zur definierenden Norm einer Gruppe werden kann. Ein solches Ergebnis erhielten wir in unserer Studie über ethnische Zugehörigkeit und Armut.

4 UNSER PLATZ IN DER HEUTIGEN WIRTSCHAFTSWISSENSCHAFT

Die Identitätsökonomie dringt auf neues Gebiet vor. Wir folgen der Flugbahn der letzten fünfzig Jahre und bringen die Wirtschaftswissenschaft der Realität näher. Wir verändern die Wirtschaftswissenschaft, indem wir das wirtschaftliche und soziale Leben genau beobachten und die bestehende Theorie entsprechend transformieren.

Betrachten wir einmal vier der Umwälzungen innerhalb der Theorie, die in der Vergangenheit stattgefunden haben: Vor fünfzig Jahren befasste sich die Wirtschaftstheorie hauptsächlich mit zwei Marktstrukturen: dem absoluten Wettbewerb und dem Monopol. Aber viele Branchen, einschließlich der Auto-, Luftfahrt- und Ölindustrie, sind weder rein wettbewerbsmäßig noch rein monopolistisch organisiert. Um diese wichtigen Teile der Volkswirtschaft trotzdem studieren zu können, nutzten die Wirtschaftswissenschaftler die Spieltheorie. Mit ihrer Hilfe konnten sie bestimmen, wer die Akteure sind, was sie wissen, wann sie ihre Entscheidungen treffen und welche Strategien sie verfolgen, und das alles unter Berücksichtigung des spezifischen Kontexts. Spieltheoretische Studien sind in der heutigen Wirtschaftswissenschaft gang und gäbe und werden für alle möglichen Gegenstände, von der Ehe bis zur Geldpolitik, erstellt.

Vor fünfzig Jahren beruhten die gängigen wirtschaftswissenschaftlichen Untersuchungen außerdem noch auf der Annahme, dass alle Marktteilnehmer über die gleichen Informationen verfügten, also weder dem Käufer noch dem Verkäufer etwas verborgen blieb. Heute wissen wir dank der genauen Beobachtung von Produktmärkten, Versicherungsmärkten und Arbeitsverträgen, dass Informationen ungleich verteilt sind. Wir bestimmen heute, wer was weiß, und wann er es weiß.

In jüngerer Zeit hat die Verhaltensökonomie dafür gesorgt, dass die Wirtschaftstheorie besser mit psychologischen Erkenntnissen übereinstimmt. Heute diagnostizieren Wirtschaftswissenschaftler in der Regel Abweichungen von der reinen Vernunft wie etwa eine Tendenz zum Status quo, Routinebildung und Verlustaversion.

Schließlich studieren Wirtschaftswissenschaftler nach den Beiträgen von Gary Becker auch soziale Probleme. Phänomene wie Diskriminierung, dysfunktionale Familien und Verbrechen machten die Entwicklung eines neuen Forschungsansatzes erforderlich. Und Beckers Ansatz bestand, genau wie der unsere, darin, die Nutzenfunktion zu erweitern.

Dieses Buch steht also in einer langen Tradition des wirtschaftswissenschaftlichen Fortschritts. Wie es im Zuge der vier genannten theoretischen Umgestaltungen der Fall war, versuchen auch wir, die Theorie besser mit den beobachteten Phänomenen in Einklang zu bringen. Dabei stellt unsere jedoch das Individuum in seinem sozialen Umfeld in den Vordergrund.

Experimente und Identitätsökonomie

Wie die Verhaltensökonomie stützt sich auch unsere Theorie auf eine große Datenmenge, die aus der experimentellen Forschung stammt. Experimente aus der Sozialpsychologie und heute auch zunehmend aus der Wirtschaftswissenschaft beweisen, dass das Verhalten des Individuums von seinem Selbstverständnis abhängt.

In einem grundlegenden Experiment im Jahr 1954 fuhren der Psychologe Muzafer Sherif und seine Kollegen mit zwei

Gruppen von elfjährigen Jungen aus Oklahoma City in den Robbers Cave State Park.[31] Die Gruppen fuhren in getrennten Bussen und wurden eine Woche lang in verschiedenen Teilen des Parks voneinander isoliert. Innerhalb jeder Gruppe kamen die Jungen einander näher, vor allem weil sie fern von zu Hause ein spartanisches Leben führten. Beide Gruppen entwickelten ihre eigene Identität. Die eine tötete eine Klapperschlange und nannte sich von da an ,die Klapperschlangen'. Die andere gab sich den Namen ,die Adler'. Gegen Ende der Woche wussten beide Gruppen von der Existenz der jeweils anderen Gruppe, waren aber noch nicht zusammengetroffen. Schließlich wurden sie zusammengebracht und mussten in sportlichen Wettbewerben gegeneinander antreten. Das Ergebnis war das für Elfjährige typische Äquivalent eines Krieges. Auf dem Höhepunkt des Konflikts überfielen beide Gruppen die Hütte der jeweils anderen und verbrannten die gegnerische Fahne. In der zweiten Phase des Experiments praktizierten und studierten die Forscher Interventionen, die dazu führten, dass die Jungen sich wieder versöhnten und zufrieden nach Hause zurückkehrten.

Das Experiment enthält eindeutig die einzelnen Elemente unseres Verfahrens: soziale Kategorien (die Gruppen sahen sich als Klapperschlangen und Adler); Normen (beide Gruppen betrachteten Kämpfen als angemessenes Mittel in ihrer Situation); und Identitätsnutzen (die Jungen zogen ein Gefühl des Stolzes aus ihrer Erfahrung).

Während dieses Verhalten im Zuge des Robbers-Cave-Experiments herbeigeführt wurde, indem man Jungen in einen schlangenverseuchten Wald brachte, wurde eine ähnliche Gruppenidentifikation in den späteren Experimenten des Psychologen Henri Tajfel und seiner Kollegen mit viel geringerem Aufwand in einem Universitätslabor bewerkstelligt. Dieses Mal waren die Versuchspersonen 14- bis 15-jährige Jungen aus Bristol. Man sagte ihnen, sie seien nach dem Kriterium, ob sie Gemälde von Paul Klee oder Wassily Kandinsky mochten, in zwei Gruppen aufgeteilt worden. Tatsächlich jedoch war die Aufteilung völlig zufällig. Als die Jungen nun anhand einer bestimmten Liste Punkte vergeben mussten, vergaben sie diese so, dass die relative Differenz zwischen den beiden Gruppen maximiert, und nicht etwa so, dass ihre eigene Gruppe die größtmögliche absolute Zahl von Punkten erhalten hätte.[32] In der Sozialpsychologie wurde dieses »Minimalgruppenparadigma« auf fast jeden erdenklichen Bereich angewandt. Zum Beispiel berichtete Alexander Haslam über seine Relevanz für Leitungsfunktionen, Konfliktmanagement und Gruppenproduktivität in Organisationen.[33] In einer erst kürzlich publizierten Studie zum Minimalgruppenparadigma beweisen die Wirtschaftswissenschaftler Yan Chen und Sherry Li, dass die Gruppenzugehörigkeit selbst dann eine Rolle spielt, wenn das eigene Geld auf dem Spiel steht.[34] Die Probanden wurden in zwei Gruppen aufgeteilt (bei der einen Versuchsanordnung gemäß ihrer Vorliebe für Gemälde von Paul Klee oder Wassily Kandinsky; bei einer anderen zufällig) und erhielten diesmal Spielmarken, die in echtes Geld umgetauscht werden konnten. Sie wurden in Paare aufgeteilt und mussten Strategiespiele spielen, wobei sie den anderen Spieler auf eigene Kosten »bestrafen« oder »belohnen« konnten. Dabei zeigten sie Präferenzen für die Mitglieder der eigenen Gruppe: Sie gaben den Mitgliedern der eigenen Gruppe mehr und belohnten sie höher, und sie bestraften die Mitglieder der anderen Gruppe härter.[35]

Bei einigen wirtschaftswissenschaftlichen Experimenten wurde unter Laborbedingungen im Rahmen des Minimalgruppenparadigmas eine besondere Beziehung zwischen Gruppen hergestellt. Kendra McLeish und Robert Oxoby von der University of California entwickelten eine ausgesprochen raffinierte Versuchsanordnung, um den Mitgliedern zweier Gruppen den Eindruck zu vermitteln, dass die Mitglieder der jeweils anderen Gruppe nicht so intelligent seien wie sie selbst. Im Verlaufe des Spiels beobachteten sie daraufhin eine starke Bevorzugung der eigenen Gruppe.[36] Bei anderen Experimenten wurden Probanden in Gruppen aufgeteilt und Statusunterschiede eingeführt, indem die Mitglieder einer Gruppe Aufkleber mit einem goldenen Stern erhielten oder zu einem guten Essen eingeladen wurden. Auch diese Manipulationen führten später im Spiel zur Bevorzugung der eigenen Gruppe.[37]

Eine andere Art von Experiment aus der Sozialpsychologie beweist ebenfalls, dass soziale Kategorien signifikanten Einfluss auf das Verhalten ausüben. Menschen verhalten sich anders, wenn sie auch nur subtil an ihre ethnische, kulturelle oder geschlechtliche Identität erinnert werden. Die Methode wird als »Priming« bezeichnet. Claude Steele und Joshua Aronson führten dazu ein klassisches Experiment mit Studenten der Stanford University durch.[38] Sie ließen afroamerikanische und weiße Studenten schwierige Fragen aus dem sprachlichen Teil der Graduate Record Examination, d.h. einem Aufnahmetest für US-amerikanische Universitäten beantworten. Dabei wurde einigen Probanden vorher gesagt, dass mit dem Test ihre akademische Eignung überprüft werden solle. Die Kontrollgruppe erhielt keine derartigen Informationen. Die afroamerikanischen Studenten, die diese Vorabinformation erhalten hatten, schnitten signifikant schlechter ab als die Weißen und die afroamerikanischen Studenten in der Kontrollgruppe. Steele und Aronson vertreten die Ansicht, dass die Studenten von bekannten Vorurteilen über die Leistung verschiedener ethnischer Gruppen beeinflusst waren und führen das schlechte Abschneiden der Schwarzen auf ein Phänomen zurück, für das sie den Begriff »Bedrohung durch Stereotype« prägten.

Ihre Ergebnisse sind wirklich bemerkenswert, besonders wenn man die Herkunft der Probanden und den Kontext in Betracht zieht. Wer eine Zulassung für die Stanford University bekommt, muss im Scholastic Aptitude Test gut abgeschnitten haben, der gleichen Art von Test, wie ihn Aronson und Steele verwendeten. Spätestens als Standford-Studenten hatten die Probanden außerdem in einer gemischtrassigen Umgebung gelebt. Sie konnten außerdem weder die Instruktion noch das Experiment selbst als echte Bedrohung empfinden, denn der Test hatte keinerlei Folgen. Doch die Bedrohung durch Stereotype ist ein robuster Befund, der inzwischen für viele Gruppen von Versuchspersonen und viele Arten von Stereotypen festgestellt wurde, so etwa in Bezug auf die Stereotype, Frauen seien schlecht in Mathematik oder Ältere hätten ein schwaches Gedächtnis.[39]

Besonders beeindruckt haben uns die kürzlich durchgeführten Versuche der Wirtschaftswissenschaftlerinnen Karla Hoff und Priyanka Pandey zum Thema Bedrohung durch Stereotype und Kasten in Indien. Die Probanden wurden gebeten, Labyrinthrätsel zu lösen und erhielten für jedes gelöste Rätsel eine beträchtliche Geldsumme. In Indien ist die Kaste am Nachnamen erkennbar. Wenn durch Aufruf per Nachnamen eine Bekanntgabe der Kaste stattfand, lösten die Mitglieder der niederen Kasten 23 Prozent weniger Rätsel.[40] Das schlichte Vorlesen ihrer Nachnamen in der Öffentlichkeit reichte aus, um ihre Leistung zu vermindern, obwohl sie einen beträchtlichen materiellen Erfolgsanreiz hatten.[41]

Identitätsbezogene Experimente in der Wirtschaftswissenschaft wie die von Chen und Li oder Hoff und Pandey unterscheiden sich dadurch von traditionellen sozialpsychologischen Experimenten, dass hier mit echten finanziellen Anreizen gearbeitet wird. Sie unterscheiden sich aber auch von traditionellen wirtschaftswissenschaftlichen Experimenten, weil die Probanden in verschiedene soziale Situationen versetzt werden. Im traditionellen wirtschaftswissenschaftlichen Experiment wird eine ökonomische Hypothese etwa über die Wirkung eines finanziellen Anreizes getestet. Um dies zu tun, muss der Wissenschaftler, der das Experiment durchführt, den sozialen Kontext ignorieren. Die Versuchspersonen sind anonymisiert. Sie bekommen die Menschen, mit denen sie interagieren, nicht zu Gesicht. Demgegenüber werden bei identitätsbezogenen Experimenten die Wirkung ökonomischer Anreize geprüft und der soziale Kontext variiert. Um soziale Unterschiede aus dem realen Leben zu erforschen, setzen die Forscher ihre Versuchspersonen einem sogenannten Priming, also einer Vorabbekanntmachung, aus oder legen offen, wer mit wem interagiert. Oder sie produzieren, wie bei den Minimalgruppenexperimenten, unter Laborbedingungen soziale Unterschiede.

Bei einer wachsenden Anzahl wirtschaftswissenschaftlicher Experimente mit klassischen Spielen wie dem »Vertrauensspiel«, dem »Diktatorspiel« oder dem »Öffentliche-Güter-Spiel« werden ebenfalls bestimmte Auswirkungen der sozialen Unterschiede in der realen Welt festgestellt. Das Vertrauensspiel zum Beispiel hat eine gewisse Ähnlichkeit mit Bankkrediten. Der »Sender« entscheidet, wie viel Geld er dem »Empfänger« schickt. Dann verdreifacht der Versuchsleiter die Summe, und der Empfänger entscheidet, wie viel Geld er an den Sender zurückschickt. Bei einem Experiment an der Harvard University schickten die Probanden erheblich weniger Geld zurück, wenn der Sender einer anderen Rasse oder Nationalität angehörte.[42] In Israel schickten die Probanden in einem Versuch von Chaim Fershtman und Uri Gneezy weniger Geld an Juden aus dem Nahen Osten als an Aschkenasim.[43] Lorenz Goette, David Huffman und Stephan Meier bedienten sich bei einem Experiment mit Einheiten der schweizerischen Armee eines Gefangenendilemmaspiels. Für einen bestimmten Preis konnten die Probanden Versuchspersonen bestrafen, die nicht kooperierten. Dabei bestraften sie Mitglieder aus ihrer eigenen Einheit stärker.[44] Auch das Geschlecht erwies sich bei Versuchen als wirksamer Faktor: Beim Public Goods Game und in konkurrenzgeprägten Umfeldern verhalten sich Männer und Frauen unterschiedlich, je nachdem, ob sie reinen Frauen- oder reinen Männergruppen oder gemischten Gruppen angehören.[45]

All diese Experimente untermauern das Konzept der Identitätsökonomie empirisch. Bei allen spielen soziale Kategorien, Angehörige dieser Kategorien und jene Normen eine Rolle, die bestimmen, wie sich die Gruppenmitglieder verhalten und mit anderen interagieren sollen. Verschiedene experimentelle Kontexte, die jeweils einen anderen Identitätsnutzen erzeugen, führen unter diesen Bedingungen zu unterschiedlichen Ergebnissen.

Identitätsökonomie, Gary Becker und Bedürfnisse

Seit Jahren schon wird die herkömmliche Wirtschaftswissenschaft ständig verbessert, damit sie alle Arten von Motivationen berücksichtigen kann, die im wirklichen Leben beobachtet werden können. Der moderne Ansatz dieser Erweiterung wurde 1957 von Gary Becker in seinem bahnbrechenden Buch *The Economics of Discrimination* entwickelt.[46] Wie er in der Einführung zur zweiten Auflage schreibt, weigerte sich der Verlag University of Chicago Press anfänglich, das Werk in seiner Serie über wirtschaftswissenschaftliche Forschung zu publizieren, weil Diskriminierung nicht in den Zuständigkeitsbereich der Wirtschaftswissenschaft falle.[47] Während Soziologen und Anthropologen die sozialen Ursachen und Folgen der Diskriminierung von Schwarzen durch Weiße studierten, untersuchte Becker deren Auswirkungen auf den Markt. Zu diesem Zweck entwarf er eine neue Nutzenfunktion, die »eine Neigung zu diskriminieren« enthielt: Hat eine Person eine Neigung dazu, zu diskriminieren, »muss sie so handeln, *als ob* sie bereit wäre, direkt oder in Form eines verminderten Einkommens dafür zu bezahlen, dass sie mit bestimmten Personen in Verbindung steht und mit anderen nicht«.[48] Becker untersuchte nun die Auswirkungen solcher Präferenzen auf den Arbeitsmarkt.[49] Zu seinen bekanntesten theoretischen Schlussfolgerungen gehört, dass sich die Auswirkungen der Diskriminierung auf einem Markt mit freiem Wettbewerb ausgleichen müssten, da Firmen, die diskriminieren, um ihr Bedürfnis zu erfüllen, durch Firmen verdrängt werden müssten, die einfach die besten Arbeiter einstellen. In der folgenden Zeit entwickelte Becker auch Theorien zu Geburtenhäufigkeit, Kriminalität und Bestrafung, Drogenabhängigkeit und anderen Dingen.[50] In allen Fällen änderte er die Nutzenfunktion und zeigte, dass auch Kräfte, die menschliches Verhalten prägen, wirtschaftswissenschaftlich untersucht werden können. Die Kosten und der Nutzen, Kinder zu besitzen, haben zum Beispiel Einfluss auf die Geburtenhäufigkeit, und eine Ehesteuer hat Auswirkungen auf die Zahl der Eheschließungen.

Viele Wirtschaftswissenschaftler sind in ihren Untersuchungen dem von Becker eingeschlagenen Pfad gefolgt, und Becker selbst integriert bis heute nicht-ökonomische Motive in seine Nutzenfunktion. Im Großen und Ganzen jedoch wird dabei nicht in Betracht gezogen, dass sich diese Motive mit dem sozialen Kontext ändern können. Grundlegende Präferenzen gelten als universal, und Abweichungen werden auf idiosynkratische Unterschiede und persönliche Erfahrungen zurückgeführt. Selbst wenn Präferenzen klar auf dem kulturellen Hintergrund beruhen (wie etwa eine Vorliebe für Schweinefleisch), werden sie letztlich wie etwa die Vorliebe für Orangen oder Bananen für beliebig gehalten.[51] Deshalb konzentriert sich die Forschung darauf, wie Preise und Einkommen, nicht jedoch wie Bedürfnisse das individuelle Verhalten beeinflussen.[52] Dieser Ansatz entspricht natürlich den traditionellen wirtschaftswissenschaftlichen Experimenten, die auf finanzielle Anreize fokussiert sind, und unterscheidet sich von den neuen Experimenten, die die wichtige Rolle demonstrieren, die der soziale Kontext spielt.

Beckers grundlegende Beobachtungen wie zum Beispiel, dass Menschen gerne Kinder bekommen oder dass sie im Beisammensein mit Freunden mehr rauchen, sind vielleicht offensichtlicher als diejenigen, die uns zum Schreiben dieses Buches motiviert haben. Doch um Normen beobachten zu können, muss man nur genau wissen, wie und wo man nach ihnen suchen soll. Anthropologen, Psychologen und Soziologen konzentrieren sich besonders auf den Zusammenhang zwischen den Normen von Menschen, ihrem Selbstbild und ihrem sozialen Kontext, und sie tun dies vor allem deshalb, weil sie durch ihre theoretische Orientierung dafür sensibilisiert sind. Erving Goffman (der durch die Geschichte vom Karussell bekannt wurde) gab einem seiner besten Bücher den Titel *Wir alle spielen Theater.*[53] Solche Darbietungen des Selbst sind genau jene alltäglichen Anzeichen, nach denen wir Ausschau halten.

Normen in der Wirtschaftswissenschaft

In der Identitätsökonomie nehmen wir an, dass Menschen sich in aller Regel an Normen halten, weil sie es wollen. Sie internalisieren die Normen und erfüllen sie. Dieses Verständnis entspricht jedoch nicht der traditionellen Sicht der Wirtschaftswissenschaftler. Sie betrachten Normen bis heute in der Regel als etwas, das von äußeren Kräften aufrechterhalten wird: Menschen erfüllen Normen, weil sie sonst in irgendeiner Weise bestraft werden könnten.

Betrachten wir einmal einen Ehrenkodex wie den der Kadetten an der US-amerikanischen Militärakademie West Point. Er lautet: »Ein Kadett lügt, betrügt oder stiehlt nicht und toleriert dies auch nicht bei anderen.«[54] Nicht nur stellt der Betrug eine Verletzung des Ehrenkodex dar; dieser wird auch schon verletzt, wenn ein Verstoß gegen den Kodex nicht gemeldet wird. Und alle Verstöße gegen den Kodex, gleichgültig ob sie aktiv oder durch Unterlassung erfolgen, sind zu bestrafen. Wenn dieser Mechanismus funktioniert, wird tatsächlich niemand jemand anderen betrügen, und der Ehrenkodex wird eingehalten, selbst für den Fall, dass ihn niemand für richtig hält.[55] Der Kodex ist dann nach der herkömmlichen wirtschaftswissenschaftlichen Definition eine Norm.

Der Ehrenkodex von West Point funktioniert meist recht gut, und die Kadetten haben tatsächlich Angst vor den schweren Strafen (in der Regel dem Verweis von der Akademie), mit denen seine Verletzung geahndet wird. Trotzdem würde der Kodex seine Gültigkeit verlieren, wenn keiner der Kadetten ihn mehr für richtig hielte. Warum? Weil die lange Kette von Meldungen und unterlassenen Meldungen nicht aufrechterhalten werden könnte. Die Kadetten wären in der Lage, eine gute Ausrede zu finden, warum sie einen Verstoß nicht meldeten. Und die Bestrafung für das Nichtmelden einer Nichtmeldung usw. wäre immer schwerer zu rechtfertigen. Wenn überhaupt niemand mehr den Kodex für richtig hielte, würde er letztlich zusammenbrechen.

Das herkömmliche wirtschaftswissenschaftliche Verständnis des Ehrenkodexsystems ist nur ein Beispiel für Normen, die auf laufenden Interaktionen und der Furcht vor künftiger Bestrafung beruhen. Bei solchen »wiederholten Spielen« können aktuelle Verstöße der Spieler künftige Verluste zur Folge haben.[56] Michihiro Kandori zum Beispiel hat folgende Theorie der Normen innerhalb einer Gemeinschaft entwickelt: Wenn eine Person betrügt, verbreitet sich der Betrug infektionsartig. Diese Infektion führt schließlich zum Zusammenbruch des Systems, und der Verlust, der den Mitgliedern der

Gemeinschaft dadurch entsteht, ist letztlich höher, als der ursprünglich durch den Betrug erzielte Gewinn.[57] Bei »Koordinierungsspielen« müssen die Akteure eine Entscheidung treffen, die ihnen dabei hilft, sich sinnvoll mit Personen zu koordinieren, denen sie in Zukunft begegnen werden. (Sie müssen sich zum Beispiel dafür entscheiden, eine Fremdsprache zu lernen, oder ein bestimmtes Softwareprogramm auswählen.) In der Folge wird die Wahl, die die meisten treffen, zur Norm. Peyton Young zeigt, wie Normen entstehen, wenn die Akteure sowohl mit Menschen aus ihrer eigenen Gemeinschaft als auch mit Externen zusammentreffen.[58]

Selbst wenn gar keine Interaktionen mehr stattfinden, sehen Menschen doch die Einhaltung solcher Normen doch als Gelegenheit an, den anderen etwas Wichtiges über sich selbst zu beweisen. In Douglas Bernheims Theorie des Konformismus zum Beispiel wird das Einhalten einer Norm als eine bestimmte Art von Signal konstruiert.[59] Auch David Austen-Smith und Roland Fryer verwenden ein Modell des Signalisierens, um zu verstehen, warum schwarze Schüler offenbar der Norm folgen, in der Schule nicht hart zu arbeiten.[60] Sie postulieren, dass diese ihren Mitschülern signalisieren wollen, dass sie Menschen sind, die im heimischen Viertel bleiben und auf die man sich verlassen kann.

Wir nehmen das Bedürfnis, Normen einzuhalten, in unsere Nutzenfunktion mit auf, weil eine Menge empirischer Daten dafür spricht, dass Menschen Normen deshalb einhalten, weil sie sie für richtig halten.[61] Die Kadetten in West Point halten ihren Ehrenkodex wirklich für richtig. Angst vor Strafe, das Bedürfnis, sich mit anderen zu koordinieren, und das Bedürfnis, verlässlich zu erscheinen, sind allesamt stichhaltige und wichtige Gründe, sich an Normen zu halten. Aber selbst in einer kleinen, engen Gemeinschaft ist es notwendig, dass in einem gewissen Ausmaß um ihrer selbst willen an die Normen geglaubt wird, damit sich Gemeinschaft nicht auflöst. Normen könnten also das sein, was der Politologe Jon Elster als »Kitt der Gesellschaft« bezeichnet.[62] Wir finden dasselbe Thema in Elinor Ostroms umfangreichem, in jahrzehntelanger Arbeit durch die Untersuchung von Bewässerungs-, Waldwirtschafts- und Fischwirtschaftssystemen zusammengetragenem Werk. Die Allmende ging deshalb nicht unter, weil die kommunalen Systeme durch Normen zusammengehalten wurden.[63]

Wie entstehen Normen?

Inzwischen untersucht eine wachsende Zahl von Forschern die Ursprünge und die Wirtschaftlichkeit von Normen und Identität. Wie ändern oder entwickeln sich soziale Normen? Wie werden sie internalisiert? Nach Robert Oxobys Theorie brauchen die Menschen Normen, um sich psychologisch an eine ungünstige Umgebung anzupassen.[64] Roland Bénabou und Jean Tirole vermitteln Einsicht in die kognitiven Aspekte von Normen: Menschen können in ein gewisses Selbstverständnis investieren und wollen dieses Bild für sich selbst und andere erhalten.[65] Arbeiten von Ulrich Horst, Alan Kirman und Miriam Teschl lassen vermuten, dass Normen sich entwickeln, um ein Gefühl der Zugehörigkeit aufrechtzuerhalten.[66] In jüngster Zeit hat Robert Akerlof einen neuen und anderen Ansatz vorgeschlagen. Er vertritt die Ansicht, dass Menschen ihre Ansichten gern bestätigt haben möchten. Wenn Akteure mit einer solchen Nutzenfunktion interagieren, entwickeln sich Gruppen, Normen und Identitäten.[67]

Zusammenfassung

Im vorangegangenen ersten Teil des Buches haben wir ein Verfahren vorgestellt, mit dem wir den Faktor Identität in die wirtschaftswissenschaftliche Analyse integrieren können. Wir haben diskutiert, warum die Integration der Identität gleichzeitig eine Fortsetzung älterer wirtschaftswissenschaftlicher Ansätze und eine Neuerung ist. Nun untersuchen wir vier Gebiete, in denen die Identitätsökonomie zu neuen Ergebnissen führt.

TEIL 2 ARBEIT UND SCHULE

5 IDENTITÄT UND DIE ÖKONOMIE VON ORGANISATIONEN

Der erste Tag an der US-amerikanischen Militärakademie West Point wird R-Day genannt. An diesem Tag ziehen sich die neuen Kadetten bis auf die Unterwäsche aus. Ihre Haare werden abgeschnitten. Sie werden in eine Uniform gesteckt. Dann müssen sie vor einem älteren Kadetten korrekt salutieren und Folgendes sagen: »Sir, der neue Kadett Doe macht wie befohlen erstmals Meldung beim Kadetten mit der roten Schärpe.« Neue Kadetten müssen so lange stehen bleiben und immer wieder und wieder salutieren, bis sie alles ganz richtig machen, wobei sie selbst für den kleinsten Fehler gerügt werden.

Was versucht die US-Army damit zu erreichen? Möglicherweise erlernen die neuen Kadetten auf diese Weise Fertigkeiten, die sie in ihrem neuen Beruf gebrauchen können? Aber wozu der Haarschnitt? Wieso die rote Schärpe? Warum die Uniform? Aus welchem Grunde das ganze Ritual? David Lipsky, der den Weg einer Kompanie Kadetten in West Point vier Jahre lang verfolgte, sagt: »Am R-Day gibt man sein altes Selbst Stück für Stück auf.«[68] Der erste Tag ist nur der Beginn der Umformung der Persönlichkeit. Die Aufgabe von West Point ist es, Führungspersönlichkeiten zu produzieren, die »den Werten Treue, Ehre und Vaterland« verpflichtet sind und bereit stehen, »in ihrem Beruf Hervorragendes zu leisten und der Nation zu dienen«.[69] Die Kadetten lernen, im Gleichschritt zu marschieren, Befehle auszuführen und im Kampf zu führen. Sie lernen, sich selbst als Offiziere der US-Army anzusehen.

Die bis heute vorherrschende wirtschaftswissenschaftliche Interpretation von Organisationen und Arbeitsanreizen bietet jedoch für den R-Day keine Erklärung. In den gängigen ökonomischen Theorien spielen die Begriffe Pflicht und Ehre keine Rolle. Sie können nicht erklären, nach welchem System die Rekruten (oder etwa auch Arbeiter) einschätzen, wie sie sich benehmen *sollten*. Und sie können auch mit einer Organisation nichts anfangen, die diese Einschätzung der Menschen ändern wollte. Im folgenden Kapitel integrieren wir diese bislang ausgesparten Motive in die Theorien von Arbeits- und Organisationsökonomie.

Ein wichtiges Thema in der heutigen Betriebswirtschaftslehre ist die unternehmerische Frage, wie man für Beschäftigte die richtigen Anreize schaffen kann. Die Einzelleistung eines Arbeiters ist oft schwer zu beobachten. In einer Werkhalle ist nicht leicht zu erkennen, wie fest ein Arbeiter eine Schraube anzieht oder wie sauber er eine Ware verpackt. Im Einzelhandel ist es kaum möglich zu überprüfen, wie viel Mühe sich ein Verkäufer gibt, um ein Produkt zu verkaufen. Wie soll der Besitzer einer Fabrik oder eines Einzelhandelsgeschäfts seine Beschäftigten entlohnen? Wie viel soll er ihnen zahlen und nach welchen Kriterien? Der Wirtschaftstheorie zufolge kann der Besitzer zwar nicht genau feststellen, was ein Beschäftigter tut, aber er kann in der Regel ein paar möglicherweise nützliche Beobachtungen treffen. In der Fabrik kann er die Produkte nach dem Zufallsprinzip testen und den Anteil an Ausschuss eruieren. Im Einzelhandel kann er den täglichen Verkaufserlös kontrollieren. Ein Beschäftigter kann dementsprechend mehr Geld gezahlt bekommen, wenn seine Ausschussrate niedrig oder der Umsatz hoch ist. Die Theorie gibt uns eine bestechend einfache Lösung für das Problem an die Hand. Ein Beschäftigter sollte durch hohe oder niedrige Bezahlung Anreize erhalten, und er sollte im Durchschnitt gerade genug Geld verdienen, dass er das Risiko eingeht.

Während die Wirtschaftstheorie solch hübsche Lösungen bereithält, lässt sie uns zugleich argwöhnen, dass derartige finanzielle Anreize in der Praxis nicht gut funktionieren.[70] Erstens werden Güter oft durch Teams von Beschäftigten hergestellt und nicht von Einzelpersonen. Dies hat zur Folge, dass die potenzielle Basis für die Vergütung, wie zum Beispiel die Ausschussrate oder der Verkaufserfolg, kaum mit den Bemühungen des einzelnen Beschäftigten in Verbindung gebracht werden können. Für den Erfolg sind letztlich viele verantwortlich und ohne direkte Beobachtung der Arbeit ist es unmöglich, den einzelnen Beschäftigten gerecht zu entlohnen.[71]

Zweitens sind viele Tätigkeiten mit einer Vielfalt von Aufgaben verbunden. Wenn die Bezüge eines Beschäftigten nur auf einem Teil seiner Aufgaben beruhen, wird er seine Leistungen auf diesen Teil konzentrieren. Zum Beispiel wird ein CEO, dessen Vergütung sich vor allem nach dem aktuellen Aktienkurs des Unternehmens richtet, versuchen, den aktuellen Aktienkurs ohne Rücksicht auf langfristige Folgen hochzutreiben.

Drittens wird Entlohnung manchmal auf relative Leistung gestützt, zum Beispiel wenn mehrere Beschäftigte um eine Beförderung konkurrieren. Bei solchen Wettläufen hat das Management einen geringeren Informationsbedarf, da die Beschäftigten nur für die relative Arbeitsleistung entlohnt werden. Die Konkurrenz am Arbeitsplatz verursacht jedoch ein anderes Problem: Die Beschäftigten haben Grund dazu, einander zu sabotieren.[72]

Empirische Untersuchungen bestätigen das Probleme bei der Teamproduktion, beim Multitasking und bei Wettbewerben: Die Beschäftigten reagieren allzu gut auf finanzielle Anreize. Brian Jacob und Steven Levitt haben das ganze Ausmaß des Problems erforscht.[73] Wenn Schulleiter und Lehrer nach den Testergebnissen ihrer Schüler bewertet werden, wird angenommen, dass sie »testbezogen unterrichten«. Jacob und Levitt fanden jedoch heraus, dass einige Lehrer in Chicago einen einfacheren Weg fanden, die Testergebnisse zu verbessern: Sie veränderten einfach die Antwortbögen der Schüler. Robert Gibbons vom MIT kam zu dem Schluss, dass »Firmen das bekommen, wofür sie zahlen«. Da jedoch Bezahlung als Anreiz nicht sonderlich zielgerichtet ist, bekommen die Firmen häufig trotzdem nicht, was sie tatsächlich wollen.[74] All diese Untersuchungen deuten darauf hin, dass ein Unternehmen sich nicht ausschließlich auf finanzielle Anreize verlassen sollte, wenn es gut funktionieren will.

Wir vertreten die Ansicht, dass Identität bei der Funktionstüchtigkeit von Organisationen ein wichtiger Faktor ist. Beschäftigte sollten Stellen bekommen, mit denen sie sich identifizieren können, und die Firma sollte diese Bindung fördern.[75] Wir sind nicht die Einzigen, die diese Ansicht vertreten. Timothy Besley und Maitreesh Ghatak von der London School of Economics und Canice Prendergast von der University of Chicago vertreten ebenfalls die Ansicht, dass es sich produktionssteigernd auswirkt, wenn eine Organisation Arbeiter anstellt, die ihre Firmenmission teilen.[76] Solche Unternehmen funktionieren gut, weil Beschäftigte, die sich mit ihrem Unternehmen identifizieren, kaum finanzielle Anreize brauchen, damit sie ihre Arbeit gut machen.[77]

Ein identitätsbezogenes Modell der Arbeitsanreize

Wir folgen an dieser Stelle dem Verfahren, das wir in Kapitel drei skizziert haben und mit dem wir das Konzept der Identität in die wirtschaftswissenschaftliche Theorie von Organisationen und Arbeitsanreizen integrieren.[78] In Teil eins beschreiben wir die herkömmliche Organisationsökonomie. Dabei verwenden wir das von uns so genannte »Standardmodell«, das die Ökonomie in ihrer elementarsten Form erfasst. Dieses abgespeckte Modell ist das normale Handwerkszeug für Studierende der Wirtschaftswissenschaft im ersten Jahr des Hauptstudiums. Es zeigt, wie schwer es ist, die richtigen Anreize zu finden, wenn die Arbeitsleistung des einzelnen Beschäftigten schwer zu beurteilen ist. Danach kommen wir zu Teil 2 und fügen die Elemente der Identität hinzu: (1) soziale Kategorien, (2) Normen und Ideale, und (3) Verluste und Gewinne an Identitätsnutzen. Diese Faktoren beeinflussen in beträchtlichem Maße, wie Firmen ihre Beschäftigten entlohnen und behandeln.

Das Verfahren, Teil eins: Im Standardmodell gibt es einen Fabrikbesitzer, der als *Auftraggeber* und einen Arbeiter, der als *Auftragnehmer* bezeichnet wird. Der Auftragnehmer entscheidet sich entweder dafür, sich sehr anzustrengen oder sich wenig anzustrengen. Wenn er sich sehr anstrengt, erhöht sich die Wahrscheinlichkeit, dass die Firma hohe Einnahmen erzielt. Der Auftraggeber kann nicht beobachten, wie sehr der Auftragnehmer sich anstrengt. Er kann nur versuchen, die Leistung des Auftragnehmers zu beeinflussen, indem er mehr bezahlt, wenn die Firma hohe Einnahmen erzielt und weniger, wenn diese niedrig sind. Das Standardproblem der traditionellen Wirtschaftswissenschaft besteht darin, diese Bezahlung festzulegen: Welchen Lohn soll der Auftragnehmer bei niedrigen und welchen bei hohen Einnahmen erhalten?

Das Verfahren, Teil zwei: Wie ändern sich die Anreize, wenn man Identität in die Überlegungen mit einbezieht? Auf der Grundlage unserer Beobachtung vieler Arbeitsstellen fügen wir unsere drei Elemente der Identität hinzu.

Soziale Kategorien: Wir teilen unsere Arbeiter in zwei Typen ein. Diejenigen, die sich mit ihrer Firma (oder Organisation) identifizieren, nennen wir *Insider*. Und jene, welche sich nicht mit der Firma identifizieren, nennen wir *Außenseiter*. *Insider* und *Außenseiter* sind also die sozialen Kategorien unseres Modells.

Normen und Ideale: Wir nehmen an, Insider seien der Ansicht, dass sie für die Firma arbeiten *sollten*. Ihr Idealbild beinhaltet, sich sehr anzustrengen. Im Gegensatz dazu finden die Außenseiter, dass sie sich möglichst wenig anstrengen sollten; sie denken nur an sich selbst, nicht an den Betrieb, für den sie arbeiten.

Gewinne und Verluste in der Nutzenfunktion: Wir nehmen ganz einfach an, dass ein Insider an Identitätsnutzen verliert, wenn er sich nur geringfügig anstrengt. Der Außenseiter dagegen verliert an Identitätsnutzen, wenn er sich für eine Organisation sehr anstrengt, der er sich nicht zugehörig fühlt. Wie verändern diese Elemente der Identität das Wesen des Vertrags, durch den der Beschäftigte zu großer Anstrengung motiviert werden soll? Ist der Beschäftigte ein Insider, so wird er dank seines Identitätsnutzens eine geringere Prämie brauchen, um sich selbst zu Höchstleistungen zu motivieren. Das heißt, die Differenz zwischen dem Lohn bei hohem Betriebseinkommen und dem bei niedrigem Betriebseinkommen wird geringer sein.[79] Die Erklärung ist ganz einfach: Eine Insiderin maximiert ihren Identitätsnutzen, indem sie Höchstleistungen erbringt. Sie braucht keinen großen finanziellen Anreiz, um sich selbst zu harter Arbeit zu motivieren.[80] Dagegen hat eine Außenseiterin einen geringeren Identitätsnutzen, wenn sie hart arbeitet. Sie muss durch einen höheren Lohnanreiz zu harter Arbeit motiviert werden, damit sie für den Verlust an Identitätsnutzen entschädigt wird.

Es kann freilich kostspielig sein, die Identität eines Beschäftigten zu ändern; Ausgaben für Fortbildung, Stellenantrittsbonusse für neugeworbene Mitarbeiter und Sozialleistungen werden fällig. Aus dem Modell lässt sich schließen, wann der Gesamtgewinn einer Firma durch Investitionen in die Identität der Beschäftigten vermutlich steigen wird: Er wird steigen und eine Firma wird die Investition tätigen, wenn: 1. eine positive Beeinflussung der Identität kostengünstig ist, 2. die Betriebsabläufe ökonomisch schwer zu kalkulieren sind, 3. schwer zu beobachten ist, ob die Beschäftigten sich anstrengen oder nicht, 4. der Ertrag oder die Produktion von besonders hoher Leistung in Stoßzeiten abhängig ist, 5. die Arbeiter besonders risikoscheu sind und 6. große Anstrengungen der Beschäftigten für die Produktion der Firma wichtig sind.

Das Modell und die Unterschiede zwischen militärischen und zivilen Organisationen

Es ist relativ billig, Soldaten und Offizieren in den US-amerikanischen Streitkräften eine positive Identität zu vermitteln, weil sie als Freiwillige in der Regel mit den Zielen des amerikanischen Militärs sympathisieren. Außerdem ist Militärpersonal besonders leicht zu indoktrinieren, da es relativ stark vom Zivilleben isoliert ist. Auch ist es oft sehr kostspielig, das Militär vorzeitig zu verlassen (zum Beispiel berichtet Lipsky, dass West Point für viele Kadetten den einzig erschwinglichen Weg zu einer College-Ausbildung darstellt). Schließlich besteht beim Militär oft nur ein geringer Zusammenhang zwischen der Anstrengung des Einzelnen und dem Ergebnis – insbesondere im Gefecht.[81] Aus diesen Gründen sagt das Modell voraus, dass das Militär eher auf die Identität als auf finanzielle Anreize setzt.[82]

Dieses Ergebnis stimmt mit der Tatsache überein, dass beim Militär zwischen Bezahlung und Leistung nur ein geringer Zusammenhang besteht. Historisch wurden Soldaten in der amerikanischen Army und Navy meistens entweder befördert oder entlassen; Rang und Bezahlung hingen allein vom Dienstalter ab.[83] Selbst heute noch sind die Unterschiede in der Bezahlung ranghoher und rangniederer Offiziere viel geringer als die entsprechenden Unterschiede in der Wirtschaft.[84] Auch werden beim Militär herausragende individuelle Leistungen mit Medaillen und nicht mit Geldprämien belohnt.[85]

Die Frage der Motivation im Modell

Wir stützten unser Modell auf die Ergebnisse eines recht umfangreichen Bestands an nicht wirtschaftswissenschaftlicher Literatur über den militärischen und zivilen Betrieb. Eine

Auswertung dieser Arbeiten zeigt, dass das *Insider-Außensei-ter*-Modell und die Motivation sowohl beim Militärpersonal als auch bei zivilen Beschäftigten übereinstimmen.

Das Militär

Viele verschiedene Quellen, darunter Handbücher für Offiziere, Autobiographien, soziologische Studien und Werke der Militärgeschichtsschreibung zeigen eine enge Übereinstimmung mit unserem Modell. Im Modell gibt es die Unterscheidung zwischen Insidern und Außenseitern. Insider haben ein *Ideal*, das bestimmt, wie sie sich verhalten oder nicht verhalten sollten, und sie erfahren einen geringeren Nutzen, wenn sie dem Ideal nicht gerecht werden. Die Reaktionen auf das Verhalten von anderen wurden hier übrigens weggelassen, hätten aber leicht ebenfalls mit einbezogen werden können. Das Modell spiegelt das reale Militär wider, dessen Mitglieder den Unterschied zwischen Soldaten (Insidern) und Zivilisten (Außenseitern) betonen. Militärakademien und militärische Ausbildungsprogramme vermitteln absichtlich diese Unterscheidung. Sie lehren außerdem einen militärischen Verhaltenskodex, der vorschreibt, wie ein Insider sich verhalten soll. Er soll Befehle befolgen. Das Ideal der Air Force lautet wie bereits erwähnt »Selbstloses Dienen«. In einer korrekt funktionierenden militärischen Organisation übernehmen die Mitglieder als Insider diese Ideale. Das Militär setzt vor allem auf Ideale als Motivation und kaum auf finanzielle Anreize.[86]

Sämtliche Berichte, die wir über das Leben beim Militär gelesen haben, betonen den Unterschied zwischen zivilem und militärischem Leben. Zum Beispiel schrieb Omar Bradley, der ranghöchste amerikanische General nach Eisenhower im Zweiten Weltkrieg, einen autobiographischen Bericht über die Invasion der Alliierten auf dem europäischen Festland. Der Titel, *A Soldier's Story,* lässt Bradleys Identität wie auch seine Ideale erkennen. Der General verwendet den Begriff *Soldat* ausschließlich für Männer, die höchstes Lob verdienen, das heißt für Generäle wie George Patton, Harold Alexander und Courtney Hodges. Die führenden Militärsoziologen Charles Moskos, John Williams und David Segal beschreiben den idealen Soldaten wie folgt: Er sollte »kriegsorientiert in seinen Idealen und männlich in Erscheinungsbild und Ethos sein und soll sich in Charakter und Habitus klar von der zivilen Gesellschaft unterscheiden«.[87]

Offizielle und halboffizielle Dokumente aus allen Teilstreitkräften des amerikanischen Militärs beschreiben das ideale Verhalten des Soldaten noch genauer. So heißt es im *Air Force Guide,* dass der Soldat ein Beruf »mit einer Art Unternehmensidentität« sei. Der Offizier muss die Regeln des Unternehmens einhalten und die Befehle, die er über die Befehlskette erhält, befolgen. Außerdem soll er sich nicht wie ein Außenseiter benehmen und die Regeln einfach nur passiv befolgen. Vielmehr soll er ein Insider mit »Vertrauen in das System« sein. Wer »das Vertrauen in das System verliert, stellt das Selbst über das Dienen«.[88]

Militärische Organisationen propagieren aktiv eine solche militärische Identität. Ihre Ideale und Verhaltensvorschriften werden in der Grundausbildung und auf den Militärakademien klar formuliert und gelehrt. In der Terminologie unseres Modells ausgedrückt, investiert das Militär in das Bemühen, Außenseiter zu Insidern zu machen. Initiationsriten, kurzer Haarschnitt, Ausbildungslager, Uniform und Vereidigung gehören zu den offensichtlichen Mitteln, mit denen eine gemeinsame Identität hergestellt wird.[89] Auch die Routine der Militärakademien ist geprägt von den Prozeduren, die in den Soldaten eine militärische Identität herstellen sollen. Hartes Exerzieren und Schikanen wie die R-Day-Rituale in West Point sind nur eine Art, wie die Army ihren Kadetten ihren Stempel aufdrückt.[90] Natürlich kann hartes Training auch dazu dienen, den Soldaten so schnell wie möglich bestimmte Kenntnisse und Fertigkeiten zu vermitteln. Aus der sozialpsychologischen Theorie der kognitiven Dissonanz lässt sich jedoch schließen, dass hartes Training und schikanöse Aufnahmerituale dabei helfen können, das Selbstbild des Kadetten zu ändern. Der Kadett muss sich selbst erklären, warum er sich (offenbar freiwillig) auf diese Weise behandeln lässt.

Indem er eine Antwort darauf formuliert, nimmt er ein neues Selbstbild an.

Der Wert, den das Militär dem »selbstlosem Dienen« beimisst und die geringe Bedeutung, die es auf finanzielle Belohnungen legt, lässt (in Übereinstimmung mit unserem Modell) vermuten, dass eine militärische Identität finanzielle Anreize ersetzen kann. So schreibt zum Beispiel General Ronald Fogleman von der Air Force: »Was ist also der Lohn für selbstloses Dienen? Es sind nicht nur die Sozialleistungen oder der Gehaltsscheck, warum wir am Ball bleiben. In meinen 32 Dienstjahren habe ich viele Männer und Frauen getroffen, die das Konzept des selbstlosen Dienens verkörpern. Sie bleiben bei der Air Force wegen der immateriellen Werte: der Befriedigung darüber, etwas Wichtiges mit seinem Leben anzufangen; dem Stolz, einer einzigartigen Organisation anzugehören, die nach hohen Maßstäben lebt; und dem Gefühl des Erfolgs, das auf der Verteidigung unserer Nation und ihrer demokratischen Lebensweise beruht.«[91]

Auch in ethnographischen Arbeiten wird das Ideal des Dienens beobachtet. So beschreibt der Soziologe Jeffrey McNally einen West-Point-Absolventen, den er Matt nennt. Dieser erwog nach dem fünfjährigen Militärdienst, zu dem er nach seiner Ausbildung verpflichtet war, eine zivile Stelle anzunehmen. Doch er entschied sich gegen das Zivilleben und sagte von seinen Bewerbungsgesprächen:»In keinem wurde je von dem gesprochen, was mir wichtig war, nämlich zu dienen. Sie sprachen immer nur über Geld.«[92]

Auch bei normalen Vorgängen wandeln sich Militärs sozusagen nebenbei von Außenseitern zu Insidern. Soldaten leben und arbeiten getrennt von Zivilisten. Außerdem interagieren sie, insbesondere in Gefechtseinheiten, intensiv und häufig miteinander. Wir können an diesem Beispiel erkennen, dass das Wesen einer Organisation (und wie sie ihr Personal in Arbeitsgruppen einteilt) einen Einfluss auf die Identität und damit auch auf Vorlieben und Anreize eines Menschen haben kann. (Arbeitsgruppen in zivilen Unternehmen werden weiter unten behandelt.) Im Zweiten Weltkrieg studierte eine Gruppe von Soziologen das US-Militär und veröffentlichte ihre Ergebnisse in der großen Studie *The Ameri-*

can Soldier. Diese beschreibt das ideale Mitglied einer Gefechtseinheit wie folgt: Er sollte ganz einfach »ein Mann« sein. Dies bedeutete »Mut, Ausdauer und Härte … generell keine Schwäche, Zurückhaltung in emotionalen oder idealistischen Angelegenheiten und sexuelle Leistungsfähigkeit zu zeigen«.[93] Wie die Autoren beobachteten, verhielten sich die Rekruten zunächst nur so, um sich nicht lächerlich zu machen, am Ende jedoch hatten sie das Ideal internalisiert: »Die Angst, von einem Kameraden nicht für einen vollwertigen Mann gehalten zu werden, kann ein ebenso mächtiger Kontrollfaktor sein wie die Angst vor dem Bau. [Der] Prozess wird als ›Gewissen‹ internalisiert und automatisiert.«[94]

Schließlich erlauben die Beschreibungen der Disziplin beim Militär eine Neubewertung von Identität und Normen in wirtschaftswissenschaftlichen Modellen. Wie der Soziologe Kai Erikson betont, treten bei Disziplinarmaßnahmen die Grenzen und Normen einer Gemeinschaft zu Tage. Durch disziplinarische Maßnahmen werden nicht nur die Täter bestraft; sie sind auch Moralstücke, die Richtig und Falsch definieren.[95] Oder in unserer Sprache ausgedrückt: Sie definieren Normen und Ideale. Im *Air Force Guide* wird ausdrücklich auf diese Rolle der Disziplin eingegangen: »[Der] Zwang [zur Disziplin] sollte nicht primär auf Angst vor Bestrafung beruhen, sondern als moralische Pflicht aufgefasst werden, die dem einzelnen im gemeinsamen Interesse der Gruppe auferlegt ist. Disziplin stellt einen Geisteszustand her, der unter allen Umständen, ungeachtet möglicher Hindernisse, angemessenes Handeln und Kooperation hervorbringt.«[96]

Wir erkennen hier einen scharfen Gegensatz zu den Beschreibungen von Disziplin und Strafe in der herkömmlichen Wirtschaftswissenschaft. Strafe ist dort einfach der Preis, der bei einem Regelverstoß entrichtet werden muss. Demnach wird eine Regel gebrochen, wenn dies den Preis wert ist. Bei der Feier seines 70. Geburtstags erzählte Gary Becker, warum er ursprünglich den Aufsatz »Crime and Punishment« geschrieben hatte. Dabei brachte er den obigen Gedanken sehr klar zum Ausdruck.[97] Er erzählte, er sei als Student eines Tages bei einer mündlichen Prüfung spät dran gewesen, habe keinen legalen Parkplatz gefunden und deshalb illegal geparkt. Später sei er zu dem Schluss gekommen, er müsse sich deshalb nicht schuldig fühlen, denn er sei bereit gewesen, die Strafgebühr dafür zu zahlen, dass er pünktlich zur Prüfung habe antreten können. Schuld- und Schamgefühle sind demnach in der wirtschaftswissenschaftlichen Theorie über abweichendes Verhalten nicht enthalten.[98] Auch gibt es keine ökonomische Theorie, bei der die Rolle der Disziplin darin bestünde, Scham zu verursachen. Für alle Strafen und Belohnungen maximiert der Auftragnehmer die Nutzenfunktion. Im Gegensatz dazu soll durch die Disziplin in der Luftwaffe der »Geisteszustand« der Flieger, das heißt, ihre Präferenzen, verändert werden.

Natürlich spielen schwere Strafen im Betrieb eines erfolgreichen Militärapparats ebenfalls eine direkte Rolle. Lipsky betont in seinem Buch *Absolutely American* die Internalisierung der Werte von West Point durch die Kadetten, aber ein wichtiger Subtext sind die schweren Sanktionen für diejenigen, die den Anforderungen nicht gerecht werden.[99] Wir betrachten solche Strafen als Kontrollinstrument gegenüber Rebellen, die sich dem militärischen Ideal nicht unterwerfen. Eine realistische Erweiterung unseres Modells würde Beschäftigte mit einschließen, die durch das Identitätsprogramm ihrer Firma wenig beeinflussbar sind. Sie würden durch Entlassung oder andere Formen von Strafe unter Kontrolle gehalten.

Der zivile Betrieb

Unser Modell ist sowohl auf den zivilen als auch auf den militärischen Betrieb anwendbar. Eines der zentralen Themen der Managementliteratur ist die Dichotomie zwischen »intrinsischer« und »extrinsischer« Motivation. Diese Unterscheidung spielt auch in unserem Identitätsmodell eine große Rolle und entspricht der unterschiedlichen Motivation von Insidern und Außenseitern. Dieselbe Dichotomie ist auch bei der Untersuchung des Funktionierens von Organisationen evident. Die Geschichtsschreibung dieser Disziplin kontrastiert unweigerlich das Werk von Frederick Taylor, das seine Wurzeln im frühen 20. Jahrhundert hatte, mit der Human-Relations-Bewegung, die mit der Studie des Hawthorne-Werks von Western Electric in den 1930er Jahren begann. Laut Taylor sollte das Management Aufgaben bestimmen, entscheiden, wie sie am besten zu erfüllen seien, und ihre Durchführung zahlen.[100] In Bezug auf unser Modell funktioniert der Taylorismus, als ob Kooperation automatisch erfolge; es kommt nicht darauf an, ob die Arbeiter Insider oder Außenseiter sind. Seit den 1930er Jahren jedoch betont die Managementtheorie, wie schwer es ist, die Aufgaben der Beschäftigten zu überwachen, und wie wichtig deshalb eine gruppenorientierte Motivation des Einzelnen ist. In der Terminologie unseres Modells heißt dies, dass gutes Management darauf abzielt, motivierte Insider und nicht entfremdete Außenseiter als Beschäftigte zu haben.

Heutige Studien betonen die Rolle des Managements bei der Veränderung der Ziele seiner Beschäftigten. In der Terminologie des Modells ermutigt ein gutes Management die Beschäftigten dazu, Insider zu sein, die sich mit den Zielen des Unternehmens identifizieren. Die Ziele der Beschäftigten und des Managements in Einklang zu bringen, ist das Ziel einer Strategie, die als »Führen durch Zielvereinbarung« bezeichnet wird und die Beschäftigten am Festsetzen von Zielen beteiligt. Führen durch Zielvereinbarung funktioniert vor allem durch Änderung der Selbstmotivation. Der Manager einer Wirtschaftsprüfungsfirma fasste den Ansatz in einer Studie von Mark Covaleski und anderen wie folgt zusammen: »Nach einer Weile [hatte der Kampf um das Erreichen der gesetzten Ziele] nichts mehr mit den Prämien zu tun ... Der Trick besteht darin, die Leute dafür zu begeistern.«[101] Ähnlich wird auch beim Total-Quality-Management (TQM) versucht, die Beschäftigten stolz auf ihre Arbeit zu machen und sie dadurch zur Identifikation mit ihrem Unternehmen und seinen Zielen zu motivieren. Die Managementberater Thomas Peters und Robert Waterman beschreiben, wie sich das Engagement eines Unternehmens für Service- und Produktqualität letztlich auszahlt: Die Beschäftigten sind motivierter, wenn sie auf die Dienstleistungen und Produkte ihrer Firma stolz sind.[102] Zum Beispiel verpflichtet sich Caterpillar, überall auf dem Erdball binnen 48 Stunden Ersatzteile für seine Fahrzeuge und seine Ausrüstung zu liefern. McDonald's weist seine Beschäftigten an, kalt gewordene Pommes frites wegzuwerfen. Strategien zur Vergrößerung der Kundenzufriedenheit verbessern laut Peters und Waterman auch das Selbstbild der Beschäftigten und motivieren sie dazu, die Ziele der Firma zu erfüllen.

Einige der berühmtesten Arbeitgeber in Industrie und Handel waren dafür bekannt, dass sie bei ihren Beschäftigten mit großer Leidenschaft Firmentreue herzustellen suchten. Thomas Watson, der CEO von IBM sagte einmal:»In ein Unternehmen einzutreten ist eine Handlung, die absolute Loyalität verlangt.«[103] Und John Pepper, der erfolgreiche CEO von Procter & Gamble, sagte:»Wir haben begriffen, dass wir nicht nur einem Unternehmen beigetreten sind, sondern einer Institution mit einem besonderen Charakter und einer besonderen Geschichte, für deren Fortbestand wir nun verantwortlich sind.«[104] Diese Loyalität zu einer Institution gibt es offenbar nicht nur bei großen und berühmten Firmen. Truman Bewley von der Yale University führte während der Rezession in den frühen 1990er Jahren lange Interviews in meist kleinen Firmen in Connecticut. Er fand heraus, dass sie nur selten die Löhne senkten, obwohl sie andere Arbeiter für weniger Geld hätten einstellen können. Bewley schloss daraus, dass diese Firmen weiterhin hohe Löhne zahlten, weil sie bei ihren Beschäftigten,»die Fähigkeit ... sich mit der Firma zu identifizieren und ihre Ziele zu internalisieren« zu schätzen wussten.[105]

Auf allen Ebenen des Unternehmens

Ethnographische Untersuchungen zeigen, dass Selbstmotivation und Identifikation mit der Firma für die Beschäftigten auf allen Ebenen des Unternehmens wichtig sind. Die Rolle der Identität im täglichen Leben der Lohnempfänger ist vielleicht das wichtigste Ergebnis dieser ethnographischen Arbeiten. Nehmen wir zum Beispiel die Geschichte von Mike, wie sie Studs Terkel wiedergibt, oder von Shirley, wie sie die Soziologin Vicky Schmidt erzählt.

Terkels Interview mit Mike, einem Arbeiter in einem Stahlwerk in Cicero, Illinois, bestätigt die Validität unseres Modells, aber an unerwarteter Stelle.[106] Mike ist ein Außenseiter. Er mag seinen Job überhaupt nicht und fühlt sich von seinem Vormann beleidigt. Er will jedoch auch nicht arbeitslos werden, weshalb sein Widerstand am Arbeitsplatz in der Regel gering ausfällt. Er »versucht, nicht einmal zu denken«; er weigert sich »ja, Sir«, zu seinem Boss zu sagen; und er macht gelegentlich »eine kleine Delle [in den Stahl], um zu sehen, ob es durchgeht«. Trotzdem wird er immer wütender und gerät nach Feierabend in Kneipenschlägereien. Warum? »Weil ich den ganzen Tag ›leck mich am Arsch‹ zu meinem Vormann sagen will, es aber nicht tun kann.« Mikes feindseliges Verhalten passt genau in unser Modell. Er ist Außenseiter. Er arbeitet und drückt sich nicht, tut dies aber nur für die finanzielle Entlohnung. Er verliert an Identitätsnutzen, weil zwischen dem, wofür er sich anstrengen muss, und dem, was er eigentlich gern täte, eine Lücke klafft. Sein Freizeitverhalten ist in unserer Terminologie die Art, wie er »seinen Verlust an Identitätsnutzen wieder hereinholt«. Das Beispiel zeigt, dass Identität selbst dann eine Rolle spielt, wenn ein Arbeiter rein finanziell motiviert ist: Ihre Auswirkungen sind immer noch sichtbar. Außerdem sagt die Identitätsökonomie Mikes Wut und ihre Folgen voraus, während sie in der heute herrschenden Wirtschaftswissenschaft (und zwar auch in der Verhaltensökonomie) offenbar gar nicht vorkommen.

Shirley ist im Gegensatz zu Mike eine Insiderin. Die Afroamerikanerin arbeitet für eine Firma, die Vicky Smith als Reproco bezeichnet, eine Leiharbeitsfirma, die Bürokräfte und Postsortierer vermittelt. Reproco hat erkannt, dass es zwischen den Leiharbeitern und den fest angestellten Arbeitskräften seiner Firmenkunden ein gewisses Konfliktpotenzial gibt. Deshalb schult es seine Beschäftigten, damit sie auf die Beleidigungen des festen Personals richtig reagieren. Shirley ist offensichtlich eine hoch motivierte Beschäftigte, die stolz auf ihre Arbeit ist, obwohl sie an ihrem Arbeitsplatz täglich beleidigt wird. Ein Wortwechsel mit einer weißen Anwältin in einer Kanzlei in Philadelphia ist beispielhaft für Shirleys Haltung. Als die Anwältin ihre Ungeduld zum Ausdruck bringt, weil Shirley ihrer Ansicht nach zu lange zum Fotokopieren braucht, gibt Shirley eine höfliche Antwort und rechnet auf ihrem Taschenrechner die Länge der Warteschlange aus. Die Anwältin sagt zu Shirley: »Sie drücken immer diese kleinen Knöpfe«, und stürmt wütend davon.[107] Shirley aber bleibt ganz ruhig. Sie erklärt Vicky Smith, die die Szene beobachtet hat, dass sie eine »Reproco-Person« sei. Der Rückgriff auf ihr berufliches Selbst befähigt sie dazu, Ruhe zu bewahren. Wenn sie stattdessen ihre Wut zum Ausdruck gebracht hätte (eine Reaktion, die nach unserem Modell einem niedrigen Anstrengungsgrad entspricht), hätte sie an Identitätsnutzen verloren, weil sie es nicht geschafft hätte, ihrem Ideal gerecht zu werden.

Alle ethnographischen Berichte aus der Arbeitswelt, die wir gelesen haben, erzählen ähnliche Geschichten wie die von Shirley und Mike; die Beschäftigten identifizieren sich entweder mit ihrem Job (wie die Insider im Modell) oder sie sind frustriert (wie die Außenseiter im Modell, die sich zwar sehr anstrengen, dies aber nur wegen der finanziellen Anreize). Hier noch zwei kürzere Beispiele: Tom Juravich berichtet von einem Arbeiter in einer Drahtfabrik, dessen direkter Vorgesetzter es ihm nicht erlaubt, einen neuen Schraubenzieher zu kaufen, um eine Arbeit zu beenden. Der frustrierte Arbeiter schlägt mit dem Hammer ein Ersatzteil kaputt, das mehrere hundert Dollar wert ist.[108] Katherine Newman dagegen berichtet von Beschäftigten bei Fast-Food-Restaurants in Harlem und Washington Heights, die trotz des Fetts, der Hitze, des mangelnden Respekts der Kunden und der niedrigen Löhne stolz auf ihre Uniformen sind.[109]

Kann man auf irgendeine Weise das Ausmaß berechnen, in dem sich Beschäftigte mit ihren Organisationen identifizieren? Der General Social Survey (GSS) ist eine jährliche USA-weite Erhebung demographischer und einstellungsbezogener Daten auf der Grundlage von etwa 3000 Befragten. Im Rahmen der Erhebung werden Beschäftigte dazu interviewt, wie sie mit ihrer Arbeit zufrieden sind. Die Umfrage von 1991 enthielt auch ein Modul über die Unternehmen, in denen sie arbeiteten. Nach unseren Berechnungen verneinten 82 Prozent der Beschäftigten schwach oder stark die Aussage, dass sie gegenüber ihrem Betrieb nur eine geringe Loyalität empfänden. 78 Prozent bejahten, dass sie ähnliche Werte wie ihr Betrieb hätten. 90 Prozent waren stolz darauf, für ihren Betrieb zu arbeiten. Und 86 Prozent waren sehr zufrieden oder relativ zufrieden mit ihrer Arbeit. Diese Werte waren bei beiden Geschlechtern, bei allen Ethnien und bei Angestellten und Arbeitern fast gleich. Natürlich geht aus den Antworten nicht hervor, warum die Beschäftigten eine bestimmte Einstellung haben. Vielleicht investieren ihre Firmen in den Faktor Identität. Vielleicht suchen sich die Beschäftigten Arbeitgeber aus, die ihre Werte teilen. Vielleicht übernehmen sie auch die Werte ihrer Firmen, um kognitive Dissonanzen zu minimieren. All diese Erklärungen passen in unseren theoretischen Rahmen. In allen Fällen wäre die Identität des Beschäftigten eine Komponente seines Nutzens.

Identitätsökonomie und Arbeitsgruppen

Wir haben bisher festgestellt, dass Insider sich mit ihrem Unternehmen identifizieren und Außenseiter nicht. Diese Aufteilung mag grob sein, bietet aber einige Einsichten in die Phänomene Identität und Betrieb. Freilich kamen viele Untersuchungen zu dem Ergebnis, dass sich Beschäftigte eher mit ihrer unmittelbaren Arbeitsgruppe als mit dem ganzen Unternehmen identifizieren. Ein genaueres Modell, bei dem die Loyalität eher einer Arbeitsgruppe gilt als der gesamten Firma, wäre demnach vielleicht realistischer.

Mit ein paar kleinen Veränderungen bei unseren Identitätselementen lassen sich solche Normen am Arbeitsplatz folgendermaßen erfassen:

- *Soziale Kategorien:* Ein Arbeiter identifiziert sich entweder als Außenseiter oder als *Mitglied einer Arbeitsgruppe.*

- *Normen und Ideale:* Das Mitglied einer Arbeitsgruppe findet, dass es sich mittelmäßig anstrengen sollte. Im Gegensatz dazu findet der Außenseiter, dass er sich möglichst *wenig* anstrengen sollte.
- *Gewinne und Verluste in der Nutzenfunktion:* Wie oben beschrieben wird der Identitätsnutzen des Beschäftigten geringer, wenn er sich mehr oder weniger anstrengt als es seinen Idealen entspricht.

Das Ausmaß, in dem sich ein Beschäftigter mit seiner Arbeitsgruppe identifiziert, hängt von der Strategie des Managements ab. Eine Firma könnte ihre Arbeiter zum Beispiel *streng überwachen:* Ein Aufseher würde die Arbeiter dann genau beobachten und über die Leistung der einzelnen Beschäftigten berichten. Diese strenge Überwachung wäre allerdings eine verhasste Methode, und die Beschäftigten würden, wie Mike, eine Außenseiteridentität entwickeln. (Wir werden ein solches Ergebnis weiter unten beim klassischen Experiment mit dem Bank Wiring Observation Room kennenlernen.) Die Firma könnte aber auch eine *lockere Überwachung* einführen, bei der der Aufseher dem höheren Management nicht Bericht erstatten würde. In diesem Fall identifizieren sich sowohl der Aufseher als auch die Arbeiter mit der Arbeitsgruppe.

Beide Managementstile haben ihre Vor- und Nachteile für die Firma. Strenge Überwachung erbringt mehr Informationen über das Leistungsniveau der Arbeiter und erlaubt es dem Auftraggeber, seine finanziellen Anreize genau zu kalibrieren. Weil aber strenge Überwachung Arbeiter zu Außenseitern macht, machen sie möglichst geringe Anstrengung zu ihrem Ideal. Demgegenüber bringt lockere Überwachung weniger Informationen über die Leistung der Arbeiter ein, was wiederum die genaue Abstimmung der finanziellen Anreize erschwert. Dafür wird das Ideal der Arbeiter die mittlere Anstrengung und nicht die niedrige Anstrengung. Lockere Überwachung mit Arbeitsgruppenidentifikation und mittlerer Anstrengung ist möglicherweise oftmals die beste Politik des Managements. In den folgenden Beispielen wird unser Modell zur Arbeitsrealität in Bezug gesetzt.

Lockere Überwachung: Eine Maschinenhalle in Chicago

Im Abstand von 25 Jahren schrieben Donald Roy und Michael Burawoy, zwei Soziologiestudenten der University of Chicago, als teilnehmende Beobachter jeweils einen Bericht über dieselbe kleine Maschinenhalle.[110] Beide Studien vermitteln das klare Bild, dass Loyalität gegenüber der Arbeitsgruppe zu der Art von mittlerer Produktivität führt, die den Normen der Arbeitsgruppenidentifikation entspricht.

Im beschriebenen Betrieb setzte sich die Entlohnung aus einem Basisstundenlohn und einem tätigkeitsspezifischen Stücklohn zusammen. Das Management versuchte, den Stücklohn so festzusetzen, dass es bei jeder Tätigkeit gleich schwer war, dasselbe finanzielle Ziel zu erreichen (oder »zurechtzukommen«, wie man das in der Halle bezeichnete). Doch die Festsetzung gelang offenbar nicht besonders gut: Viele Tätigkeiten galten als »bequem«, weil das gesetzte Ziel sehr leicht zu erreichen war. Zu Roys Zeit gab es auch ein paar Jobs, die »stanken«, weil der Stücklohn so niedrig war, dass der angepeilte Stundenlohn nicht erreichbar war. Die Arbeiter hielten diese Unterschiede vor dem Management geheim, das ebenfalls die Augen vor ihnen verschloss.

Nach unserem Modell gibt es eine Arbeitsgruppennorm, und die Arbeiter verlieren an Nutzen, wenn sie vom idealen Anstrengungsniveau der Gruppe abweichen. Auch der Auftraggeber kann es als vorteilhaft empfinden, wenn das mittlere Anstrengungsniveau erhalten bleibt. Beide Phänomene werden in der Maschinenhalle gut erkennbar. Die Norm, die allen Beschäftigten gut bekannt war, bestand darin, nicht mehr als 140 Prozent des Grundlohns zu verdienen. Die Arbeiter fürchteten, dass ein höherer Output die Zeitkontrolleure auf den Plan rufen würde.[111] Außerdem herrschte die Verhaltensnorm »zurechtzukommen« und anderen bei der Erfüllung ihres Solls zu helfen, indem man die Vorschriften des Arbeitgebers unterlief. Dies geschah, indem man eine neue Tätigkeit begann, bevor man die alte als beendet registrierte (eine Strategie, die *tricksen* genannt wurde). Auf diese Weise vermieden die Arbeiter, die gewünschten Stückzahlen zu überschreiten und führten die Zeitkontrolleure in die Irre.

Tatsächlich kommen sowohl Roy als auch Burawoy zu dem Schluss, dass die Beschäftigten aus ihrer Arbeit ein Spiel machten, in dem es darauf ankam zurechtzukommen. Die Bezahlung für dieses Zurechtkommen wurde so zum Spielstand. Laut Burawoy war es für das Selbstverständnis der Maschinenarbeiter sehr wichtig, das Spiel zu gewinnen:[112] »Zurechtzukommen«, schreibt Burawoy, »war eine Form der Selbstdarstellung« und auch »Selbstzweck«.[113] Diese Einstellung wurde von allen Maschinenarbeitern geteilt. »Roy und ich stellten schnell fest, dass wir unbedingt zurechtkommen mussten, wenn wir in dem Betrieb etwas gelten wollten.«[114] Das heißt, die Normen der Arbeitsgruppe unterliefen zwar das Ziel des Managements, die Tätigkeitsdauer genau festzulegen, schrieben aber vor, die Tätigkeit (entsprechend dem mittleren Anstrengungsniveau, das das Mitglied einer Arbeitsgruppe laut unserem Modell anstrebt) in der vorgeschriebenen Zeit zu erledigen.

Sowohl der Bericht Roys als auch der Burawoys wirft die Frage auf: Warum führte das Management kein strengeres Regiment? In der Halle gab es eine Menge Hilfsarbeiter, die wussten, dass die Arbeiter an den Maschinen tricksten. Trotzdem setzte das Management diese potenziellen Informanten nicht unter Druck. Gelegentlich wurden Zeitkontrolleure in die Halle geschickt, doch diese Vertreter des Managements ließen sich durch die recht durchschaubaren Strategien der Trickser blenden. Unser Modell legt die folgende Erklärung für diese laxe Aufsicht nahe: Die Beschäftigten arbeiteten nach ihren eigenen Normen und brachten zufriedenstellende Ergebnisse hervor. Das Management wollte es vermeiden, seine Arbeiter durch strengere Überwachung zu Außenseitern zu machen und ihre Produktivität zu vermindern.

Strenge Überwachung: Der Bank Wiring Observation Room

Eine weitere, frühere, soziologische Beobachtung von Arbeitsgruppen, das Experiment mit dem Bank Wiring Observation Room, beweist, was wir nach der Erfahrung mit der Maschinenhalle in Chicago nur vermuten konnten: dass die

Reaktion der Arbeiter auf strenge Überwachung zu einer Verminderung des Outputs führen kann. Im Jahr 1931 ließ die Western Electric Company auf Anregung von Elton Mayo, F. J. Roethlisberger und William Dickson, Pionieren der Industriesoziologie, eine kleine Gruppe von Arbeitern beobachten, die in einer Montagefabrik für Kommunikationsgeräte in einem separaten Raum Kontaktbänke für Telefonanlagen verdrahtete.[115] Wie in der Chicagoer Maschinenhalle hatten auch diese Arbeiter eine klare Leistungsnorm etabliert, nämlich zwei Kontaktbänke pro Tag. Als nun ein Aufseher eine harte Linie fuhr und strenge Inspektionen einführte, schlugen die Arbeiter zurück. Sie sabotierten seine Arbeit, und die Norm der zwei Kontaktbänke verlor ihre Gültigkeit. Das Unternehmen musste den Aufseher in eine andere Abteilung versetzen.

Statistisches Beweismaterial: Ein Fertigungsbetrieb im amerikanischen Mittelwesten

Stanley Seashores Studie über eine Maschinenbaufabrik im Mittelwesten enthält statistisches Material, das sowohl auf die Existenz als auch auf die Wirksamkeit von Arbeitsgruppennormen schließen lässt. In der Fabrik wurden die Beschäftigten den Arbeitsgruppen praktisch nach dem Zufallsprinzip zugeteilt.[116] Mit Hilfe von Fragebögen entwickelte Seashore einen Index des Arbeiterzusammenhalts und analysierte dessen Zusammenhang mit der Produktivität des einzelnen Arbeiters. Wenn es Arbeitsgruppennormen gibt und diese Einfluss auf die Produktivität des einzelnen Arbeiters haben, ist zu erwarten, dass die individuelle Produktivität in Gruppen mit schwachem Zusammenhalt stärker variiert als in Gruppen mit starkem Zusammenhalt. Diese Voraussage wird durch die Daten bestätigt: die Produktivität der einzelnen Mitglieder schwankte in Gruppen mit starkem Zusammenhalt weniger. Außerdem können Arbeitsgruppen, wenigstens theoretisch, unterschiedliche kollektive Normen haben. Deshalb konnten wir voraussagen, dass der Produktivitätsunterschied zwischen Gruppen mit starkem Zusam-

menhalt stärker sein würde als zwischen Gruppen ohne Zusammenhalt. Auch diese Voraussage wurde durch die Daten
bestätigt.[117]

Lincoln Electric: Beispiel oder Gegenbeispiel?

Der Fall von Lincoln Electric und seinem Entlohungsschema,
der von Paul Milgrom und John Roberts behandelt wird, wurde häufig als Beweis für die Principal-Agent-Theorie aufge-
führt.[118] Dies würde mit unseren Forschungsergebnissen
nicht übereinstimmen. Der Grundlohn bei Lincoln Electric
wurde als Stücklohn kalkuliert, und die Produktivität wurde
auf das Dreifache vergleichbarer Fertigungsbetriebe geschätzt, was vermuten ließ, dass Leistungsniveau und Produktivität der Arbeiter sehr wirksam durch finanzielle Anreize gesteigert wurden. Bei näherer Betrachtung erweist sich
jedoch, dass das Management von Lincoln Electric spezielle
Vorkehrungen traf, um die üblichen Probleme, die mit einem
Stücklohn einhergehen, zu vermeiden. In Berichten über Lincoln wird das starke Gemeinschaftsgefühl in dem Unternehmen betont. Die Arbeiter sagten, das Werk sei ein besonderer
Ort. Das Management war stolz darauf, hart aber fair zu sein,
und es war ungewöhnlich fürsorglich, was seine Arbeiter be-
traf. Außerdem beruhte die Hälfte des Lohns auf einer sub-
jektiven Bewertung der Gesamtleistung jedes Arbeiters und
seiner Kooperation, die durch das Management erfolgte.[119] Die
Arbeiter beurteilten diese Prämien als fair, und die Beurtei-
lungen des Managements waren korrekt. Unser Modell lässt
vermuten, dass das Management bewusst in solche Maßnahmen investierte, um damit ungewöhnlich engagierte Arbeiter
zu bekommen. Laut James Lincoln, dem Präsidenten des Unternehmens, »kommt es in der Industrie niemals vor, dass
das Management und die Männer ... verschiedene Typen
Mensch sind«.[120]

Arbeitsgruppen beim Militär

Kameradschaft spielt in allen Berichten über das Leben beim Militär eine große Rolle. Deshalb ist es kaum verwunderlich, dass auch beim Militär die Arbeitsgruppenidentität wichtig ist und sich auch hier die jeweiligen Vor- und Nachteile lockerer oder strenger Überwachung deutlich zeigen. Wie wir oben gesehen haben, wird in Gefechtseinheiten immer ein Verhaltensideal etabliert. Harold Moore und Joseph Galloway berichten in ihren Erinnerungen an den Vietnamkrieg, dass sie in den Krieg zogen, weil sie es als ihre Pflicht gegenüber ihrem Land empfanden. Im Gefecht jedoch entwickelte sich eine enge Verbindung zwischen den Soldaten, die sie zum Kampf motivierte. »Wir entdeckten an diesem deprimierenden, höllischen Ort, wo der Tod unser ständiger Begleiter war, dass wir einander liebten. Wir töteten füreinander und wir starben füreinander ... Wir hielten das Leben der anderen in unseren Händen.«[121] Solche Gefühle sind in Gefechtseinheiten offenbar recht allgemein. In *The American Soldier* berichtet ein Soldat, der auf Sizilien verwundet wurde, ähnlich klar über die Loyalität gegenüber den Kameraden: »Man wurde lieber getötet, als die anderen im Stich zu lassen.«[122] Dieser Verhaltenskodex ist das Ideal der Arbeitsgruppe.

Eine solche Loyalität hat Vorteile für die Organisation, weil die Soldaten mehr als die minimale Leistung erbringen; aber sie hat, wie beim zivilen Arbeitsgruppenmodell, auch Nachteile. In einem Interview im National Public Radio erklärte General Theodore Stroup, welche Probleme aus dieser Gruppenloyalität erwachsen:[123] Die Soldaten geraten in Konflikt, wenn ein Mitglied ihrer Einheit etwas Unrechtes tut. »Wenn sie in eine Stresssituation geraten ... tragen sie unbewusst einen inneren Konflikt aus, in dem es heißt: ›Ich weiß, dass ich loyal zu meiner Einheit stehen muss, aber ich muss auch gegenüber einer höheren Autorität loyal sein, nämlich den Verhaltensnormen für Soldaten und dem Gesetz.‹« Stroup führte das Verhalten der Besatzung des amerikanischen U-Boots *Greeneville* als Beispiel für negative Folgen der Gruppenloyalität an. Das Boot kollidierte 2001 vor der Küste Hawaiis mit einem japanischen Fischtrawler. Dabei kamen neun Menschen ums Leben. Trotzdem versuchte die Besatzung ihren Kommandanten zu decken.[124]

The American Soldier enthält statistisches Material zu der Frage, ob die Loyalität gegenüber der eigenen Einheit größer ist als die gegenüber den höheren Kommandoebenen.[125] Auf Fragebögen wurden Offiziere, Unteroffiziere und Gemeine Soldaten nach ihrer Meinung zu Disziplin in bestimmten Situationen gefragt. Dabei nahmen die Unteroffiziere eine mittlere Position zwischen den Offizieren und den Mannschaften ein. Zum Beispiel lautete eine Frage, wie sich die Interviewten verhalten würden, wenn »sie als Zugführer herausfinden würden, dass einer der Männer aus ihrer Kaserne eine Flasche Schnaps ins Lager geschmuggelt hat«. 70 Prozent der einfachen Soldaten und 59 Prozent der Unteroffiziere, aber nur 35 Prozent der Offiziere sagten, sie würden ihn nur »warnen, vorsichtig zu sein und es nicht wieder zu tun«.[126]

Wirtschaftswissenschaft und Gruppennormen

Unsere Untersuchung von Organisationen wirft ein scharfes Licht auf den Unterschied zwischen Normen, wie wir sie verstehen, und Normen, wie sie von herkömmlichen ökonomischen Theorien erklärt werden. Wie schon erwähnt haben Wirtschaftswissenschaftler natürlich schon vor uns über das Einhalten von Gruppennormen geschrieben. Es gibt auch eine frühere Antwort auf die Frage, warum Stücklohn, das einfachste Anreizsystem, so selten vorkommt.[127] Beim Stücklohn fürchten die Arbeiter, dass die Firma, wenn sie ihre Tätigkeit schnell erledigen, diese für leicht durchführbar hält und den Lohn pro Werkstück senkt. In der Chicagoer Maschinenhalle lösten die Arbeiter das Problem, wie wir gesehen haben, indem sie eine Norm etablierten, die den Output auf ein bestimmtes Niveau beschränkte.

Was aber zwingt den Arbeiter zum Einhalten der Norm? Nach unserem Modell und laut den Arbeiten von Burawoy und Roy ist ein Teil der Identität des Arbeiters dafür verantwortlich. Arbeiter sind selbst der Ansicht, dass sie sich an die Beschränkung halten sollten; die Norm wird zum Selbstzweck. Nach dem erweiterten Modell erleiden die Arbeiter Nutzenverluste, wenn andere ihre Normen missachten und potenziell Vergeltung üben, um solche Verluste zu verhindern. Jeder Rebell wird es sich deshalb zweimal überlegen, ob er die Norm verletzt.

Im Gegensatz dazu wird die Aufrechterhaltung solcher Normen traditionell auf strategisches Verhalten und fortwährende Interaktion zurückgeführt. Wie beim Ehrenkodex von West Point wird sie als wiederholtes Spiel betrachtet: Warum beachten die Arbeiter die Norm von Anfang an? Weil sie glauben, sie würden bestraft, wenn sie es nicht täten. Sie fürchten, dass sie bestraft werden, wenn sie nicht selbst strafen, weil andere Angst vor der Bestrafung haben und so weiter und so fort ad infinitum. Nach diesem Befund befolgen alle die Gruppennorm, aber niemand glaubt an sie: Sie gehorchen nur aus Furcht. Diese Argumentation deckt sich jedoch schlicht und ergreifend nicht mit den beobachteten Verhältnissen in der Werkhalle oder im Schützengraben.

Gemeinsame Ziele und praktische Empfehlungen für das Personalmanagement

In diesem Kapitel haben wir dargelegt, dass der Erfolg einer Organisation davon abhängt, dass die Beschäftigten ihre Ziele teilen. Wenn dies nicht der Fall ist, dann unterlaufen sie alle Systeme, nach denen sie entlohnt werden. Unser Verständnis gemeinsamer Ziele ist freilich viel differenzierter und weniger wörtlich zu nehmen als das Bild der IBM-Angestellten, die an ihren Schreibtischen sitzen und das Motto »DENKEN SIE« des Unternehmens befolgen. Vielmehr gehen wir davon aus, dass Beschäftigte Aufgaben bekommen, und dass sie wissen, dass es ihre Pflicht ist, diese zu erledigen. In unserem ersten Modell sind sie dabei auf sich selbst gestellt. In der erweiterten, realistischeren, Fassung, handeln sie dagegen als Teil einer Arbeitsgruppe. Dies bedeutet für sie, dass sie sich mit der Organisation identifizieren.

Diese Interpretation steht im Mittelpunkt von Max Webers Verständnis des modernen Betriebs. Weber erkannte, dass die rangniedrigen Beschäftigten in einer Bürokratie Informationen haben, die den ranghöheren Beschäftigten nicht unbedingt verfügbar sind. Diese auf den verschiedenen Ebenen ungleich verteilte Information wird durch das Principal-Agent-Modell erfasst. Was jedoch fehlt, ist Webers Betonung der *Amtstreue*. In seiner eigenen unnachahmlichen Sprache heißt dies:»Das Amt ist Beruf« und:»Für den spezifischen Charakter der modernen Amtstreue ist entscheidend ... dass sie einem unpersönlichen sachlichen Zweck gilt.«[128] Genau das bedeutet es natürlich, ein Insider zu sein.

Aus dieser identitätsökonomischen Sicht des Betriebs lassen sich klare Handlungsempfehlungen ableiten. Eine offensichtliche Schlussfolgerung bezieht sich auf die Bezahlung des Führungspersonals. Wir haben bereits dargelegt, dass finanzielle Anreize ein sehr stumpfes Schwert sein können. Je mehr die Bezüge eines CEOs zum Beispiel aus Aktienoptionen bestehen, umso größer ist für ihn der Anreiz, den Preis zu maximieren, zu dem er sie einlösen kann. Dies kann er auf mindestens zwei Arten erreichen: indem er realen Wert der Firma steigert oder in dem er die Buchhaltung des Unternehmens manipuliert.[129] Neue Daten zeigen, dass Führungskräfte immer wieder die zweite Alternative als solche erkannt und gewählt haben. Was hat die Identitätsökonomie dazu zu sagen? Nach unserem Modell und im Gefolge Max Webers könnte die wichtigste Erwägung in Bezug auf Anreize für Führungskräfte darin bestehen, ihre Rolle als *Treuhänder* zu berücksichtigen. Amtsinhaber sollten die Pflichten ihres Amtes erfüllen. Wenn ein Beschäftigter nur finanziell entlohnt wird und nur wirtschaftliche Ziele hat, wird er das System melken, weil er ungestraft davonkommt. Ist er jedoch ein Insider und hat dieselben Ziele wie seine Organisation, so verschwindet dieser Interessenkonflikt.

Eine andere offensichtliche Lehre aus der Identitätsökonomie betrifft das Management. Es sollte mehr tun, als nur die Leistung der Arbeiter zu überwachen und über den korrekten finanziellen Anreiz zu entscheiden, denn es hat auch großen Einfluss darauf, ob die Beschäftigten Insider oder Außenseiter werden. Wir gewinnen diese Erkenntnis aus der ethnographischen Literatur über betriebswirtschaftliche Erfolge und Misserfolge im Management und aus den Ansichten erfolgreicher Konzernchefs wie John Whitehead, der mit seinen 14 Prinzipien die Moral bei Goldman Sachs prägte, oder auch des Managements von Lincoln Electric, das mit seinen »Männern« in der Werkshalle zusammenstimmte.

Fazit: Die Anwendung der Identitätsökonomie und das Finden neuer Ergebnisse

Dieses Kapitel stellt unsere erste ausführliche Anwendung der Identitätsökonomie vor. Unter Verwendung unseres Modells kommen wir zu einem fundamental neuen Ergebnis: Wenn sich die Beschäftigten als Insider und nicht als Außenseiter ihrer Firma fühlen, sind geringere finanzielle Anreize notwendig, damit sie volle Leistung erbringen. Auch die Probleme, die dadurch entstehen, dass Beschäftigte Anreizsysteme unterlaufen, werden dadurch stark reduziert. Die Identifikation der Beschäftigten mit dem Betrieb ist deshalb ein wichtiger Faktor, ja vielleicht sogar der wichtigste Faktor für den Erfolg oder Misserfolg von Organisationen.

6 IDENTITÄT UND BILDUNGSÖKONOMIE

Von 1969 bis 1971 brachten gewaltsame Auseinandersetzungen zwischen schwarzen und weißen Schülern an einer Highschool im Norden des Staates New York immer wieder den Unterricht zum Erliegen.[130] Die Schule wurde im Schuljahr 1969/70 zehnmal geschlossen. Das Ergebnis war eine drastische Verminderung des Lernerfolgs, die man mit keiner traditionellen wirtschaftswissenschaftlichen Methode messen kann. Keiner der Faktoren, die man bei einer traditionellen ökonomischen Bewertung untersucht, hatte sich geändert: Es hatte keine Sparmaßnahmen gegeben, es waren nicht weniger Lehrer beschäftigt, die Qualität der Lehre war nicht gesunken, die Bausubstanz der Schule hatte sich nicht verschlechtert, und die zukünftigen wirtschaftlichen Anreize für die Schüler, einen Abschluss zu machen, hatten sich auch nicht verändert.[131] Genauso wenig wie das herkömmliche wirtschaftswissenschaftliche Verständnis von Arbeitsanreizen und Betriebsorganisation die Rituale in West Point erklären kann, kann die herkömmliche Bildungsökonomie die Ereignisse an der Hamilton High und an vielen anderen Schulen erklären. Es spricht viel dafür, dass dafür eine identitätsökonomische Bildungstheorie benötigt wird.[132]

In diesem Kapitel integrieren wir das Element der Identität in die wirtschaftswissenschaftliche Bildungstheorie. Wir stellen fest, dass Schüler sich an ihre Mitschüler anpassen wollen und Schulen soziale Institutionen sind. Die Berücksichtigung von Identitätsfaktoren vermittelt uns ein neues

Bild von den Voraussetzungen für einen effektiven Schulbetrieb; sie zeigt, warum Schulreformen gelingen oder scheitern, warum Schüler überhaupt zur Schule gehen, das heißt warum, ökonomisch gesprochen, »eine Nachfrage nach Bildung« besteht.

Die gängigen Theorien der Bildungsökonomie gehen in der Regel davon aus, dass der Schüler oder Student rationale Entscheidungen trifft und die wirtschaftlichen Kosten und Vorteile eines Schulbesuchs gegeneinander abwägt. Die meisten gängigen Theorien betrachten die Schule als eine Fabrik. Lehrbücher, Laborräume, das Schulgebäude, die Lehrer sowie die Begabungen der Schüler und ihr familiärer Hintergrund bilden den Input. Mehr oder weniger erfolgreiche Arbeitskräfte sind der Output an »Humankapital«. In diesem Bild von den Schülern fehlt die Tatsache, dass diesen ihre soziale Stellung in der Schule und das Verhältnis zu ihren Mitschülern wichtig sind. Schulen sind nicht Fabriken, an denen mechanisch Fertigkeiten gelehrt werden. Sie sind nach Aussage von Historikern, Soziologen, Anthropologen und Pädagogen Institutionen mit sozialen Zielen. Sie vermitteln nicht nur Fertigkeiten, sondern auch Normen dazu, wie ein Schüler sein sollte und was aus ihm werden sollte. Diese Ideale haben Einfluss darauf, wie lange ein Schüler eine Schule besucht und wie viel er lernt, solange er dort ist.

In privaten und religiösen Schulen und in US-amerikanischen Charter Schools werden diese Ideale ausdrücklich formuliert. Dasselbe gilt auch für viele staatliche Schulen. Doch gibt es auch viele Schulen, in denen diese Normen nicht ausgesprochen werden; stattdessen werden sie auf vielerlei Weise stillschweigend vermittelt. Durch routinemäßige Ereignisse, Ansprachen des Klassenlehrers, Schulversammlungen, Solidaritätsveranstaltungen und durch den täglichen Umgang in Klassenzimmer, Flur und Turnhalle erfahren die Schüler, wer hoch im Kurs steht und welches Verhalten erwünscht ist. Im Laufe eines Schuljahrs erlebt jeder Schüler Tausende von Begebenheiten. Wie Lehrer und Schulleiter auf sie reagieren (was sie sagen und was sie nicht sagen), ist der Indikator für Zustimmung, Ablehnung oder Gleichgültigkeit gegenüber verschiedenen Arten von Verhalten.

The World We Created at Hamilton High von Gerald Grant beschreibt die internen Mechanismen der Highschool, an der die Unruhen stattfanden. Grants Bericht bildet zusammen mit anderen Berichten den empirischen Hintergrund unserer Theorie. Er zeigt, in welchem Verhältnis die Lehrer und der Schulleiter zueinander und zu den Schülern standen und wie die Schüler miteinander umgingen. Und er zeigt, wie Normen und Ideale vermittelt wurden.

In den 1950er und frühen 1960er Jahren war Hamilton High eine typische Highschool des weißen amerikanischen Mittelstands. Der Schulleiter sah seine Aufgabe darin, »mittelständische Werte wie Höflichkeit und Respekt zu vermitteln, lehrplanmäßig die Vorbereitung aufs College zu forcieren und die eigenen Sportteams auf dem Spielfeld der Hamilton High siegen zu sehen«.[133] Typische Schüler tummelten sich bei der Schülerzeitung, in einer Schüler- oder Schülerinnenverbindung mit einem griechischen Buchstaben als Namen, im Girls' Club oder im A-Capella-Chor.

Im Jahr 1969 änderte sich das alles. Die Stadt wurde per Gerichtsbeschluss zur Rassenintegration an ihren Schulen gezwungen, und eine beträchtliche Anzahl armer schwarzer Schüler wurden mit Bussen zu ihrer neuen Schule gefahren. Fast sofort kam es zu täglichen Zusammenstößen. Die Eltern der Schwarzen beschuldigten die weißen Schüler und Lehrer des Rassismus und der unfairen Anwendung der Schulregeln. Grant schildert anhand von Beispielen offene Beleidigungen und Ereignisse, die vielleicht nur als Beleidigung empfunden wurden. Unter anderem gibt er folgende Szene als typische Auseinandersetzung im Klassenzimmer wieder:

Lehrer (zu schwarzem Schüler): Bitte setzten Sie sich und hören Sie auf zu reden.

Schüler: Ich wollte mir nur einen Stift und ein Blatt Papier für das Quiz ausleihen, von dem Sie gesprochen haben.

Lehrer: Sie wissen, dass Sie auf Ihrem Platz bleiben sollen.

Schüler: Aber Sie geben mir eine Sechs, wenn ich kein Papier für das Quiz habe.

Lehrer (etwas ärgerlich): Setzen Sie sich. Sie sollen diese Dinge mitbringen oder Sie vor dem Unterricht ausleihen.

Schüler (mit erhobener Stimme): Warum hacken Sie auf mir 'rum? Bei Weißen tun sie das nicht, wenn sie sich ein Blatt Papier ausleihen.[134]

Die Spannungen zwischen Schülern und Lehren und weißen und schwarzen Schülern wuchsen. Die Unruhen begannen nach der Party einer Schülerverbindung im Hinterhof der Schule, bei der weiße Schüler zu einer Gruppe Schwarzer sagten, sie sollten »von unserer Schule verschwinden«. Am folgenden Morgen zerlegten einige der neuen Schüler die Cafeteria. Ein Chemielehrer fasste die Gefühle der Schüler einige Zeit später wie folgt zusammen: »Die schwarzen Schüler hatten darauf reagiert, wie sie behandelt worden waren. Sie dachten, ich bin diesen weißen Lehrern einfach nicht wichtig ... Der Typ bringt mir überhaupt nichts bei. Er teilt nur jeden Tag ein Blatt aus oder zeigt jeden Tag einen Film. Und vielleicht macht der Lehrer auch, offen oder versteckt, rassistische Bemerkungen.« Der damalige Schulleiter zog später folgendes Fazit: »[Die Schule] vermittelte ihnen die Botschaft, dass sie nicht dazugehörten.«[135]

Die Welt der Hamilton High wurde durch gerichtlich angeordnete Bustransporte geschaffen, aber seit dem Erscheinen von Studien wie *Elmtown's Youth* von August Hollingshead und *Adolescent Society* von James Coleman ist gezeigt worden, dass sich an allen amerikanischen Highschools Schülergruppen bilden.[136] Die Jugendlichen teilen sich selbst in solche Gruppen auf, und ihre Gruppennormen werden zu den Idealen der Schulgesellschaft.[137] Wie Coleman schreibt, sind die sozialen Strukturen an der Schule ein Spiegelbild der Erwachsenengesellschaft, aber ein verzerrtes, wie »einer der Zerrspiegel auf Coney Island«.[138] Die ethnischen Fronten an der Hamilton High waren ein solches verzerrtes Abbild der Sozialstruktur der Erwachsenen.

Coleman benutzte raffinierte Interviewtechniken, damit ihm die Schüler über die Normen an den verschiedenen Schulen Auskunft gaben. Er fragte zum Beispiel, was nötig sei, wenn man zur »Führungsgruppe« gehören wolle. In *Jocks and Burnouts,* einer späteren ethnographischen Studie, beschreibt Penelope Eckert, wie sich diese Normen in den Fluren und Klassenzimmern einer Highschool der Region Detroit manifestierten. An der Schule hatten sich die Gruppen *Jocks* (Sportskanonen) und *Burnouts* (Ausgebrannte) gebildet und in vieler Hinsicht verschiedene Verhaltensweisen angenommen: Die Jocks kleideten sich in Pastellfarben, die Burnouts trugen dunkle Farben. Die Burnouts rauchten, die Jocks nicht. Die Jocks hielten sich im Bereich der Schulschränke auf und mieden den Schulhof; die Burnouts mieden die Schränke und hingen auf dem Schulhof ab.[139] Ein Unterschied zwischen den Gruppen war fundamental: Die Jocks akzeptierten die Autorität der Schule, die Burnouts nicht. Diesen Unterschied betonen wir in unserer Theorie.

Ein neueres Paper von John Bishop und Michael Bishop treibt diese Beobachtungen noch einen Schritt voran.[140] Sie stellen fest, dass Schüler, die die Führungsgruppe herausfordern, schikaniert und eingeschüchtert werden. Schüler sind durch solche Schikanen besonders verletzlich, weil sie gern beliebt sein wollen, und das geht nur, wenn sie von der Führungsgruppe anerkannt werden.[141] Dank ihrer schieren Macht kann die Führungsgruppe wichtige Orte beherrschen, die andere körperlich passieren müssen. In Eckerts Schule beherrschten die Jocks den Schrankbereich im Hauptkorridor der Schule, während sich die Burnouts auf den Schulhof verzogen.[142]

Warum zeigten die Burnouts dieses Verhalten? Ein anderer Klassiker der soziologischen Ethnographie, Paul Willis' *Spaß am Widerstand,* versucht diese Frage zu beantworten.[143] Willis studierte von 1972 bis 1975 eine Schule in England. Für ihn verkörpert die Schule selbst als Institution einen Satz von Normen. Diese Normen werden von den Lehrern vermittelt, die auf Ordnung und Disziplin Wert legen. Sie werden auch von der Regierung vermittelt, die Programme zur »Besserung« der Arbeiterkinder auflegt. Willis verfolgte die täglichen Aktivitäten einer Gruppe von Teenagern in und außerhalb der Schule. In seinem Buch berichtet er, wie sie auf die Botschaften der Lehrer und der Regierung reagierten. Die Gruppe, die er beobachtete, nannte sich selbst »lads« (Burschen). Sie stand im Gegensatz zu den »ear'oles« (den Lauschern), die still auf ihren Plätzen saßen und zuhörten, so wie es von ihnen erwartet wurde. Die Lads dagegen brachen ständig die Schulregeln. Sie tranken und rauchten, störten den Unterricht und hatten einen diebischen Spaß daran, wenn sie jemanden einen »laff« (einen bösen Streich) spielen konnten. Sie kleideten sich demonstrativ wie geschlechtsreife Erwachsene und demonstrierten durch Rauchen und Trinken ihre Ablehnung der Schulregeln, die ihrer Ansicht nach für Kinder gemacht waren. Am Tag vor der Abschlussprüfung betranken sie sich um die Mittagszeit in einem Pub und kehrten danach in die Schule zurück. Daraufhin schloss die Schulleitung sie von der Abschlussprüfung aus. Die Lehrer wunderten sich, warum die Lads mit ihrem Besäufnis nicht bis zum Abend gewartet hatten; dann hätten sie ihren Abschluss machen können. Genau diese Unfähigkeit, das Verhalten der Lads zu verstehen, stand jedoch mit den Idealen der Lehrer und der Lads in direktem Zusammenhang: Wenn die Jungen mit dem Besäufnis bis zum Abend gewartet hätten, hätte es seinen Zweck als ihr letzter Laff nicht erfüllt.

Wie andere ethnographische Werke beweisen, sind die Lads keineswegs ein einzigartiges Phänomen. Douglas Foley, der eine Highschool in West Texas untersuchte, erzählt eine ähnliche Geschichte von mexikanischen Teenagern.[144] Er fuhr bei einigen »vatos« mit zu einem auswärtigen Football-Spiel.[145] Die mexikanischstämmigen Jungen rauchten Joints und sprachen darüber, am Zielort Mädchen aufzureißen und Schlägereien mit anderen Jugendlichen anzufangen. Sie wollten eine »seriöse Veranstaltung in etwas Unanständiges, Rebellisches und Cooles verwandeln«.[146] Genau wie die Lads das Rauch- und Alkoholverbot an ihrer Schule für ihre Streiche nutzten, nutzten die Vatos die Football-Begeisterung ihrer Schule als Kulisse für ihr Verhalten.

Laut Willis und Foley ist es kein Zufall, dass Lads und Vatos aus der Arbeiterklasse stammen. Der einzige Vato, der den Aufstieg in die Mittelklasse schaffte, sprach zehn Jahre später mit Foley über seine Erfahrungen an der Highschool. Er berichtete von der Wut, die er und seine Freunde auf die Schule und die Lehrer gehabt hatten und von den sozialen Unterschieden an der Schule. »Wir waren wirklich wütend über die Art, wie uns die Lehrer behandelten«, erzählte er.

»Sie blickten auf uns herab und versuchten nie wirklich, uns zu helfen. Viele von uns waren wirklich gescheit, aber wir dachten nie, dass die Schule etwas für uns tun könnte ... Wir waren gewalttätige Machos, glaube ich. Sie [die Lehrer] manipulierten die Streber, so dass sie sich nur noch für Bücher und Schule interessierten. Der Graben zwischen uns und den Strebern und Sportskanonen war wirklich groß.«[147]

Ein Identitätsmodell von Schülern und Schulen

Gestützt auf diese Beobachtungen nutzen wir unser Verfahren aus dem dritten Kapitel, um eine elementare Theorie von Schülern und Schulen zu entwickeln. Wie oben beginnen wir mit dem herkömmlichen wirtschaftswissenschaftlichen Modell und fügen dann unsere drei Elemente der Identität hinzu.

Das Verfahren, Teil eins: Im Standardmodell wird ein Schüler mit den wirtschaftlichen Kosten und dem wirtschaftlichen Nutzen schulischer Bildung konfrontiert. Zu den Kosten gehören die Anstrengung, für die Schule zu arbeiten, der Lohn, den der Schüler in einem Arbeitsverhältnis potenziell erhält und weitere Aspekte. Der Vorteil für den Schüler besteht aus einer besseren Bezahlung in der Zukunft.

Das Verfahren, Teil zwei.

Soziale Kategorien: Was für eine Identität schreiben Schüler sich selbst zu? In Anlehnung an den Titel von Eckerts Studie gehen wir von zwei sozialen Kategorien aus: *Jocks* und *Burnouts.* In der Terminologie, die wir bei der Analyse von Organisationen benutzten, könnten wir sie als Insider und Außenseiter bezeichnen. Natürlich gibt es in soziologischen Schulstudien noch viel mehr Kategorien und außerdem eine Restkategorie von Schülern, die in gar keine Gruppe passen oder passen wollen. Solche Feinheiten würden unsere Analyse jedoch nur unnötig komplizieren, ohne etwas an ihren grundlegenden Ergebnissen zu ändern.

In unserem Modell weisen die Schüler unterschiedliche Merkmale auf: Zum Beispiel generieren ihre Eltern unterschiedliche Einkommen oder die Schüler sind mehr oder weniger sportlich begabt. Anhand dieser Merkmale wählen sie ihre Gruppe.

Normen und Ideale: Jocks sollen gut aussehen, angemessene Kleidung tragen und, wenn sie Jungen sind, sportlich sein. Burnouts sollen in Aussehen und Verhalten in diametralem Gegensatz zu den Jocks stehen. Sie sollen andere Kleidung tragen und Sport hassen. In die Arbeit für die Schule sollten die Jocks eine gewisse Anstrengung investieren (aber nicht so viel wie die Nerds oder Streber, die in einer erweiterten Version dieser Theorie eine dritte Kategorie bildeten würden). Die Burnouts dagegen sollten möglichst wenig für die Schule arbeiten.

Gewinne und Verluste an Identitätsnutzen: Da die Jocks einen höheren Sozialstatus haben, hat ein Schüler allein schon dadurch, dass er ein Jock ist, einen höheren Identitätsnutzen. Dieser Identitätsnutzen hängt jedoch davon ab, wie gut er dem Jock-Ideal entspricht. Ein Schüler, der den Normen der Gruppe nicht gerecht wird, aber trotzdem dazugehören will (ein »Möchtegern«, wie das von den Schülern manchmal genannt wird) erleidet einen Verlust an Identitätsnutzen. Schüler verlieren oder gewinnen auch dann Identitätsnutzen, wenn ihr Eifer für die Schule nicht dem Ideal entspricht. Jocks büßen also an Nutzen ein, wenn sie zu viel oder zu wenig für die Schule arbeiten. Burnouts verlieren an Nutzen, wenn sie mehr als nur das Nötigste tun.

Lösung des Modells sind die Entscheidungen der Schüler, ob sie Jock oder Burnout sein wollen und ob sie hart in der Schule arbeiten wollen, und die Entscheidung der Schulleitung, Normen und Ideale zu ändern. Die Schüler haben eine wichtige Abwägung zu treffen. Wenn sie sich für Jock oder Burnout entscheiden, wägen sie den Vorteil einer Jock-Identität, die wirtschaftliche Besserstellung verspricht, gegen den Verlust an Identitätsnutzen ab, den sie erleiden, wenn sie vergeblich dazugehören wollen. Das Verhalten von Jocks und Burnouts ist durch unterschiedliche Ideale bestimmt. Sie sind entscheidend dafür, ob man sich für die Schule anstrengt oder nicht.

Obwohl wir sagen, dass die Schüler eine »Wahl« zwischen Jock und Burnout treffen, ist die Wahlmöglichkeit laut unserem eigenen Modell ziemlich begrenzt. Schüler, die dem Jock-Image körperlich oder sozial nicht entsprechen, haben es in der Regel schwer, sich der Gruppe anzupassen. Auch könnten Schüler mit anderem ethnischem oder kulturellem Hintergrund dem Ideal wahrscheinlich nicht gerecht werden, selbst wenn sie es gerne wollten. Wer dem Jock-Ideal nicht entsprechen kann, hat die Wahl zwischen zwei schlechten Alternativen: Er kann sich trotzdem für die Jocks entscheiden und unter den Folgen leiden, dass er nicht wirklich zur Gruppe passt, oder er kann Burnout werden.

Unser Modell lässt vermuten, dass der wirtschaftliche Nutzen der Ausbildung (höhere Löhne, angenehmere Stellen) unter Umständen nur geringen Einfluss auf die Anstrengungen von Schülern hat. Elemente der Identität können viel wichtiger sein. Wenn das Ideal der Jocks schwer zu erfüllen ist, entscheiden sich mehr Schüler dafür, Burnouts zu sein. Sie strengen sich im Vergleich zum ökonomischen Optimum zu wenig an, und die bessere Entlohnung in der Zukunft stellt nur einen schwachen Anreiz dar. Das Phänomen des Teenagers, der sich in der Schule nicht anstrengt, wird also von unserem Modell klar erfasst. Burnouts brechen ihre Ausbildung außerdem früher ab und verlieren damit die Chance auf möglicherweise große wirtschaftliche Vorteile.

Aus der Anwendung des Modells lassen sich auch die Auswirkungen wichtiger Entscheidungen der Schulverwaltung ableiten. Sie kann unter Umständen beeinflussen, was es heißt, ein Jock zu sein. Zum Beispiel kann sie das Insider-Ideal beeinflussen, indem sie Sportprogramme oder andere Aktivitäten fördert. Dabei steht sie vor einem Zielkonflikt: Sie kann versuchen, die Ideale der Schüler so zu verändern, dass diese sich mit der Schule identifizieren und härter arbeiten. Dies führt bei den Schülern, die zur Gruppe der Jocks passen, zu einem höheren Lernniveau und einem besseren Wissensstand, kann aber auch bewirken, dass mehr Schüler rebellieren und Burnouts werden.

Das Modell und die empirische Realität: von der Hamilton High zur Shopping Mall High

Die Validität unseres Modells wird durch Studien über Schulen bestätigt, das heißt, die Theorie verhilft uns zu einem besseren Verständnis der Motivation der Schüler und ihrer Ausbildung.

An der Hamilton High entspricht die Störung des Schulbetriebs genau den Voraussagen des Modells. Die Probleme an der Hamilton High spiegeln den harten, alltäglichen Kampf um die Aufrechterhaltung der Schulordnung wieder. Richard Everhart, Paul Willis, Douglas Foley, Lois Weiss und andere zeichnen ein bemerkenswert ähnliches Bild von der Art und Weise nach, auf die sich Schüler im Großen wie im Kleinen gegen die Autorität der Lehrer behaupten und Unterricht und Schulbetrieb stören.[148] Wenn sich die Schüler nicht mit ihrer Schule identifizieren und ihre Autorität akzeptieren, findet kein Lernen statt.

An der Hamilton High hatte die Schulleitung vor der Ankunft der neuen Schüler das Schulideal so eingestellt, dass es ein Gleichgewicht zwischen dem allgemeinen Lernniveau und der Gefahr gab, dass zu viele Schüler Burnouts wurden. Das Ideal war der Schülerpopulation vor der Rassenintegration der Schule offenbar angemessen, passte jedoch nicht mehr zu der neuen, weil die schwarzen Schüler nicht zu ihm passten. In der Folge wurde die Schule über einen Zeitraum von mehreren Jahren in unregelmäßigen Abständen monatelang geschlossen.

Die Anpassung der Schule an ihre neue, vielfältigere Schülerpopulation verlief so, wie unser Modell dies voraussagen würde. Die Alpha-, Beta-, Gamma-Verbindungen und die A-Capella-Chöre verschwanden. Eine neue Schule entstand, die sich durch Toleranz und erhöhte Wahlmöglichkeiten der Schüler auszeichnete.

An der Hamilton High erhielten die Schüler in den 1970er Jahren genau wie an den anderen Schulen in ganz Amerika mehr Rechte. Die Zeit war vorbei, als die Lehrer unhinterfragte elterliche Autorität besaßen und ein Konsens über die Ideale der Schule herrschte. Durch neue Regeln verloren die Lehrer praktisch das Recht, über das angestrebte Bildungsniveau und Verhalten zu entscheiden. Im Jahr 1972 wurden Mediationsregeln verabschiedet, nach denen die Schüler ein Beschwerdeverfahren einleiten konnten, wenn »irgendein Mitglied des Lehrkörpers durch sein Verhalten seine ethischen, sozialen oder politischen Werte irgendeinem Schüler vorsätzlich aufzwingt«.[149] Innerhalb und außerhalb des Klassenzimmers korrigierten die Lehrer das Verhalten der Schüler nur noch selten. Als ein Lehrer einen gewohnheitsmäßig zu spät kommenden Schüler um eine erklärende Notiz seiner Eltern bat, reagierten diese mit folgender Erklärung: »Hören Sie auf, unser Kind zu ängstigen, nur weil sie eine spießige Auffassung von Pünktlichkeit haben.«[150] Wenn ein Lehrer einen Schüler des Schummelns oder eines anderen Vergehens bezichtigte, musste der Lehrer sich vor dem Schulleiter, den Eltern und manchmal sogar vor einem Anwalt rechtfertigen.

Schüler bekamen das Recht, ihren Lehrplan selbst zu bestimmen. Die Schule führte mehr Wahlfächer ein: Nur zehn von achtzehn Scheinen, die man für einen Abschluss brauchte, waren noch Pflicht. Zwar wurde die formelle Einteilung in Leistungsgruppen aufgegeben, aber die Schüler teilten sich jetzt selbst ein. Wer studieren wollte, suchte sich die besten Lehrer aus, und die andere wählten weniger schwierige Kurse. Als sich an der Schule mehr und mehr eine Laissez-faire-Politik durchsetzte, hörten die Schwierigkeiten auf. Es wurde wieder gelernt, aber die alten Standards galten einfach nicht mehr.

Die neue Schule, die Grant beschreibt, wird oft mit dem Bild der amerikanischen Highschool verglichen, das Arthur Powell und seine Co-Autoren in *The Shopping Mall High School* zeichnen. Wahrscheinlich jedoch ist die von ihnen porträtierte High School der 1980er und 1990er Jahre nicht nur das Ergebnis der sozialen Veränderungen in den 1960er Jahren,[151] sondern auch das Ergebnis einer zunehmenden Demokratisierung der amerikanischen Schulen, die schon früher im 20. Jahrhundert begann. Ein Aspekt dieses Wandels war die Einführung der sogenannten »Lebenskunde«, eines Lehrplans, der Schüler, die keine College-Ausbildung anstrebten, »auf das Leben vorbereiten« sollte.[152]

Unser Modell ergibt ein Bild von dieser neuen Shopping Mall High School. In einer Erweiterung des von uns beschriebenen Modells kann die Schule sich dafür entscheiden, ihren Schülern kein einheitliches Ideal mehr aufzudrängen. Stattdessen können die Schüler wie Kunden im Supermarkt die gewünschten Ideale selber wählen. Wer in einer Band spielen will, bekommt eine Band; wer ein Intellektueller sein will, kann Klassen für Hochbegabte und den Schachklub besuchen; und auch wer gar nichts lernen will, findet ein entsprechendes Angebot. Powell und seine Co-Autoren führen Beispiele von Lehrern an, die mit ihren Schülern folgenden unausgesprochenen Vertrag haben:»Ich lehre nicht, und du lernst nicht.« In ihren Klassen wird nur die Zeit totgeschlagen, und das macht manchmal sogar ein wenig Spaß. Wenn eine Schule die Schüler wählen lässt, erreicht sie, dass sich mehr Schüler als Insider fühlen und vermeidet dadurch Störungen des Schulbetriebs.

Eine Shopping Mall High School kann ein glücklicher Ort sein oder auch nicht, aber sie ist auf jeden Fall ein Ort der Verantwortungslosigkeit. In den Augen der meisten Bildungsreformer hat eine Highschool nicht die Pflicht, ihren Schülern zu geben, was sie wollen, sondern ihnen zu sagen, was sie brauchen. Die meisten Schüler legen zu wenig Wert auf den schulischen Erfolg. Die Kritiker des US-amerikanischen Bildungssystems halten genau dies für die wichtigste Ursache für die Mittelmäßigkeit der amerikanischen Schulen. Als Beleg dafür verweisen sie auf das schlechte Abschneiden der amerikanischen Schulen in vergleichenden internationalen Schulleistungsstudien.

Wunderschulen und Schulreform

Eine Handvoll Schulen wurde gründlich erforscht, weil sie als erfolgreiche Beispiele für verschiedene Arten der Schulreform gelten. Wir testen unser Modell ein weiteres Mal, indem wir prüfen, inwieweit diese ungewöhnlichen und besonderen Schulen mit dem übereinstimmen, was unserem Modell zufolge eine Schule erfolgreich oder nicht erfolgreich machen sollte.

Beginnen wir mit den Reformen an den New Yorker Central Park East Elementary Schools und der dortigen Secondary School. Diese sind zweifellos erfolgreiche Schulen. East Harlem ist ein Viertel, in dem 18-jährige Männer eher ins Gefängnis wandern als aufs College zu gehen. Trotzdem gibt es an der dortigen Central Park East Secondary School (CPESS) fast keine Schulabbrecher, und 90 Prozent ihrer Schüler gehen aufs College.[153] Die Unterschiede zu den benachbarten Schulen sind so groß, dass sie sich nicht allein durch die ungewöhnlich engagierten Eltern erklärt lassen.

Berichte lassen vermuten, dass das Geheimnis des Erfolgs in der starken Identifikation von Lehrern und Schülern mit der Schule und deren Bildungsidealen liegt. Diese starke Identifikation ist kein Zufall. Von Anfang bemühte sich die Schulverwaltung darum, eine neue Art Schule mit einem starken Gemeinschaftsgefühl aufzubauen. Die Grundschulen und die Sekundarschule bieten ihren Schülern Zuflucht inmitten ihrer verkommenen Viertel und schirmen sie somit in einer ganz anderen sozialen Welt ab. Dass hier eine neue soziale Kategorie geschaffen wurde, ist Deborah Meier, der Schulgründerin, sehr wichtig. »Wir bekannten uns lautstark und ganz offen dazu, dass wir anders waren«, sagt sie.[154]

Der Gruppenidentität der Schulen liegen eine besondere Pädagogik und ungewöhnliche Absprachen zugrunde. Der Lehrplan wird durch Ideen der Schüler gestaltet. In der CPESS prüfen sie ihre Ideen systematisch mit der Methode der »Fünf Geisteshaltungen« Diese Haltungen zu ermitteln, verlangt, dass Schüler und Lehrer sich folgende Fragen stellen und sie beantworten: »Wie wissen wir, was wir wissen?« »Wer spricht?« »Was verursacht was?« »Wie könnten die Dinge anders verlaufen sein?« und »Wem ist es wichtig?«[155] Andere Praktiken der Schule sollen den Schülern helfen, sich miteinander und mit der Schule zu identifizieren. Die Schule ist insgesamt klein und hat kleine Klassen. Ihre Struktur ist so angelegt, dass ein Vertrauensverhältnis zwischen Lehrern und Schülern entstehenen kann. Die Lehrer unterrichten länger als ein Schuljahr dieselbe Klasse, und in den höheren Klassen unterrichten sie im Gegensatz zu den spezialisierten Fachlehrern der meisten Highschools mehrere Fächer in ihrer Klasse. Der Unterricht lebt stark von den Ideen, Referaten und Projekten der Schüler, und es gibt zahlreiche Konferenzen ohne Zeitbeschränkung mit Lehrern und Eltern. All diese Maßnahmen dienen dazu, den Schülern ein Gefühl der Zugehörigkeit zu vermitteln wie in einer Familie.

James Comer schildert in *School Power* eine weitere Art der identitätsbasierten Schulreform.[156] Wie er schreibt, war die Situation bei seiner Ankunft an der Baldwin Elementary School in einem Problemviertel in New Haven, Connecticut, »schockierend«. Die Lehrer waren nicht in der Lage, für Ordnung zu sorgen. Die Schüler liefen wild durcheinander, sie heulten und schrien, und sie beschimpften sich gegenseitig und die Lehrer.[157] Fünf Jahre später, unter Comers Leitung, herrschte Ordnung an der Schule. Auf dem Titel von *School Power* ist ein Klassenzimmer mit ordentlich gekleideten Schülern abgebildet. Sie sitzen an ihren Tischen, alle lächeln und melden sich mit erhobener Hand.[158]

Comer sagt, er habe gewusst, dass sein Programm Erfolg hatte, als er hörte, wie ein Schüler einen Kampf auf dem Spielplatz mit den Worten beendete: »An dieser Schule machen wir das nicht.«[159] Der Junge hatte gelernt, dass es ein Wir gab, mit dem sich die Schüler identifizierten, und er hatte dieses Wir mit den Normen in Verbindung gebracht, die an der Schule galten. Wie war diese Identität erreicht worden? Comer arbeitete mit allen vier an der Schule beteiligten Gruppen: den Schülern, den Lehrern, den Eltern und der Verwaltung. Er erkannte, dass ein Großteil der Wut gegen eine Schule von den sozialen Konflikten in der externen Erwachsenenwelt herrühren kann, eine Erkenntnis, die durch die Beobachtungen von Willis, Foley und anderen bestätigt wird. Comer arbeitete deshalb hart, um die Eltern für die Zusammenarbeit zu gewinnen. Und die Lehrer führten ausführliche Gespräche mit den Eltern jedes einzelnen Kindes, um ihnen zu vermitteln, dass sie die Verbündeten und nicht die Feinde der Kinder waren.

Auch die disziplinarischen Maßnahmen an der Baldwin Elementary waren so angelegt, dass sie die Internalisierung der Schulwerte förderten. Dies wird zum Beispiel durch den Umgang mit einem wütenden Fünftklässler deutlich. Der Junge wurde zur Rechenschaft gezogen, weil er ein kleineres Kind mit einem Gürtel geschlagen hatte. Die zuständige Lehrerin war dafür ausgebildet, nach den Gründen für ein Fehlverhalten zu suchen, und bestrafte den Jungen nicht einfach, sondern rang ihm das Geständnis ab, dass er wütend gewesen war, weil sein Vater, der im Gefängnis saß, an Weihnachten keinen Freigang bekommen hatte. Sie half dem Jungen, einen Brief an seinen Vater zu schreiben. Aber sie brachte ihm auch bei, dass er nicht das Recht hatte, sich an anderen Kindern abzureagieren, wenn er Probleme hatte.[160] Das heißt, die Kinder lernten nicht nur Lesen und Schreiben, sondern auch, sich an die Regeln zu halten. Im Gegensatz zur Passivität einer Shopping Mall High School bemühte sich Comer aktiv um eine Identität und Normen, die zu einer hohen Lernbereitschaft und Wertschätzung der Schule führten.

Manche würden die sogenannten Core Knowledge Schools im Vergleich zu Comers Modell genau am entgegengesetzten Ende des Schulreform-Spektrums verorten. Wie wir sehen werden, fahren sie jedoch eine ganz ähnliche Methodik. An diesen Schulen ist der Lehrplan das »Kernwissen«, das laut dem Bildungsreformer Donald Hirsch jeder haben sollte. Dieser Lehrplan ist das vereinheitlichende Konzept, das »eine Gemeinschaft der Lernenden für Erwachsene und Kinder fördert«.[161] Der strukturierte Zugang zum Wissen ist mit ähnlich klaren Einstellungen zu anderen Aspekten des Verhaltens verbunden. An der Core Knowledge Charter School in Parker, Colorado, gilt eine strenge Kleiderordnung. Sie schreibt sogar vor, dass Socken »in einer zur Schuluniform passenden Farbe getragen werden müssen, und das Paar dieselbe Farbe haben muss«. Die Disziplin ist ähnlich streng: Schüler und Eltern müssen eine Erklärung unterzeichnen, dass sie sich an den Kodex der Schule halten.[162] Auch dies ist ein Beispiel dafür, wie Disziplin Gemeinschaften definiert.[163]

Zwar steht die Core-Knowledge-Pädagogik in radikalem Gegensatz zur Pädagogik der CPESS und der mit ihr verbundenen Coalition for Essential Schools von Theodore Sizer, aber beide Schularten beruhen auf derselben Motivationstheorie. Erfolgreiche Schulen nehmen aktiv Einfluss auf die Identität und die Normen ihrer Schüler. Die eine Art von Schule erklärt den Schülern, dass sie diszipliniert sein sollen: von der Befolgung eines klar strukturierten Lehrplans bis zur Farbe der Socken. Die andere erklärt ihnen, dass sie unabhängige Denker sein sollen, von der Durchführung individueller Projekte bis zur systematischen Anwendung der Methode der fünf Geisteshaltungen. In beiden Fällen übernehmen die Schulen, wenn auch auf unterschiedliche Weise, die Verantwortung dafür, ihren Schülern zu sagen, wer sie sind und wie sie sich verhalten sollen. CPESS tut dies, indem es ein Gefühl von der Schule als Familie herstellt. Wie oben berichtet, arbeitete Comer an der Baldwin Elementary mit den vier wichtigsten konstituierenden Gruppen der Schule, um dieses Gefühl herzustellen. Und weil Identität eng mit der Wahl der Kleidung und dem eigenen Erscheinungsbild verbunden ist, ist es unseres Erachtens kein Zufall, dass eine Core-Knowledge-Schule sogar die Farbe der Socken vorschreibt.

Aus der Beschreibung dieser Schulen und ihrer Arbeitsweise geht nicht im Einzelnen hervor, warum sie ihre Ziele erreichen. Sie berichten vor allem, was sie warum getan haben (und wir sind begierig, noch mehr zu erfahren), aber sie verraten uns nicht, was in den Köpfen der Schüler vorging. Freilich hatten Coleman und nach ihm auch Bishop und Bishop immerhin eine Erklärung, warum die Reformen so erfolgreich waren: Dass die Schüler im Klassenzimmer und vielleicht auch anderswo mit neuen Erwartungen konfrontiert wurden, hatte eine Sekundärwirkung. Mitglieder der führenden Gruppen an der Schule änderten ihre Meinung darüber, welche Art von Verhalten sie zeigen müssten. Dies beeinflusste wiederum das Verhalten der Schüler untereinander, einschließlich der Frage, wer gepiesackt und eingeschüchtert wurde – oder eben nicht mehr.

Private versus öffentliche Schulen

Unsere Theorie erfasst auch die wichtigsten Unterschiede zwischen privaten und öffentlichen Schulen in den Vereinigten Staaten. Die Autoren von *Shopping Mall High* und viele andere Kritiker des US- amerikanischen Bildungssystems blicken auf die öffentlichen Schulen herab, weil sie ihren Schülern nicht sagen, wie sie sich verhalten sollen. Als Gegenbeispiel zitieren Anthony Bryk und seine Koautoren eine Aussage katholischer Schulen zu ihrer Schulphilosophie, die deren Erwartungen sehr deutlich formuliert: Ein Schüler »sollte eine Anzahl von Merkmalen aufweisen: ... intellektuell kompetent ... liebevoll ... gläubig ... [und] dem gerechten Handeln verpflichtet«.[164] Jedes dieser wünschenswerten Merkmale wird detailliert beschrieben.

Durch welche Maßnahmen werden diese Normen verankert? Die Lehrer übernehmen gemeinsam die Verantwortung für die Charakterbildung der Schüler. Der ideale katholische Lehrer sollte an vielen Aspekten des Schülerlebens beteiligt sein.[165] Wer morgens Englisch lehrt, wird beim Mittagessen vielleicht als Ratgeber zur Verfügung stehen und am Nachmittag die Fußballmannschaft trainieren.[166] Eine breite Beteiligung an den Aktivitäten der Schule, etwa in den Bereichen Mannschaftssport oder Religion, fördert das Gemeinschaftsgefühl. Eine solche Gemeinschaft hat Einfluss auf die Ideale der tonangebenden Gruppen und begrenzt ihren Spielraum, Mitschüler einzuschüchtern.

Werden die Schüler an katholischen Schulen besser ausgebildet? Wir können das natürlich nicht sicher sagen, weil die Eltern, die ihre Kinder auf eine katholische Schule schicken, sich vielleicht auf eine Art von anderen Eltern unterscheiden, die sich statistisch nicht erfassen lässt. Wir wissen freilich, dass die Schüler katholischer Schulen sehr viel seltener die Schule abbrechen und ihre Ausbildung sehr viel häufiger für weitere vier Jahre an einem College fortsetzen. Joseph Altonji, Todd Elder und Christopher Taber untersuchten eine Gruppe von Achtklässlern an katholischen Schulen, von denen einige später weiter auf katholische Highschools gingen und einige an öffentliche Schulen wechselten.[167] Beide Gruppen waren sich in allen statistisch erfassbaren Aspekten ähnlich, bevor sie an die Highschool kamen. Wer jedoch an einer katholischen Schule weitermachte, hatte beträchtlich größere Chancen, einen Abschluss zu machen und ein College zu besuchen.[168]

Die Rohdaten der untersuchten Gruppe ergeben ein klares Bild: 15 Prozent derjenigen, die bis zur 10. Klasse an eine öffentliche Schule gewechselt hatten, wurden Schulabbrecher, aber nur 2 Prozent derjenigen, die in einer katholischen Schule geblieben waren. Ähnliche Unterschiede gab es auch bei einer Untergruppe von Minderheiten in Städten.[169] Allem Anschein nach lassen katholische Schulen Schüler, die sie einmal zugelassen haben, erst mit einem Abschluss wieder gehen.[170]

Ethnizität und Schulbetrieb

Ethnische Unterschiede sind in diesem Kapitel bereits thematisiert worden. Drei statistische Befunde werfen ein scharfes Licht auf die tiefe Bruchlinie zwischen den ethnischen Gruppen im US-amerikanischen Erziehungssystem: Schwarze brechen mit 50 Prozent höherer Wahrscheinlichkeit die Highschool ab als Weiße.[171] Sie machen mit 40 Prozent geringerer Wahrscheinlichkeit einen Bachelor.[172] Und in der jährlichen Untersuchung über den Bildungsstand der amerikanischen Schüler, dem National Assessment of Educational Progress, liegen die mittleren Durchschnittswerte in Mathematik und Lesen für Schwarze fast eine ganze Standardabweichung unter denen der Weißen.[173] Warum sind diese Lücken so groß und so schwer zu schließen?

Die herkömmlichen ökonomischen Modelle für den Bildungsbereich lassen drei Gründe vermuten. Erstens, wenn afroamerikanische Schüler bei gleichen Fähigkeiten geringere Löhne als Weiße bekommen, haben sie einen geringeren Anreiz, in der Schule hart zu arbeiten.[174] Zweitens, wenn Schulen in afroamerikanischen Vierteln weniger Ressourcen

haben, besteht für ihre Schüler ebenfalls ein geringerer Anreiz, hart zu arbeiten. Eine Schülerin kann sich durchaus anstrengen, aber wenn im Chemielabor die Ausrüstung fehlt,
ist es schwer, wissenschaftliche Methoden zu üben. Drittens
wurde afroamerikanischen Eltern in der Vergangenheit eine
gute Ausbildung verweigert. Deshalb ist es für sie schwieriger als für Weiße, ihren Kindern beim Lernen zu helfen.

All drei Faktoren sind für die Kluft zwischen schwarz und
weiß mit verantwortlich. Aber eine genaue Beobachtung der
Vorgänge in den Schulen lässt vermuten, dass es noch einen
vierten Grund gibt. Schulalltag und Lehrpläne erwecken bei
schwarzen Schülern oft den Eindruck, dass mit ihnen und
ihrem kulturellen Hintergrund etwas nicht stimme. Lisa Delpit gibt dafür das erhellende und subtile Beispiel, dass die
Annahme von Lehrern, dass Standardenglisch die bessere
Sprache sei, für afroamerikanische Schüler eine (unbeab-
sichtigte) Beleidigung darstellen kann. In einer Lesestunde
liest eine schwarze Schülerin den Text »Yesterday I washed
my brother's clothes« als »Yesterday I wash my buvver close«.
Der Lehrer korrigiert sie. Aber die Schülerin hat etwas viel
Schwierigeres getan als nur vorzulesen: Sie hat den Text in
ihren eigenen Dialekt übersetzt. Statt sie zu loben, sagt man
ihr, dass sie einen Fehler gemacht hat.[175]

Ein anderer Vorfall ist weniger subtil. Er ist jedoch typisch
für eine Form der Interaktion, die sehr häufig vorkommt und
afroamerikanischen Schülern fast unvermeidlich das Gefühl
vermittelt, dass es zwischen *ihnen* und *den anderen,* die die
Schulen leiten, einen Unterschied gibt. Berkeley in Kaliforni-
en ist eine der liberalsten und in vieler Hinsicht ethnisch in-
tegriertesten Städte der USA.

Ann Fergusons Studie als teilnehmende Beobachterin an
einer Highschool in Berkeley ist deshalb besonders erhel-
lend.[176] Auf die Schule gehen zwei Bevölkerungsgruppen:
überwiegend weiße und asiatische Schüler aus den Hills mit
höherem Einkommen und überwiegend schwarze und latein-
amerikanische Schüler aus den Flats mit niedrigem Einkommen. Die Jugendlichen aus den Hills und den Flats haben
nicht dasselbe Verständnis von angemessenem Betragen. Die
Lehrer und die Schulverwaltung, die es als ihre Aufgabe be-

trachten, für Ordnung zu sorgen, vertreten eher die Verhaltensnormen der Hills: Sie bezeichnen die Jugendlichen aus den Flats als »böse« und bestrafen sie oft hart.

Als Beispiel erzählt Ferguson folgenden Vorfall, der durchaus komisch sein könnte, wenn er nicht wegen der ständigen Wiederholung solcher Vorfälle zutiefst tragisch wäre. Ferguson steht auf der Treppe und spricht mit dem stellvertretenden Schulleiter, als dieser sich von einer Gruppe Mädchen gestört fühlt, die einer Minderheit angehören und auf dem Weg in ein anderes Klassenzimmer laut redend die Treppe heraufkommen. Eine der Schülerinnen bemerkt den Konrektor nicht und redet weiter. Der stellvertretende Schulleiter fragt sie: »Ist das die Art, wie Sie sich auf dem Gang verhalten sollen?« Und befiehlt ihr, die Treppe noch einmal hinunter und wieder hinauf zu gehen. Das Mädchen tut genau wie geheißen, aber mit einem kleinen Schuss Ironie. Der Konrektor empfindet ihr Verhalten als respektlos (was es vielleicht auch ist) und schickt sie für den Rest des Tages in sein Büro.[177] Was ist hier passiert? In der oben entwickelten Terminologie gesprochen, erträgt der Konrektor, der als Insider die Aufgabe hat, an der Schule für Ordnung zu sorgen, die humorvolle Geste einer Schülerin nicht, die die Ordnung in Frage stellt, indem sie wenigstens für einen Moment aufscheinen lässt, dass sie eine Außenseiterin ist, die seine Autorität nicht hundertprozentig respektiert.

Ferguson glaubt, dass eine weiße Schülerin anders behandelt worden wäre. Der Konrektor hätte das laute Geplapper bei ihr gar nicht als Verstoß wahrgenommen. Umgekehrt hätte ein weißes Mädchen, das dem Insider-Ideal der Schule besser entsprach, wahrscheinlich auch weniger aufsässig reagiert. Und der Konrektor hätte es vermutlich nicht mit einer so schweren Strafe belegt. Bei einem weißen Kind, das er als Insider betrachtet hätte, hätte er dieselbe Renitenz vielleicht sogar als komisch empfunden. Bestrafte er das Mädchen in Wirklichkeit, weil er fand, dass es seinen Status als Außenseiterin verteidigte? Wer weiß? Solche kleinen Missverständnisse waren an dieser Schule jedenfalls gang und gäbe.

Ist es schwer zu glauben, dass solche Vorfälle Einfluss auf das Verhältnis der Schüler zu ihrer Schule haben und die

Normen der tonangebenden Gruppen prägen? Wir können uns nicht sicher sein, dass sie bei den schwarzen Schülern zu einer »oppositionellen Kultur« führen; aber wir wissen, dass zwischen den Leistungen von weißen und schwarzen Schülern eine große Lücke klafft und dass in unseren Gefängnissen ein überproportionaler Anteil an Schwarzen sitzt. Außerdem wissen wir auch, dass die Berkeley High School von ethnischen Spannungen geprägt ist und Teile der Schule sogar vorsätzlich niedergebrannt wurden.

Unsere Theorie darüber, wie Schulen mit Unterschieden umgehen können, bietet auch eine mögliche Lösung für ein merkwürdiges empirisches Paradox. Wenn schwarze Schüler über die Schulkultur wütend sind, sollte man annehmen, dass sie eine weniger positive Einstellung zu Schule haben als weiße Schüler. Doch die Daten sprechen für das Gegenteil. Philip Cook und Jens Ludwig zeigen, dass Schwarze im Vergleich zu nicht-lateinamerikanischen Weißen etwa dieselben Ausbildungsziele (Highschool-Abschluss, College und so weiter) haben, etwa genauso viel Zeit in der Schule verbringen und genauso viel für die Schule arbeiten.[178] Wir berechneten die Schülerantworten auf einige der Fragen in der repräsentativen Umfrage *High School and Beyond* des US-Arbeitsministeriums. Aus den Ergebnissen geht hervor, dass schwarze Schüler tatsächlich eine positivere Einstellung zur Schule haben als weiße Schüler. Im Durchschnitt ist es bei Schwarzen im Vergleich zu Weißen weniger wahrscheinlich, dass sie »einen Horror« vor Englisch oder Mathe haben und wahrscheinlicher, dass sie den Geist an ihrer Schule als »hervorragend« beurteilen, über eine »positive Einstellung zu sich selbst« berichten und »in der Schule hart arbeiten«.[179] Diese Ergebnisse wirken angesichts des großen und hartnäckigen Unterschieds zwischen den Testergebnissen von Weißen und Schwarzen paradox.

Unsere Theorie bietet eine mögliche Erklärung dafür, warum Schwarze offenbar eine positivere Einstellung zur Schule, aber trotzdem schlechtere Testergebnisse haben. Schwarze und Weiße besuchen im Allgemeinen verschiedene Schulen. Die Schulen passen ihre Lehrpläne und ideale an ihre jeweiligen Schüler an. Sollen die Schüler Ernest Hemingway oder Toni Morrison lesen? Eine Schule mit mehrheitlich schwarzen (oder mehrheitlich weißen) Schülern wird sich vermutlich an den Geschmack ihrer Schülerpopulation anpassen. Deshalb werden Mathe und Englisch für die schwarzen Schüler an vorherrschend weißen Schulen vermutlich eher ein »Horror« sein als an vorwiegend schwarzen Schulen, während auf weiße Schüler das Gegenteil zutrifft. Unsere Tabellen zeigten genau dieses Muster. Schwarze in fast völlig weißen Schulen haben tatsächlich eher einen Horror vor Englisch und Mathe als Schwarze in rein schwarzen Schulen.[180] Umgekehrt fürchteten weiße Schüler in fast nur von Schwarzen besuchten Schulen eher das Fach Englisch; und es war bei ihnen auch ein wenig wahrscheinlicher, dass sie Mathematik fürchteten als bei Weißen in rein weißen Schulen (auch wenn dieses Ergebnis statistisch nicht signifikant war).[181]

Die Identitätsökonomie und Angebot und Nachfrage im Bildungswesen

Bildungsnachfrage: In diesem Kapitel konzentrieren wir uns auf die Motivation der Schüler. Wirtschaftswissenschaftler wissen schon lange, dass Schüler auch nicht-finanzielle Motive haben. Die Identitätsökonomie zwingt uns, genau zu bestimmen, was das für Motive sein könnten und gibt uns eine Reihe von Fragen an die Hand, um sie zu identifizieren. Wie sieht eine Schülerin sich selbst in der Schule, was ist ihre soziale Kategorie? Was glaubt sie, was sie in der Schule tun sollte, was sind ihre Normen und was ist ihr Ideal? Und welche Verluste zieht es nach sich, wenn sie von ihren Normen abweicht? Die Beantwortung dieser Fragen spielt eine wichtige Rolle bei der Bestimmung der Bildungsnachfrage, also dem Zeitraum, den Schüler in der Schule bleiben. Da die Schulbildung eine wichtige Determinante des späteren Einkommens ist, bestimmt die Bildungsnachfrage letztlich sowohl das Niveau als auch die Verteilung des Einkommens.

Bildungsangebot: Formale Bildung wird größtenteils in Schulen vermittelt, und diese sind eine Art von Organisation. Im vorigen Kapitel erfuhren wir, dass Identität und Motivation von Lehrern und Schulverwaltung ebenfalls wichtige Faktoren für den Erfolg einer Schule sind. Damit vermittelt die Identitätsökonomie auch ein besseres Verständnis des Bildungsangebots. Aus unseren Beobachtungen an den Schulen lässt sich nämlich schließen, dass die Effizienz des Bildungsangebots nicht nur von den Ressourcen abhängig ist, die einer Schule zur Verfügung stehen, sondern auch von der Verwendung dieser Ressourcen.

Zum Beispiel wird der Qualität der Lehrer viel Aufmerksamkeit gewidmet. Steven Rivkin, Eric Hanushek und John Kain stellten in einer Nachfolgestudie zu Hanusheks früherer Arbeit fest, dass der Lernerfolg bei Schülern stark vom Lehrer abhängig ist.[182] Sie werteten eine große in Texas erhobene Datenmenge aus, in der die Lehrer verschiedenen Schülern gegenübergestellt wurden. Dies ergab, dass manche Lehrer durchgehend effektiver arbeiteten als andere. Die Autoren schließen daraus nicht nur, dass gute Lehrer für den Bildungserfolg wichtig sind, sondern auch dass die Lücke in den Testergebnissen zwischen Schülern aus Familien mit hohem und niedrigem Einkommen beträchtlich verkleinert werden könnte, wenn die weniger wohlhabenden Schüler bessere Lehrer hätten.[183] Unsere eigene Analyse lässt vermuten, dass das Ergebnis, dass es auf die Lehrer ankommt, folgenden Grund haben könnte: Einigen Lehrern gelingt es vielleicht besser, ihren Unterricht so zu gestalten, das sich die Schüler mit ihnen und der Schule identifizieren. Dasselbe gilt natürlich auch für die Schulverwaltung. Deborah Meier und James Comer hatten nicht nur deshalb Erfolg, weil sie ein Wundermittel gegen schlechte Schülerleistungen fanden. Ihnen und ihrem Personal gelang es auch besonders gut, die Selbstwahrnehmung ihrer Schüler zu ändern. In diesem Sinne bewirkten sie ihre Wunder mit Ressourcen, die im Überfluss vorhanden waren, aber auf besondere Art eingesetzt wurden.

Natürlichen sind die Wunder auch davon abhängig, dass sich Lehrer und Schulverwaltung mit der Mission der Schule identifizieren. In der CPESS identifizieren sich die Schüler und die Schulleiterin mit den Zielen der Schule – Zielen, die sie selbst gesetzt haben. Das engagierte katholische Lehr- und Verwaltungspersonal, von dem Anthony Bryk und seine Kollegen berichten, steht in scharfem Kontrast zu dem typischen distanzierten Lehrer in *Shopping Mall High*. Das Ausmaß, in dem sich Lehrer mit der Mission ihrer Schule identifizieren, könnte für die Kluft zwischen katholischen und öffentlichen Schulen genauso wichtig sein, wie die Unterschiede in der Motivation der Schüler. Bezogen auf die Lehren aus dem vorigen Kapitel bedeutet dies, dass ein Lehrer, der sich als Insider betrachtet, tendenziell engagierter ist, während ein Lehrer, der sich wie der Stahlarbeiter Mike bei Studs Terkel als Außenseiter fühlt, sich eher wenig anstrengt und den anderen Lehrern und der Schulverwaltung vielleicht sogar Probleme macht.

Identität, Schulziele und Schulwahl

Gemäß wirtschaftswissenschaftlicher Konvention müssten wir annehmen, das Ziel einer Schule bestünde darin, die Fähigkeiten und das künftige Einkommen ihrer Schüler zu maximieren. Doch die Vermittlung von Fertigkeiten ist nur eines der Ziele, die eine Schule und die Eltern, die sie aussuchen, verfolgen. Konfessionelle Schulen zum Beispiel bewerten religiöse Ziele oft höher als ökonomische. Der Primärauftrag einer Schule kann dann darin bestehen, die Geretteten von den Verdammten zu trennen, wie es der Schulleiter in Allen Perkins' Ethnographie der Bethany Baptist School lebhaft ausdrückt: »Die Heerscharen des Teufels sind hinter unseren Jugendlichen her.«[184] Ein ähnliches Bedürfnis nach Trennung lag auch den privatfinanzierten Akademien zugrunde, die (unter Missachtung der US-Verfassung) nach dem Urteil *Brown v. Board of Education of Topeca, Kansas,* das die Rassentrennung an öffentlichen Schulen verbot, mit privaten Mitteln gegründet wurden.[185] Die Ziele und Lehrpläne öffentlicher Schulen sind das Produkt gewählter Schulverwaltungsräte. Ihr Charakter und ihre Ideale können deshalb aus der politischen

Ökonomie einer speziellen Community abgeleitet sein. Auch Charter Schools sind für ganz bestimmte Communities innerhalb ihres Einzugsbereichs attraktiv. Und Hausunterricht ist natürlich der am genauesten auf den einzelnen Schüler zugeschnittene Rahmen.

Diese Beispiele lassen alle vermuten, dass Identität und Schulziele in der Debatte über die Wahl der richtigen Schule eine wichtige Rolle spielen. Aber selbst bei der eng definierten Frage, ob die Wahl der Schule zu besseren Fähigkeiten unter Schülern führt, ist das Problem der Identität zentral. Eltern orientieren sich bei der Wahl einer Schule an deren Leitbild, so dass ein hoher Prozentsatz der Schüler einer Schule Insider sind. Und Insider leisten mehr, vorausgesetzt Leistung wird von der Schule propagiert und gefördert.

TEIL 3 GESCHLECHT UND ETHNIZITÄT

7 GESCHLECHT UND ARBEIT

Nur sieben Prozent der Krankenpfleger in den Vereinigten Staaten sind Männer. So wenige Männer arbeiten im Pflegebereich, dass für das männliche Pflegepersonal die Bezeichnung »männliche Krankenschwester« benutzt wird. Der Begriff steht nicht nur für eine statistische Anomalie, sondern auch für einen realen sozialen Widerspruch, den die Leute wahrnehmen und diskutieren. In dem Film *Meine Braut, ihr Vater und ich* ist es ein Schock für die Eltern, dass ihre Tochter eine männliche Krankenschwester als künftigen Ehemann mit nach Hause bringt. Es gibt Interessengruppen für Männer im Pflegebereich; das *Male Nursing Magazine* setzt sich für »männerfreundliche« Schwesternschulen ein und enthält Tipps, wie man sich in dem weiblich beherrschten Berufsfeld zurechtfindet.

Hinsichtlich der Dominanz eines der beiden Geschlechter ist der Krankenpflegebereich nicht die Ausnahme, sondern die Regel. Im Großen und Ganzen arbeiten Männer und Frauen in den Vereinigten Staaten in verschiedenen Berufen. Berufliche Segregation ist eines der stabilsten Phänomene auf dem US-amerikanischen Arbeitsmarkt. Von den frühen 1900er Jahren bis zu einem so späten Zeitpunkt wie 1970, hätten zwei Drittel der Frauen (oder Männer) in den USA den Beruf wechseln müssen, um für eine gleiche berufliche Verteilung der Geschlechter zu sorgen. Zwischen 1970 und 1990 ging die berufliche Segregation zurück, aber auch 1990 hätte noch mehr als sie Hälfte der Frauen (53 Prozent) oder Männer den Beruf wechseln müssen, um für ausgeglichene Geschlechterverhältnisse zu sorgen.[186]

Wie kann man die berufliche Segregation und ihre Entwicklungstendenzen erklären? Die Wirtschaftswissenschaft befasst sich seit Jahrzehnten mit der Rolle von Männern und Frauen auf dem Arbeitsmarkt. Nun aber macht die Identitätsökonomie den nächsten Schritt und verbessert die heutigen Theorien des komparativen Vorteils, der auf Präferenzen beruhenden Diskriminierung und der statistischen Diskriminierung, die wir unten beschreiben. Viele Trends hinsichtlich beruflicher Segregation hängen mit der Identitätsfrage zusammen. Deshalb können wir mithilfe der Identitätsökonomie politische Maßnahmen bewerten und insbesondere die gesamte Gesetzgebung im Bereich der Geschlechterdiskriminierung untersuchen.

Kern unserer Theorie ist auch hier die Unterscheidung zwischen Normen und gewöhnlichen Vorlieben. Einzelne Berufstätige mögen vielleicht bestimmte Arbeiten lieber als andere, sind besonders geeignet für bestimmte Aufgaben oder haben ein besonderes Talent für einen bestimmten Bereich. Unserer Theorie zufolge werden jedoch bestimmte Berufe für Frauen und andere für Männer als angemessen erachtet. Dies sind dann berufliche Normen. Um 1970 galt zum Beispiel die Norm, dass der Mann der Familienernährer sein und zum Beispiel im Baugewerbe, als Ingenieur oder als Buchhalter arbeiten *sollte*. Frauen dagegen *sollten* Krankenschwestern, Lehrerinnen oder Sekretärinnen sein.

Unser Identitätsmodell stützt sich auf Beobachtungen. Feldforscher haben in der Vergangenheit Anwaltsbüros, Krankenhäuser, Fabriken und Fabrikhallen untersucht und aufgezeichnet, wie die Leute ihre Arbeit beschrieben und welche Ansichten sie über sie hatten. Außerdem stellten sie fest, wie die Befragten auf Personen reagierten, die einen Beruf ergriffen hatten, der traditionell dem anderen Geschlecht vorbehalten war.

Berufe haben Etiketten. Es gibt Männerberufe und Frauenberufe.[187] Die Begriffe *weiblicher Atomingenieur* und *weiblicher Marineinfanterist* wirken genauso widersprüchlich wie *männliche Krankenschwester* und *männlicher Sekretär*. Die Etikettierung wird, zum Teil heute noch, mit angeblichen Unterschieden zwischen Männern und Frauen gerechtfertigt. Frauen gelten traditionell als »fürsorglich« und »geduldig«, Eigenschaften, die sie für eine Tätigkeit als Grundschullehrerin oder Krankenschwester qualifizieren. In der Zeit, als das Spinnen noch ein relevanter Beruf war, hatten sie angeblich auch flinke Finger. Im Gegensatz dazu sind Männer dank der ihnen zugeschriebenen Eigenschaften für Berufe wie Verwaltungsbeamter, Arzt oder Pilot geeignet.

Auch wenn solche Etikettierungen gar nicht auf realen Unterschieden beruhen, bestätigen sie Vorurteile über optimale Tätigkeiten für Frauen und Männer. So ist zum Beispiel die Ansicht, Frauen seien biologisch für wissenschaftliche und technische Berufe weniger geeignet, nicht nur irgendeine naive Hypothese, die von fähigen Statistikern überprüft werden sollte. Sie ist vielmehr Bestandteil des Umfelds, das solche Berufe als Männerberufe etikettiert. Unabhängig von den realen biologischen Unterschieden liefert schon die bloße Annahme, dass es Unterschiede gebe, eine ökonomische Begründung für die sogenannte statistische Diskriminierung, eine Diskriminierung, die, wie wir später sehen werden, illegal ist.

Die Rhetorik, mit der es kommentiert wird, wenn typische Männerberufe auf einmal Frauenberufe werden, sprechen ebenfalls für die auffällige Verknüpfung von Beruf und Geschlechtszugehörigkeit. Um während des Zweiten Weltkriegs die Rekrutierung von Frauen für traditionell männliche Jobs gesellschaftlich akzeptabel zu machen, wurde in der staatlichen Propaganda und der populären Literatur lebhaft geschildert, wie Frauen ohne Verlust an Weiblichkeit Fabrikarbeit leisten.[188] Zusätzlich wurde die Verletzung der üblichen Vorschriften für die Geschlechter durch die Katastrophe des Krieges legitimiert.

Ethnographische Studien lassen vermuten, dass nach wie vor bestimmte Berufe als angemessen für Männer und andere als angemessen für Frauen gelten. Wer diese Normen verletzt, hat oft ein zwiespältiges Verhältnis zu seiner Arbeit und ist Schikanen und manchmal sogar gewaltsamen Übergriffen ausgesetzt. Die Anthropologin Jennifer Pierce arbeitete in den frühen 1990er Jahren 15 Monate lang als Rechtsberaterin in einem Anwaltsbüro in der Bay Area von San Francisco und dokumentierte, was für Auswirkungen das Konzept männlicher und weiblicher Jobs an ihrem Arbeitsplatz hatte.[189] Die Anwältinnen wollten sich als Frauen sehen, standen aber vor einem Dilemma, denn ein guter Anwalt zu sein, bedeutete »zu handeln wie ein Mann«. Es bedeutete, »wie Rambo« zu sein, »keine Gefangenen zu machen«, »hoch zu gewinnen« und »Eier in der Hose zu haben«. In einem Sketch zum Weihnachtsfest wird Michael, ein männliches Mitglied des Anwaltsbüros als selbstsichere Führungspersönlichkeit porträtiert. Im Gegensatz dazu kann sich Rachel, ein in dem Sketch porträtiertes weibliches Mitglied der Kanzlei, nicht entscheiden, ob sie »eine Frau oder ein Mann sein will«.[190]

Viele Schriftstellerinnen und Schriftsteller dokumentieren die Schikanen, denen Frauen ausgesetzt sind, wenn sie in sogenannten »Männerberufen« arbeiten. Männer reagieren manchmal sogar mit Gewalt auf Kolleginnen. Bei solchen Reaktionen treten Gefühle zutage, die über die schlichte Abneigung, mit Frauen zu arbeiten, hinausgehen, die von früheren Theorien über weibliche Diskriminierung postuliert wurde. Die Soziologin Irene Padavic berichtet aus erster Hand über ihre Arbeit als Kohlenträgerin in einem großen Versorgungsbetrieb.[191] Schon nach kurzer Zeit hoben die Männer sie in die Luft, warfen sie zwischen sich hin und her und versuchten, sie auf das Kohlentransportband zu stoßen. Sie sagten, das sei alles nur Spaß.

Die Belästigungsklage gegen Eveleth Mines in Minnesota enthält weitere drastische Einzelheiten zu diesem Phänomen. Im August 1988 erhoben die Angestellten Lois Jenson und Patricia Kosmach gemäß Title VII des Civil Rights Act eine Gruppenklage gegen Eveleth. Sie machten die Firma für die Belästigungen verantwortlich, denen sie ausgesetzt waren, nachdem sie und andere Frauen ihre Arbeit in der Mine angetreten hatten. Der Fall ging durch drei Instanzen. Der Court of Appeals fasste die Aussagen der Frauen wie folgt zusammen:

Sexuell explizite Graffitis und Poster wurden an den Wänden sowie im Essbereich, in Werkzeugräumen, Umkleideschränken und Büros gefunden. Dasselbe Material wurde auch in den Fahrzeugen der Frauen, in Aufzügen, in den Ruheräumen der Frauen, im Schriftverkehr zwischen Firmenbüros und in abschließbaren Schaukästen gefunden ... Die Frauen sagten aus, dass sie unwillkommenen Berührungen, wie Küssen, Kneifen und Grapschen ausgesetzt waren. Sie berichteten über beleidigende Äußerungen sowohl gegenüber Einzelpersonen als auch über häufige »allgemeine« Äußerungen, dass Frauen nicht in die Minen gehörten, dass sie den Männern die Arbeit wegnähmen und nach Hause zu ihren Kindern gehörten ... Einige männliche Beschäftigte nötigten weiblichen Beschäftigten körperliche Betätigungen sexueller Natur auf. Einmal tat ein männlicher Mitarbeiter zum Beispiel so, als hätte er Oralverkehr mit einer schlafenden Kollegin.[192]

Zu einem bestimmten Zeitpunkt des Verfahrens räumte sogar die Verteidigung den Tatbestand der Ungleichbehandlung ein. Sie vertrat jedoch die Ansicht, dass Eveleth nicht schuldig sei, weil die Behandlung aufgrund der allgemeineren »Kultur« des Bergbaus in der Iron Range von Minnesota erfolgt sei. Das Gericht ließ sich davon nicht beeindrucken und verurteilte die Firma zu extrem hohen Entschädigungszahlungen. Als ein Berufungsprozess und ein weiterer Geschworenenprozess drohten, schloss die Eveleth einen außergerichtlichen Vergleich über 3,5 Millionen Dollar.[193]

Ein Identitätsmodell des Arbeitsmarkts

Auf Grundlage dieser Beobachtungen entwickeln wir eine Theorie über die Rolle des Geschlechts am Arbeitsplatz. Dabei folgen wir wieder dem im dritten Kapitel vorgestellten Verfahren. Zunächst formulieren wir ein traditionelles wirtschaftswissenschaftliches Modell des Arbeitsmarkts. Dann postulieren wir die Nutzenfunktionen der Beschäftigten mit drei Identitätselementen. Diese Nutzenfunktionen drücken aus, wie die Beschäftigten ihre Stellung in der Gesellschaft sehen und wie sie meinen, dass sie und andere sich verhalten sollten. In unserem Zusammenhang bezieht sich der Nutzen der Beschäftigten auf geschlechtliche Kategorien und Normen.

Das Verfahren, Teil eins: Wir beginnen mit einem Standard-modell des Arbeitsmarkts: Firmen wollen zur Erledigung von Aufgaben Beschäftigte einstellen. So kommt eine Nachfrage auf dem Arbeitsmarkt zustande. Männer und Frauen suchen Arbeit, sie bilden das Angebot. Manche Männer und Frauen können eine Aufgabe besser erledigen als andere, aber es gibt keinen generellen Unterschied zwischen Männern und Frauen. Ein Standardmodell des Arbeitsmarkts enthält keine weiteren Elemente. Der Lohn, bei dem das Angebot gleich der Nachfrage ist, ergibt die Zahl der männlichen und weiblichen Beschäftigten.

Das Verfahren, Teil zwei: Wir fügen unsere drei Identitätse-lemente hinzu.

Soziale Kategorien: Die sozialen Kategorien sind schlicht und einfach *Männer* und *Frauen.*

Normen und Ideale: Manche Tätigkeiten werden als ange-messen für Männer etikettiert und gelten als *Männerberufe.* Andere Tätigkeiten gelten als *Frauenberufe.*

Gewinne und Verluste in Bezug auf den Identitätsnutzen: Frauen verlieren Nutzen, wenn sie in einem Männerberuf ar-beiten. Männer verlieren Nutzen, wenn sie in einem Frauen-beruf arbeiten. Sie können außerdem die Arbeit von Frauen sabotieren; diese Sabotage erhöht den Nutzen des Täters, führt aber zu einer geringeren Produktivität aller Beteiligten.

Wir erhalten die Lösung für das Modell, indem wir den Lohn feststellen, bei dem Angebot und Nachfrage auf dem Arbeitsmarkt ausgeglichen sind und indem wir die Anzahl der Männer und Frauen bestimmen, die in verschiedenen Be-rufen arbeiten.

Unser Hauptergebnis lautet, dass Arbeitgeber in der Regel Männer für Männerberufe und Frauen für Frauenberufe ein-stellen. Im Durchschnitt sind die Frauen, die in Männerberu-fen arbeiten, höher qualifiziert als die Männer in diesen Be-rufen. Obwohl die Frauen überqualifiziert sind, erzielen die Firmen bei diesem Beschäftigungsmuster maximalen Ge-winn, weil sie insgesamt geringere Löhne zahlen. Eine andere Option für Firmen besteht darin, Frauen und Männer radikal zu trennen und dadurch Produktivitätsverluste durch Sabo-tage- und Racheakte zu vermeiden. Bei diesem Verfahren werden die Fähigkeiten der Beschäftigten nicht effizient verwertet, aber dank der Trennung entstehen keine Produktivitätsverluste durch den Geschlechterkonflikt. Schließlich hat keine im Wettbewerb stehende Firma einen Anreiz, die gesellschaftlich geltenden Geschlechternormen zu ändern, da jeder Vorteil durch den Wettbewerb erodieren würde.

Theorie und empirische Grundlagen

Da sich unser Modell auf die Beobachtung sozialer Interaktionen am Arbeitsplatz stützt, ist es keine Überraschung, dass die Ergebnisse den heutigen Strukturen des Arbeitsmarkts entsprechen.

In unserem Modell sind die Beschäftigungsstrukturen wie auf dem US-amerikanischen Arbeitsmarkt durch das Stereotyp »Frauenberufe« geprägt. Sekretärinnen (im Jahr 2007 zu 96,7 Prozent weiblich) werden oft als »Bürofrauen« bezeichnet. Sexuelle Elemente sind fester Bestandteil der Arbeitsbeziehung.[194] Von Sekretärinnen wird erwartet, dass sie ihrem männlichen Chef mit einer gewissen Unterwürfigkeit dienen und auf seine persönlichen Bedürfnisse achten.[195] Die Versorgung kleiner Kinder wird traditionell als Frauenaufgabe betrachtet. Es ist keine Überraschung, dass 2007 97,3 Prozent des Vorschul- und Kindergartenpersonals und 80,9 Prozent des Personals der Grundschulen und der Sekundarstufe mit 10- bis 13-jährigen Schülern Frauen waren.[196] Krankenschwestern (zu 93,0 Prozent weiblich) haben angeblich Mitgefühl mit den Kranken und sind unterwürfig gegenüber den (traditionell männlichen) Ärzten.[197]

Identitätsökonomie und neue Ergebnisse

Durch die Addition von Normen, die aus der Geschlechtszugehörigkeit abgeleitet sind, werden in der Identitätsökonomie Theorien der geschlechtlichen Diskriminierung faktisch untermauert, was zu neuen Ergebnissen in Bezug auf Diskriminierung am Arbeitsplatz und berufliche Segregation führt.

Aus mehreren älteren Theorien ergeben sich ähnliche Voraussagen in Bezug auf Entlohnung und Beschäftigung von Frauen. Im ersten dieser Modelle, das sich auf Gary Beckers Arbeit über ethnische Diskriminierung stützt, heißt es, manche Firmenbesitzer hätten eine »Abneigung« gegen die Beschäftigung von Frauen. In einer etwas komplizierteren Version des Modells hat der Firmenbesitzer selbst keine persönliche Aversion gegen weibliche Beschäftigte, sondern diese Abneigung wird von den männlichen Beschäftigten gehegt. Die Firma muss den Männern höhere Löhne zahlen, weil sie mit Frauen arbeiten. Jede Frau, die von einer solchen Firma eingestellt wird, verursacht zusätzliche Kosten, also stellen die Firmen weniger Frauen ein. In einer wettbewerbsgeprägten Marktwirtschaft werden entweder die Arbeiter durch niedrigere Löhne für ihr Vorurteil bezahlen oder die Firmen werden, wenn sie auf die Abneigung ihrer Arbeiter Rücksicht nehmen, durch Firmen ersetzt, die geringere Kosten haben, weil sie keine diskriminierenden Arbeiter beschäftigen.

Laut der zweiten Theorie in diesem Bereich haben Männer und Frauen unterschiedliche Bedürfnisse, was die Arbeit außer Haus betrifft. Frauen, heißt es dort, hätten »eine geringere Bindung« an das Arbeitsleben.[198] Da sie dem Arbeitskräftereservoir nur mit Unterbrechungen angehörten, würden sie weniger in Bildung und Berufsausbildung investieren, von denen sie eben nur dann profitierten, wenn sie tatsächlich arbeiten. Sie würden deshalb Stellen bekommen, für die geringere Investitionen in die eigenen Fertigkeiten erforderlich seien, wodurch sich berufliche Segregation herausbilde.[199]

Eine dritte Theorie postuliert *statistische Diskriminierung*. Arbeitgeber können die Fähigkeiten der einzelnen Beschäftigten oft nicht einschätzen. Also stützen sie die Entscheidung, ob sie jemanden einstellen, auf die durchschnittliche Verteilung von Kompetenzen in der Bevölkerung. Wenn von den Frauen (laut dem Modell zu Recht) angenommen wird, dass sie im Durchschnitt weniger Fertigkeiten besitzen als Männer, stellen die Arbeitgeber weniger Frauen ein und bezahlen sie schlechter.

Durch das Konzept der Identität wird die wirtschaftswissenschaftliche Sicht auf Diskriminierung und berufliche Segregation bereichert. Wir postulieren einen Satz von Normen für das richtige Verhalten von Männern und Frauen. Unserem Modell zufolge hegen Männer keine generelle Abneigung, mit Frauen zu arbeiten. Sie haben vielmehr eine tätigkeitsspezifische Abneigung. Diese Spezifizierung beruht auf einer Beobachtung. Auf der ganzen Welt arbeiten Männer und Frauen zusammen. Aber sie üben verschiedene Tätigkeiten aus: Frauen sind Sekretärinnen, Männer sind leitende Angestellte.

Unser Modell führt zu neuen Ergebnissen. Erstens ermöglicht es eine neue Interpretation beruflicher Segregation. Es beschränkt sich nicht auf die Aussage, dass Frauen weniger Fertigkeiten erwerben, sondern führt vielmehr zu der Erkenntnis, dass Frauen sich für Tätigkeiten qualifizieren, die als geeignet für Frauen gelten. Frauen wählen also eher pädagogische als betriebswirtschaftliche Hochschulen. Bei genauerer Betrachtung haben Frauen vielleicht deshalb »eine geringere Bindung an den Arbeitsmarkt«, weil für sie andere Normen gelten. Frauen sollen zu Hause bleiben und Kinder aufziehen. Sie sind deshalb verpflichtet, dem Arbeitskräftereservoir nur mit Unterbrechungen anzugehören, was für Männer nicht gilt.[200]

Zweitens bietet eine Theorie der Identität eine mögliche Erklärung dafür, warum es auch in einer wettbewerbsorientierten Marktwirtschaft Diskriminierung und berufliche Segregation geben kann. Sie lässt vermuten, dass das eigentliche Problem die Normen sind, die Männern und Frauen unabhängig von ihren individuellen Vorlieben und Fähigkeiten die Ausübung bestimmter Tätigkeiten vorschreiben. Keine einzelne Firma hat, auf sich allein gestellt, große Anreize, gesellschaftliche Normen zu ändern. Die Kosten wären im Verhältnis zum Nutzen zu hoch für die einzelne Firma. Kleine im Wettbewerb stehende Firmen würden nur einen kleinen Anteil des Gesamtprofits bekommen, der aus einer Veränderung gesamtgesellschaftlich gültiger Geschlechternormen erwüchse. Tatsächlich wurde genau dieses Argument von der Verteidigung von Eveleth Mines gegen die Diskriminierungsklage vorgebracht.

Unserer Theorie zufolge sind gesamtgesellschaftliche Veränderungen notwendig, um Geschlechternormen zu verändern. Das beste Mittel gegen Diskriminierung besteht darin, die geschlechtsspezifische Etikettierung von Tätigkeiten aufzugeben. Dies ist sowohl in Bezug auf die Haus- als auch auf die Erwerbsarbeit ein Ziel der Frauenbewegung. Falls dies geschieht, sagt unser Modell viele Veränderungen voraus. Die Erwerbsbeteiligung von Frauen wird wachsen. Die berufliche Segregation wird abnehmen. Alle Tätigkeiten werden in stärkerem Maß von Frauen *und* Männern ausgeübt werden. Mehr Frauen werden in früheren»Männerberufen« und mehr Männer in traditionellen»Frauenberufen« arbeiten. All diese Ergebnisse wurden schon beobachtet. Die Frauenbewegung und Gesetzesänderungen, nicht jedoch Veränderungen der Wettbewerbsbedingungen im Sinne Beckers, waren verantwortlich für den Wandel auf dem Arbeitsmarkt seit den 1960er Jahren.[201] Die Zuordnung bestimmter Berufe zu den Geschlechtern ist schwächer geworden. Dies drückt sich durch Veränderungen im Sprachgebrauch und in einem dramatischen Wandel der geschlechtsspezifischen Berufsausübung aus. *Firemen* wurden *firefighters, policemen* wurden *police officers;* und *chairmen* wurden schlicht zu *chairs.* Frauen verweilen heute fast genauso lange an einem Arbeitsplatz wie Männer. Im Jahr 1968 hatten Frauen ihren Arbeitsplatz durchschnittlich 3,3 Jahre kürzer inne als Männer; 1998 hatte sich dieser Abstand auf 0,4 Jahre verkürzt.[202] Der Rückgang der beruflichen Segregation zwischen 1970 und 1990 war vor allem auf Veränderungen der Anteile von Männern und Frauen an bestimmten Berufen zurückzuführen.[203] Laut dem U.S. Census Bureau hatte von 45 Berufen, in denen der Frauenanteil 1970 0,0 Prozent betrug, 20 Jahre später nur noch einer (der des Vorarbeiters im Maurer-, Steinmetz und Fliesenlegergewerbe) einen Frauenanteil von unter einem Prozent.[204] Zuweilen drangen sehr viele Frauen in ehemals männlich dominierte Berufe vor. Im Jahr 1970 waren nur 24,6 Prozent der Rechnungsprüfer und Buchhalter und nur 4,5 Prozent der Rechtsanwälte Frauen gewesen. 20 Jahre später waren mehr als die Hälfte der Rechnungsprüfer und Buchhalter Frauen, und der Frauenanteil bei den Rechtsanwälten hatte sich auf 24,5 Prozent verfünffacht. Aber nicht nur der Anteil der Frauen in Männerberufen wuchs, auch der der Männer in Frauenberufen nahm (wenn auch weniger dramatisch) zu.[205]

Traditionelle, an Angebot und Nachfrage orientierte Theorien gehen davon aus, dass die Ergebnisse des Marktes von Technologie und Marktstruktur sowie von den Nutzen- und Gewinnmotiven individueller Verbraucher und Firmen bestimmt sind. Von den drei möglichen Erklärungen für den Wandel der Geschlechterverteilung auf dem Arbeitsmarkt, nämlich Technologie, Marktstruktur sowie Nutzen und Profit, können Technologie und Marktstruktur weitgehend ausgeschlossen werden, sodass der Nutzen für die Beschäftigten zum wahrscheinlichsten Kandidaten wird. In den Bereichen Technologie und Marktstruktur fanden nicht die dramatischen Veränderungen statt, die als Erklärung für die zunehmende Mischung von Frauen und Männern in den Berufen ausreichen würden.[206] Die unten diskutierten gesetzgeberischen Initiativen spiegeln ebenfalls die Veränderung der Normen wieder.

Gesetz gegen geschlechtliche Diskriminierung

Das US-amerikanische Gesetz gegen Diskriminierung aufgrund des Geschlechts ist vom Title VII des Civil Rights Act von 1964 abgeleitet. Laut diesem Gesetz ist es rechtswidrig, wenn ein Arbeitgeber »irgendeine Person ... hinsichtlich der Vergütung ihrer Arbeit oder hinsichtlich der Arbeitsbedingungen ... [diskriminiert] oder seine Beschäftigten aufgrund ... ihres Geschlechts einschränkt, segregiert oder klassifiziert«.[207] In seinem Kern verbietet das Gesetz die auf Präferenzen beruhende Diskriminierung, die in Gary Beckers Theorie beschrieben wird.[208] Gerichtsurteilen zufolge verbietet Title VII auch die statistische Diskriminierung aufgrund des Geschlechts oder aufgrund von Kriterien, die etwas mit dem

Geschlecht zu tun haben. In *Phillips vs. Martin-Marietta* ging es darum, dass die Firma Martin-Marietta weniger Frauen als Männer einstellte, weil sie annahm, dass es Frauen weniger wichtig sei, ihren Arbeitsplatz zu behalten und sie ihn eher aufgrund familiärer Verpflichtungen aufgeben würden. Eine solche diskriminierende Einstellungspraxis ist aus Sicht der Firma rational und erscheint, wie wir gesehen haben, in wirtschaftswissenschaftlichen Theorien als statistische Diskriminierung. Wie der Oberste Gerichtshof 1971 entschied, ist es illegal, auf diese Weise zu diskriminieren: Es ist illegal, einzelne Frauen gemäß einem auf ihr Geschlecht bezogenen Vorurteil zu behandeln, selbst wenn Frauen im Durchschnitt Eigenschaften aufweisen, die sie zu unerwünschten Beschäftigten machen.[209]

Unser Modell, demzufolge geschlechtliche Diskriminierung dadurch verursacht wird, dass Tätigkeiten Geschlechtern zugeordnet werden, entspricht einer weiteren Interpretation von Title VII. Diese Interpretation steht in der aktuellen juristischen Debatte im Vordergrund und wird durch eine Anzahl von Präzedenzfällen gestützt. In *Diaz vs. Pan American World Airways* verbot das Gericht die Nichteinstellung aufgrund des Geschlechts.[210] Die Fluggesellschaft verteidigte die Tatsache, dass sie keine männlichen Flugbegleiter beschäftigte, mit dem Argument, dass Frauen in den »nicht technischen Aspekten des Berufs« besser seien.« Diese Verknüpfung des Geschlechts mit dem Beruf wurde verboten, weil weibliche Eigenschaften in Bezug auf die »zentrale Funktion der angebotenen Dienstleistungen« für irrelevant erachtet wurden.[211] Der in unserer Einleitung diskutierte Prozess *Price Waterhouse vs. Hopkins* ist ein Präzedenzfall, was das Diskriminierungsverbot bei der Beförderung bereits eingestellter Beschäftigter betrifft.[212]

In einigen Fällen geht es auch um die Belästigung von Frauen durch Männer in »Männerberufen«. In *Berkman v. City of New York* wurde die Stadt dazu verpflichtet, eine Feuerwehrfrau wiedereinzustellen, die wegen schlechter Arbeit entlassen worden war.[213] Das Gericht entschied, sie habe ihren Beruf wegen der Belästigung durch ihre Kollegen nicht ordentlich ausüben können.[214] Vicky Schulz und Katherine Franke vertreten die Ansicht, dass jede Belästigung, die auf Geschlechternormen beruht, (wie in unserem Modell dargestellt) diskriminierende Implikationen hat und deshalb gegen Title VII verstößt.[215] Ein derart weite Interpretation eines »feindseligen Arbeitsumfelds« ist jedoch die Ausnahme. Der oben erwähnte Fall *Jenson vs. Eveleth Taconite Co.* war die erste erfolgreiche Gruppenklage gegen eine Firma, die die sexuelle Belästigung am Arbeitsplatz nicht unterband. Laut Catherine MacKinnon betrachten die Richter normalerweise nötigende sexuelle Übergriffe als das wesentliche Element sexueller Belästigung.[216] Die Rechtslage ist noch im Wandel begriffen.

Geschlecht, Arbeitskräfteangebot und Haushalt

Der Arbeitsmarkt ist nur einer von mehreren Schauplätzen, auf denen Geschlechternormen wirtschaftlichen Erfolg beeinflussen. Wirtschaftswissenschaftler interessierten sich auch sehr dafür, was in Haushalten vor sich geht: Wie teilen sich Paare die Aufgaben im Haushalt und bei der Versorgung der Kinder, und wie entscheiden sie, wer wie viele Stunden arbeiten geht?[217] Forschungsergebnisse zeigen, dass Geschlechternormen die Verteilung von Arbeit und Freizeit erheblich beeinflussen können, und theoretisch hat sich die Wirtschaftswissenschaft längst vom sogenannten »ganzheitlichen Modell« des Haushalts verabschiedet, demzufolge ein Paar einfach den gemeinsamen Nutzen maximiert. Shelly Lundberg und Robert Pollack entwickeln zum Beispiel Verhandlungsmodelle dazu, wie Paare die Arbeitsleistung im Haushalt aufteilen, wobei Geschlechternormen als zusätzliche Interpretationsmöglichkeiten dienen.[218] Wir wenden die Identitätsökonomie auf den Haushalt an, um präzise Voraussagen darüber zu erhalten, wer wie viel von welcher Arbeit leistet.

Ein Standardmodell des Haushalts würde sich am »komparativen Vorteil« orientieren. Der Ehepartner, der die Haushaltsaufgaben vergleichsweise besser beherrscht, bleibt zu Hause, und der Partner, der draußen vergleichsweise mehr verdienen kann, geht einer Erwerbsarbeit nach. Nach dieser Theorie müsste eine symmetrische Verteilung der Arbeit vorliegen: Wer mehr im Haushalt arbeitet, arbeitet weniger außerhalb.

Dies jedoch ist bekanntlich nicht das dominierende Muster in den Vereinigten Staaten. Frauen erledigen dort selbst dann den Löwenanteil der Hausarbeit, wenn sie länger außer Haus arbeiten und mehr zum Familieneinkommen beitragen als Männer. Männer übernehmen im Durchschnitt höchstens ein Drittel der Hausarbeit.

Das Identitätsmodell führt spielend zu einem solchen Ergebnis. Wir nehmen ein wirtschaftswissenschaftliches Standardmodell und ergänzen es durch die sozialen Kategorien von Männern und Frauen. Nach den traditionellen Geschlechternormen *sollen* Frauen die Hausarbeit machen. Diese Normen prägen immer noch das Leben in den amerikanischen Familien, wie wir gleich sehen werden. In einem Identitätsmodell verliert ein Mann oder eine Frau an Identitätsnutzen, wenn er oder sie eine Aufgabe erfüllt, die nicht seinem Geschlecht entspricht. Deshalb erledigt eine Frau selbst dann noch mehr Hausarbeit, wenn sie den größten Teil des Familieneinkommens verdient.

Wir haben schon statistische Daten angeführt, die dieses Muster aufweisen, und bringen gleich noch mehr davon vor. Zuerst aber wollen wir uns einige Haushalte ansehen, um zu prüfen, welchen Ausdruck die Normen dort finden, die unserer Theorie zugrunde liegen. Arlie Hochschild beschreibt in ihrem Buch *Der 48-Stunden-Tag* die Aufteilung der Hausarbeit bei Paaren aus der Mittelschicht in der Bay Area von San Francisco, die sie 1980 und 1988 interviewte. Diese Paare vertraten die Ansicht, dass sie die anfallende Arbeit gleichmäßig aufteilten. Aber nur bei wenigen war dies wirklich der Fall. Die Männer übernahmen nämlich die »Männerarbeit« im Haushalt (die insgesamt recht wenig Zeit in Anspruch nahm), und die Frauen erledigten die (beträchtlich aufwendigere) »Frauenarbeit«. Hochschild bringt das Beispiel des Ehepaars Holt, das laut eigener Aussage eine Methode gefunden hatte, die Hausarbeit gleichmäßig aufzuteilen. Evan, ein Möbelverkäufer, kümmerte sich um die untere Hälfte des Hauses (den Keller und seine Werkzeuge). Seine Frau Nancy, eine in Vollzeit arbeitende Sozialarbeiterin, kümmerte sich um die obere Hälfte. Die Sorge für den Nachwuchs im weitesten Sinne war ähnlich »gleich« aufgeteilt: Sie kümmerte sich um das Kind, er um den Hund.[219]

Hochschilds Beispiel und unsere Datenanalyse lassen vermuten, dass die Holts einem US-weiten Muster entsprechen. Wir untersuchten die Anteile an der Hausarbeit im Verhältnis zu denen an der Erwerbsarbeit, wie sie von verheirateten Paaren für die Panel Study of Income Dynamics angegeben wurden.[220] Für die Studie mussten Ehefrauen und Ehemänner jeweils die folgende Frage beantworten: »Wie viel Zeit verwenden Sie (Ihr Ehemann, Ihre Ehefrau) in einer durchschnittlichen Woche auf Hausarbeit? Gemeint ist die Zeit, die für Kochen, Putzen und andere Arbeiten im Haus aufgewendet wird.« In der Frage war die Kindererziehung absichtlich ausgeklammert. Wie das Schaubild von rechts nach links betrachtet zeigt, erledigen Ehemänner, wenn sie die gesamte Erwerbsarbeit leisten, etwa 10 Prozent der Hausarbeit. Wenn ihr Anteil an der Erwerbsarbeit sinkt, steigt tatsächlich ihr Anteil an der Hausarbeit aber nicht weiter als bis auf 37 Prozent an. Ob Kinder verschiedenen Alters zum Haushalt gehören oder nicht, wirkt sich auf die Aufteilung der Arbeit nur gering aus. Ähnliche Ergebnisse liegen auch in Bezug auf den relativen Anteil des Ehemanns an Haushaltseinkommen und Hausarbeit vor.[221]

Andere Quellen kommen zu ähnlichen Schlüssen. Mit einem anderen Datensatz, der aus der National Survey of Families and Households stammt, stellten die Soziologen Noriko Tsuya, Larry Bumpass und Minja Kim Choe für die Vereinigten Staaten ebenfalls eine geringe Elastizität (Änderungssensibilität) der männlichen Hausarbeitszeit in Bezug auf die Erwerbsarbeit der Ehefrau fest.[222] Überraschenderweise ist diese Elastizität in den USA nicht viel größer als in Japan oder Korea, wo die Frauenrolle angeblich viel stärker von der Tradition bestimmt ist. Allerdings leisteten japanische Ehemänner im Durchschnitt nur 2,5 Stunden Hausarbeit pro Woche im Vergleich zu den 12,6 Stunden ihrer koreanischen und den 7,8 Stunden ihrer amerikanischen Pendants.[223]

Jenseits der allgemeinen Aufteilung der Hausarbeit zwischen den Eheleuten sind auch die spezifischen Aufgaben von Männern und Frauen im Haushalt keineswegs zufällig verteilt. Die Frauen leisten 75 Prozent der anfallenden Stunden an »traditioneller Frauenarbeit« (wie Kochen, Wäschewaschen und Hausputz), und die Männer machen 70 Prozent der »Männerarbeit« (wie Gartenarbeit und Autoreparaturen).[224]

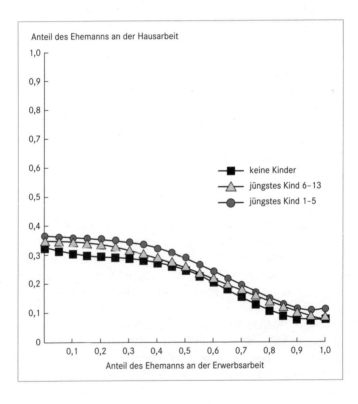

Fazit

In den vorigen Kapiteln wurde deutlich, wie die moderne wirtschaftswissenschaftliche Analyse von Organisationen und Bildungseinrichtungen durch die Einbeziehung der Kategorie der Identität bereichert wird. In diesem Kapitel haben wir gesehen, dass dies auch für den Bereich der Geschlechterökonomie gilt. Konkret werden sowohl im Haushalt als auch in der Erwerbsarbeit Tätigkeiten durch Geschlechternormen als männlich oder weiblich etikettiert. Aus den Modellen geht hervor, warum es einer sozialen Bewegung und staatlicher Interventionen bedurfte, um die Diskriminierung von Frauen in den Vereinigten Staaten auszuhebeln, und warum eine wettbewerbsorientierte Marktwirtschaft dies nicht leistete.

8 RASSENZUGEHÖRIGKEIT UND ARMUT VON MINDERHEITEN

Die Armut von Minderheiten ist der letzte, aber keineswegs der unwichtigste Gegenstand, auf den die Identitätsökonomie in diesem Buch Anwendung findet. Die Disparitäten zwischen Schwarzen und Weißen sind möglicherweise das schlimmste soziale Problem der Vereinigten Staaten. Ihre Hartnäckigkeit ist mit traditionellen wirtschaftswissenschaftlichen Theorien kaum zu erklären. Mithilfe eines Identitätsmodells ergeben die Fakten jedoch Sinn.

Wir stellen uns als Ausgangspunkt die Frage, warum es so vielen Afroamerikanern trotz Bürgerrechtsbewegung und Affirmative Action (positiver Diskriminierung) immer noch schlecht geht.

Seit der Bürgerrechtsbewegung haben viele Afroamerikaner erhebliche wirtschaftliche Fortschritte gemacht. Zwischen 1959 und 2001 fiel der Anteil der Schwarzen, die in Armut lebten, von 55 auf 23 Prozent.[225] Im Jahr 2001 verfügte mehr als die Hälfte der Afroamerikaner über ein Einkommen, das mehr als das Doppelte über der Armutsgrenze lag. Nach diesen Maßstäben zu urteilen, gibt es eine blühende schwarze Mittelschicht.[226]

Diese Fortschritte sind jedoch von einem andauernden »amerikanischen Dilemma« begleitet.[227] Heute werden etwa zwei Drittel der afroamerikanischen Kinder von alleinerziehenden Müttern geboren, von denen fast drei Fünftel in Armut leben.[228] Fast ein Drittel der afroamerikanischen Männer verbringt einen Teil seines Lebens im Gefängnis.[229] Fast zwei Fünftel der schwarzen Männer, die nur eine Highschoolausbildung oder nicht einmal diese haben, sind auf dem Höhepunkt ihrer Leistungsfähigkeit zwischen 25 und 34 Jahren ohne Beschäftigung.[230] Das heißt, sie sind entweder nicht vermittelbar, arbeitslos oder im Gefängnis. Von den afroamerikanischen Highschool-Abbrechern im Alter von 31 bis 35 besuchten im Jahr 2000 nur 44 Prozent eine Schule oder hatten Arbeit.[231]

Eine tragbare Theorie über den Zusammenhang zwischen ethnischer Zugehörigkeit und Armut sollte sowohl die beschriebene Hartnäckigkeit der Disparitäten als auch diese Trends erklären können.

Die traditionelle Wirtschaftswissenschaft der Diskriminierung

Zwei der bekanntesten und renommiertesten Wirtschaftswissenschaftler der Welt haben als erste begonnen, das Phänomen der ethnischen Diskriminierung ökonomisch zu erforschen. Wir haben oben bereits Versionen ihrer Theorien behandelt, die auf die Geschlechterproblematik Anwendung finden. Der erste ist Gary Becker mit seiner Theorie der *präferenzbasierten Diskriminierung.* Nach diesem sogenannten Präferenzmodell können weiße Unternehmer eine Abneigung gegen die Einstellung schwarzer Arbeiter hegen, und weiße Arbeiter können eine Abneigung dagegen haben, mit schwarzen Arbeitern zusammenzuarbeiten. Gleichgültig ob die Arbeitnehmer oder die Arbeitgeber die Abneigung haben, das Ergebnis ist das Gleiche: schwarze Arbeiter bekommen weniger Lohn und andere Arbeitsplätze als weiße.

Die von Kenneth Arrow entwickelte Theorie der *statistischen Diskriminierung* postuliert eine andere Ursache für die Diskriminierung, kommt aber zu ähnlichen Resultaten. Ihr zufolge diskriminieren weiße Arbeitgeber schwarze Beschäftigte nicht deshalb, weil sie selbst das Bedürfnis haben, sie physisch und sozial auf Abstand zu halten, sondern weil sie der Ansicht sind, dass Schwarze im Durchschnitt niedrig qualifiziert sind. Dies kann zu einer sich selbst erfüllenden Prophezeiung werden: Der einzelne Schwarze hat keinen Anreiz mehr, sich höher zu qualifizieren, weil er unabhängig von seinen Anstrengungen für schlecht qualifiziert gehalten wird.[232]

Fallstudien zeigen, dass es immer noch offene Diskriminierung gibt und diese deshalb teilweise eine Antwort auf unsere Frage darstellen könnte. Zum Beispiel haben Studien ergeben, dass Arbeitgeber, Banker und Autohändler Afroamerikaner anders behandeln als Weiße. Marianne Bertrand und Senhil Mullainathan verschickten fiktive Lebensläufe als Reaktion auf Anzeigen, in denen eine Hilfskraft gesucht wurde.[233] Auf die Lebensläufe von »Greg« und »Emily« (häufige Namen bei weißen Amerikanern) kamen 50 Prozent mehr positive Reaktionen als auf die von »Jamal« und »Lakisha« (häufige Namen bei Afroamerikanern). Alicia Munnell und ihre Koautoren stellten fest, dass ein Darlehensantrag von einer Bank in 28 Prozent der Fälle abgelehnt wurde, wenn er von einem Schwarzen kam, aber nur in 20 Prozent der Fälle, wenn der Antragsteller weiß war.[234] Ian Ayres und Peter Siegelman ließen afroamerikanische und weiße Männer die Preise für Neuwagen erfragen. Die genannten Preise waren bei den afroamerikanischen Männern durchschnittlich mehr als 1000 Dollar höher als bei den weißen.[235]

Zwar gibt es immer noch Diskriminierung, aber die traditionellen Theorien können oft nicht erklären, nach welchen Mustern sie funktioniert.[236] Viele Afroamerikaner entscheiden sich offenbar für Vorgehensweisen, die weiße und schwarze Amerikaner aus der Mittelschicht als katastrophal empfinden. Beispiele dafür sind:

- Traditionelle Theorien können kaum erklären, warum bei Afroamerikanern zweieinhalb mal so viele Kinder unehelich geboren werden wie bei Weißen.[237]
- Die traditionelle Theorien hätten ein Erklärung dafür, warum so viele Schwarze zu Gefängnisstrafen verurteilt werden, wenn es sich für Schwarze mehr lohnte, krimi-

nell zu werden, als nicht gegen das Gesetz zu verstoßen. Die Daten sprechen jedoch dagegen, dass sich Verbrechen für sie auszahlt. Steven Levitt und Sudhir Venkatesh haben die finanziellen Hintergründe von Mitgliedern einer Chicagoer Bande untersucht. Ein typischer »Fußsoldat« der Gang hätte bei McDonald's fast so viel verdienen können wie als Bandenmitglied, aber mit erheblich geringerem Risiko.[238]

- Auch für die hohe Arbeitslosigkeit unter afroamerikanischen Männern bieten traditionelle Theorien keine plausible Erklärung. Andere Minderheiten wie zum Beispiel Latinos haben trotz negativer Faktoren wie einer mangelnden Kenntnis der englischen Sprache viel höhere Beschäftigungsraten.

- Noch erstaunlicher ist die starke Divergenz der Entwicklung bei den Afroamerikanern selbst, falls ethnische Diskriminierung für die negativen Phänomene verantwortlich ist. Während der Anteil der Afroamerikaner mit einem mittelständischen Einkommen an der US-amerikanischen Gesamtbevölkerung wächst, nimmt auch die Zahl der alleinerziehenden afroamerikanischen Mütter und der inhaftierten und arbeitslosen Afroamerikaner zu.

- Außerdem stehen die alten wirtschaftswissenschaftlichen Theorien im Widerspruch zu der Tatsache, dass der Erwerb von beruflichen Kompetenzen für Schwarze tendenziell lohnender ist als für Weiße.[239]

Die Grundlage einer Identitätstheorie

Wir brauchen eine bessere Theorie, und zu diesem Zweck beziehen wir das Konzept der Identität mit ein. Historisch gab es in den Vereinigten Staaten unterschiedliche Verhaltenkodizes für Schwarze und für Weiße. Dies war in den Südstaaten besonders ausgeprägt und schlug sich in der rassistischen Jim-Crow-Gesetzgebung nieder. Als sich Rosa Parks weigerte, ihren Sitz im Bus für einen weißen Mann räumen, wurde sie festgenommen und musste Strafe zahlen. Als der

Schriftsteller Richard Wright eine Ausbildung als Augenoptiker und Linsenschleifer machen wollte, wurde er von den anderen Beschäftigten bedroht und zur Kündigung gezwungen. Emmet Till wurde gelyncht, weil er angeblich einer Frau hinterhergepfiffen hatte. Der größte Teil dieses Kodex ist heute illegal, und die meisten Amerikaner halten ihn für falsch. Trotzdem sind Afroamerikaner laut Glenn Loury für weiße Amerikaner immer noch »die anderen« und nicht ein Teil von »uns«.[240]

Eine Umfrage ergab, dass die meisten Amerikaner zwischen Schwarzen und Weißen unterscheiden. Forscher, die die Integration in Wohnvierteln untersuchen, stellen in der Regel Schwarzen und Weißen die Frage, ob sie in Stadtviertel mit verschieden hohen Anteilen der anderen Ethnien ziehen würden.[241] Die meisten Weißen antworten heute, dass sie in ein Viertel ziehen würden, in dem einige Schwarze wohnen, nicht jedoch in ein Viertel mit schwarzer Mehrheit. Diese Antwort wird oft als Fortschritt angesehen, weil die Weißen einige schwarze Nachbarn akzeptieren. Aber natürlich würde nur eine Akzeptanz von 100 Prozent beweisen, dass keine Diskriminierung mehr besteht. Bei alle anderen Haltungen wird immer noch zwischen »uns« und »den anderen« unterschieden. Die Experimente über Gruppenbildung, die im vierten Kapitel behandelt wurden, zeigen, dass es bemerkenswert einfach ist, Versuchspersonen zur Gruppenbildung zu bringen und dass sie die Mitglieder der anderen Gruppe anders behandeln als die der eigenen. Auch bilden die Leute negative Ansichten über die Mitglieder der jeweils anderen Gruppe. Natürlich verblassen diese Versuche im Vergleich zu den Spannungen zwischen den verschiedenen ethnischen Minderheiten der US-amerikanischen Gesellschaft. Die psychologischen Auswirkungen für Menschen, die in der realen Welt als Mitglieder einer ausgegrenzten Gruppe behandelt werden, müssen viel stärker sein. »Die anderen« entwickeln mit großer Wahrscheinlichkeit in Abgrenzung zu der dominierenden Gruppe, die sich als »wir« definiert, ein eigenes Selbstbild. Die Zurückweisung durch die anderen wirkt somit als Selbstbestätigung. Oder in unseren Begriffen ausgedrückt: Sie bringt Identitätsnutzen. Wir untersuchen an dieser Stelle die Trade-offs zwischen diesem Nutzen und den ökonomischen Kosten.

Gibt es eine solche oppositionelle Identität? In der Pop-Kultur wird sehr oft Opposition und Anderssein zum Ausdruck gebracht, und es gibt Debatten über Rap-Musik und die Botschaft, die sie afroamerikanischen Jugendlichen vermittelt. Die Ausdrucksformen und Folgen solcher Reaktionen auf Rassismus sind Gegenstand zahlreicher Forschungsprojekte und Werke über Afroamerikaner und wurden von einer langen Reihe schwarzer Schriftsteller wie etwa Elijah Anderson, James Baldwin, Kenneth Clark, W. E. B. Dubois, Michael Dyson, Franklin Frazier, Ulf Hannerz, bell hooks, John Ogbu, Lee Rainwater und William Julius Wilson behandelt.[242]

Die Möglichkeit zur Opposition haben nicht nur Afroamerikaner. Die amerikanische Geschichte, wie sie heute beschrieben wird, war reich an ethnischen Konflikten: Schwarze gegen Weiße, Lateinamerikaner gegen Gringos und natürlich Europäer gegen andere Europäer. Noch vor einem Jahrhundert waren die Differenzen zwischen Katholiken und Protestanten genauso ausgeprägt wie heute die zwischen Weißen und Menschen anderer Hautfarbe. Im frühen 20. Jahrhundert standen die sogenannten »Lace Curtain Irish«, Iren aus der Mittelklasse, die versuchten, sich an die herrschende Kultur anzupassen, im Gegensatz zu den normalen Iren, die diese Kultur ablehnten.[243] William Whyte schildert in *Die Street Corner Society* sehr genau, wie sich solche Gegensätze gegen Ende der Weltwirtschaftskrise zwischen Italienern im Bostoner North End manifestierten.[244]

Auch ist oppositionelle Identität nichts spezifisch US-amerikanisches. In unserem Kapitel über Schulen behandeln wir Paul Willis' Arbeit über den Klassengegensatz in einer englischen Schule zwischen den angepassten, gehorsamen »ear'oles« und den rebellischen, ungehorsamen »lads«, die sich keine Gelegenheit entgehen lassen, den Schulbetrieb zu stören.[245] In *Orientalismus,* seiner Studie über den Kolonialismus, beschreibt Edward Said die Entstehung des westlichen Stereotyps »orientalisch«. Er sieht darin eine wichtige Quelle der kolonialen Macht in der Verkündung eines Ideals, dem nur die Kolonialisten gerecht werden können.[246] Ein solches

Ideal ist für die Mitglieder der Bildungs- und Wirtschaftselite in den kolonisierten Ländern ein Problem. Sie können zwar versuchen, bei der herrschenden Gruppe »durchzugehen« oder sich zu integrieren, werden aber nie voll akzeptiert. Sie sind nicht in der Lage, jemals das Ideal zu erreichen, das sie anstreben, und werden dazu veranlasst, sich wegen ihrer Sprache, ihrer Kultur und ihrer Geschichte minderwertig zu fühlen. Der Psychiater Frantz Fanon beschreibt die Auswirkungen auf die Persönlichkeiten der Kolonisierten, die ökonomisch Erfolg haben wollen, aber zugleich darum kämpfen müssen, ihre Würde zu wahren.[247] Solche Ambivalenzen sind sowohl in den Autobiografien von Mitgliedern der kolonialen Eliten als auch von erfolgreichen Afroamerikanern häufig Thema. In der Autobiographie der afroamerikanischen Journalistin Jill Nelson kommt klar zum Ausdruck, wie schwierig es ist, im Rahmen der herrschenden Kultur zu arbeiten ohne sich selbst zu verraten. Im folgenden Zitat schildert sie ihre Reaktion auf ein Bewerbungsgespräch bei der *Washington Post:* »Ich habe auch den normalen Balanceakt absolviert, den eine Schwarze im Umgang mit Weißen vollbringen muss, und bei dem es darum geht, die Ecken und Kanten meiner Identität einerseits so abzuschleifen, dass die Weißen keine Angst bekommen, und andererseits meine Integrität zu wahren. Die Trennlinie zwischen Unterwürfigkeit à la Onkel Toms Hütte und rabiater Opposition à la Mau Mau ist sehr schmal, und jeder Fehltritt kann eine Katastrophe bedeuten. Auf der einen Seite liegen Beschäftigung und Selbsthass und auf der anderen die ebenso zweifelhafte Ehre der Arbeitslosigkeit mit intakter Integrität.«[248]

Das Dilemma wird offen diskutiert. Unter der Rubrik »When Keeping it Real Goes Right« veröffentlicht NiaOnline, das Online-Magazin für schwarze Frauen, Tipps von schwarzen Managerinnen, wie man als Frau an einem Arbeitsplatz klar kommt, der »von weißen Männern beherrscht ist«, und das Magazin versichert seinen Leserinnen, dass sie »am Arbeitsplatz nicht ihre Identität als schwarze Frauen opfern müssen«.[249]

Ein Identitätsmodell für Armut und soziale Ausgrenzung

Wir entwickeln hier eine Theorie über Identität, Diskriminierung und Armut von Minderheiten. Dabei folgen wir wie üblich dem im dritten Kapitel eingeführten Verfahren. Wir beginnen mit einem Standardmodell und fügen ihm unsere drei Komponenten der Identität hinzu: soziale Kategorien, Normen und Ideale sowie Gewinn und Verlust an Nutzen. In diesem Modell schenken wir der Frage besondere Aufmerksamkeit, wie die Entscheidungen einer Person den Nutzen anderer Personen beeinflussen. Wir erkennen Feedbackeffekte, die den ursprünglichen Effekt der Diskriminierung verstärken. Je mehr Schwarze die negativen Auswirkungen der Diskriminierung überwinden und sich integrieren, desto besser geht es den anderen Schwarzen, wenn sie dieselbe Entscheidung treffen. Wenn jedoch von Anfang an zu viele Schwarze auf Ablehnung stoßen, versuchen sie nicht, sich zu integrieren, sondern fühlen sich besser, wenn sie Außenseiter bleiben. Wieder betonen wir, dass die grundlegende Ursache dieses Phänomens darin besteht, dass die dominante Gruppe die Schwarzen von Anfang an ablehnt. Die soziale Dynamik innerhalb der schwarzen Community verstärkt dann die Auswirkungen.[250]

Das Verfahren, Teil eins: Das hier verwendete Standardmodell gleicht dem des Arbeitsmarkts im vorigen Kapitel. Es bezieht sich nun auf schwarze und weiße Beschäftigte (nicht mehr auf weibliche und männliche), und die einzelne Beschäftigte entscheidet, ob sie für einen bestimmten Lohn arbeiten willen oder nicht.

Das Verfahren, Teil zwei: Wie zuvor legen wir die sozialen Kategorien, die Normen und Ideale und die Verluste an Nutzen fest.

Soziale Kategorien: Wir postulieren zwei soziale Kategorien, Insider und Außenseiter. Die weißen Beschäftigten sind definitionsgemäß alle Insider. Die schwarzen können sich entscheiden, ob sie sich integrieren und der dominierenden Mehrheit als Insider anschließen wollen, oder sie ob sie sich als Außenseiter von der Mehrheit fernhalten und eine Identität entwickeln wollen, die im Gegensatz zu der der Insider steht.

Normen und Ideale: Gemäß ihren Normen müssen die Insider für die Firmen der US-amerikanischen Volkswirtschaft arbeiten. Demgegenüber sind die Außenseiter (die Mau Mau, um Nelsons Begriff zu benutzen) der Ansicht, dass sie nicht so unterwürfig sein dürfen.[251]

Schwarze Beschäftigte müssen sich demnach zwischen drei Möglichkeiten entscheiden: dem Insider, dem Außenseiter, der arbeitet, und dem Außenseiter, der nicht arbeitet. Jede dieser Möglichkeiten hat ihre eigenen Vor- und Nachteile, da sie mit verschiedenen Graden von Entlohnung und Selbstachtung verbunden ist. (In der Sprache des Modells ist Selbstachtung gleich Identitätsnutzen).

Gewinne und Verluste an Identitätsnutzen: Diese können wie folgt zusammengefasst werden:

- Eine Schwarze, die versucht, Insiderin zu sein, wird darunter leiden, wenn sie von den Weißen nicht akzeptiert wird. Sie erleidet einen Verlust an Selbstachtung, weil sie dem kulturellen Ideal der Insider nicht entspricht.
- Eine Außenseiterin, die sich dafür entscheidet, nicht zu arbeiten, behält ihre Selbstachtung. Aber eine Schwarze, die eine Außenseiterin sein will, aber trotzdem für Weiße arbeitet, oder allgemeiner gesagt, mit ihnen kooperiert, verliert an Identitätsnutzen. Und sie verliert Selbstachtung, weil sie gemäß ihrem Außenseiterideal nicht für Weiße arbeiten (oder mit ihnen kooperieren) sollte.
- Es gibt auch externe Effekte in diesem Modell: Eine schwarze Beschäftigte, die sich dafür entschieden hat, Insiderin zu sein, verliert an Identitätsnutzen, wenn andere schwarze Beschäftigte sich für den Außenseiterstatus entscheiden (und umgekehrt). Dies liegt daran, dass es Menschen häufig vorziehen, wenn ihre Entscheidungen von den Mitgliedern ihrer Gruppe bestätigt werden.[252] Sie können auch unter Ablehnung oder Ächtung leiden, wenn die Mitglieder ihrer Gruppe sich für eine andere Identität entscheiden als sie selbst.

Theorie und empirische Grundlagen

Wieder überrascht es nicht, dass die aus dem Modell abgeleiteten Schlüsse den realen Mustern entsprechen. Wirtschaftswissenschaftliche Standardmodelle der Diskriminierung von Schwarzen sagen genau wie jene, die von der »Abneigung« weißer Manager gegen die Beschäftigung von Schwarzen ausgehen, voraus, dass bestehende Diskriminierung durch Wettbewerb eliminiert werden wird. Obwohl der Wettbewerb wirklich dazu geführt hat, dass mehr schwarze Arbeiter beschäftigt werden und einige auch mehr verdienen, ist die Zahl der Schulabbrecher immer noch hoch und sind Schwarze nach wie vor öfter kriminell oder drogensüchtig als Weiße. Aus Sicht der Insider sind diese Verhaltensmuster selbstzerstörerisch, und die traditionelle Wirtschaftswissenschaft, die davon ausgeht, dass Entscheidungen getroffen werden, damit Menschen sich wirtschaftlich besser stellen, können sie nicht erklären. Legt man jedoch ein Identitätsmodell zugrunde, ist ein früher Schulabbruch durchaus sinnvoll. Er ist dann rational, wenn die Alternative (die Arbeit für einen Weißen, ohne dass man es »zu etwas bringt«) einen zu großen Verlust bedeuten würde.

Die Ergebnisse in unserem Modell gleichen denen von William Julius Wilsons *When Work Dissappears,* in dem der Zusammenhang zwischen ethnischer und Klassenzugehörigkeit und Beschäftigung in afroamerikanisch geprägten Innenstädten untersucht wird. Unser Modell sagt voraus, dass sich bei sinkenden Löhnen mehr und mehr schwarze Beschäftigte dafür entscheiden, Außenseiter zu sein und in der Folge noch mehr Insider das Viertel verlassen. Im Zielkonflikt zwischen Arbeit und Würde siegt die Würde, und immer mehr Menschen entscheiden sich für eine Außenseiteridentität. Außerdem bewirkt die Abwanderung von Insidern aus einem Stadtviertel nach unserem Modell, dass noch mehr Schwarze sich für die Außenseiterposition entscheiden, was wiederum die Abwanderung der Insider verstärkt, weil das Viertel für sie immer unangenehmer wird. Wilson vertritt die Ansicht, dass niedrige Löhne und die Abwanderung der schwarzen Mittelklasse wesentliche Gründe für Armut und dysfunktionale Strukturen der afroamerikanischen Stadtviertel sind.

Mögliche Gegenmittel

Es ist ungeheuer nützlich, eine gute Theorie über die Disparitäten zwischen Schwarzen und Weißen zu haben. Selbst wenn es bei ihrer Anwendung immer noch viele praktische Schwierigkeiten gibt, vermittelt sie doch ein Verständnis für das, was möglich ist. Sie lässt zum Beispiel vermuten, dass es mindestens drei Möglichkeiten gibt, schwarze Beschäftigte davon abzuhalten, sich aus der Erwerbsbevölkerung zu verabschieden. Die erste besteht darin, die Unterscheidung zwischen schwarz und weiß im Insiderideal zu eliminieren. Weiße lehnen Schwarze dann nicht mehr ab. In diesem Fall gibt es nach unserem Modell nur ein Ergebnis. Alle Schwarzen entscheiden sich ganz einfach dafür, Insider zu sein, so dass die durch die Identität verursachten Ungleichheiten zwischen Schwarzen und Weißen verschwinden.[253]

Die zweite Möglichkeit besteht darin, die Normen zu ändern, die man als Schwarzer erfüllen soll. Einige unserer Leser haben vielleicht bereits darüber nachgedacht, dass eine oppositionelle Identität nicht notwendig selbstzerstörerisches Verhalten bedeuten muss. Einigen afroamerikanischen Führungspersönlichkeiten ist das Problem zerstörerischer Normen durchaus bewusst, und sie versuchen, sie zu ändern. Sich selbst treu zu bleiben bedeutet nicht unbedingt, dass man die Schule abbrechen oder die Arbeitsmoral des Mainstreams ablehnen muss. Viele prominente schwarze Intellektuelle, Schauspieler und Sportler setzen sich leidenschaftlich für einen solchen Identitätswandel ein. Auf der Feier zum 50. Jahrestag des Bürgerrechtsprozesses *Brown v. Board of Education* hielt Bill Cosby seine umstrittene »Pound Cake«-Rede. »[Die Aktivisten der Bürgerrechtsbewegung] haben nicht getan, was sie getan haben, damit sie später ›ich kann Mathe nicht ausstehen und‹ ... ›what you is‹ [statt »what you are«]

sagen konnten.«[254] Andere, wie Louis Farrakhan und das muslimische Programm der Nation of Islam, wollen andere Arten von Veränderung erreichen. Unter Berufung auf die Unterdrückung in den 400 Jahren zuvor fordern sie ein eigenes Territorium für die Afroamerikaner.[255] Sie stehen in scharfem Gegensatz zu den Integrationsbefürwortern, wollen aber genau wie Cosby ihrer Community Auftrieb verschaffen. Sie wollen durch einen Wertewandel zugunsten von Familie, Bildung, Achtung der Frauen sowie Drogen- und Alkoholabstinenz ein Ende der schwarzen Selbstunterdrückung erreichen. Diese neu oppositionelle Identität kann mit harter Arbeit, konsequentem Schulbesuch, Drogenabstinenz und stabilen Ehen verbunden sein.

Die dritte Möglichkeit besteht darin, die Feedbackeffekte abzuschwächen. Wenn sich der Teufelskreis durchbrechen lässt, dass die Annahme einer Außenseiteridentität andere dazu anregt, dasselbe zu tun, lässt sich die Armut der Schwarzen verringern. Wir diskutieren unten, wie die Wahl der Identität durch staatliche Maßnahmen verändert werden kann, die diese Feedbackschleife unterbrechen.

Politische Maßnahmen: Affirmative Action und Beschäftigungsprogramme

Viele politische Maßnahmen wurden entwickelt, um Arbeitslosigkeit abzubauen und die durch Diskriminierung angerichteten Schäden zu beheben. Bei der Bewertung solcher Programme konzentriert sich die Wirtschaftswissenschaft typischerweise auf die traditionelle Kosten-Nutzen-Analyse und untersucht etwa den Zuwachs an Studienabschlüssen und die Reduktion der Arbeitslosigkeit. Unsere Analyse lässt vermuten, dass die Wirkung dieser politischen Maßnahmen davon abhängen könnte, ob sie Einfluss auf die Wahl zwischen einer Insider- und einer Außenseiteridentität haben. Zwei Beispiele aus den Bereichen Affirmative Action und Arbeitsbeschaffungsmaßnahmen sollen dies illustrieren.

Die Identitätsökonomie erweitert die wirtschaftswissenschaftliche Analyse der positiven Diskriminierung. Die meisten traditionellen Studien konzentrieren sich auf die Auswirkungen, die ein bestimmtes Programm auf die unmittelbar
Beteiligten hat.[256] Dieser Fokus ist zu eng. Rhetorik und Sym-
bolik der Affirmative Action üben eine allgemeinere Wirkung
auf das Phänomen der sozialen Ausgrenzung aus. So besei-
tigte das Referendum über Proposition 209 im Jahr 1997 effektiv die Affirmative Action an den staatlichen Universitäten,
bei staatlichen Stellen und staatlichen Aufträgen in Kaliforni-
en. Solche Maßnahmen und die Debatte, die über sie geführt
wird, wirken sich nicht nur auf potenzielle Bewerber für das
Studium an Colleges und Universitäten aus, sondern tragen
generell dazu bei, Minderheiten das Gefühl zu vermitteln,
dass sie in der herrschenden Kultur fehl am Platz sind. Im
Gegensatz dazu, aber mit einer ähnlich breiten Perspektive,
vertritt Glenn Loury die Ansicht, Schwarze würden durch Affirmative Action stets als Opfer dargestellt, was in unseren
Worten gesprochen ihre Außenseiteridentität fördere.[257]

Die Identitätsökonomie kann erklären, warum Beschäfti-
gungsprogramme, die sich ökonomisch sehr ähneln, aber
verschieden strukturiert sind, sehr unterschiedliche Ergebnisse haben können. Betrachten wir zum Beispiel zwei Programme der US-amerikanischen Bundesregierung, Job Corps
und Jobstart. Job Corps ist ein Programm, das »Jugendlichen
aus Risikogruppen sowohl im Klassenzimmer aus auch durch
praktische und arbeitsbezogene Maßnahmen Lernerfahrun-
gen vermittelt, [um sie] auf stabile, langfristige, gut bezahlte
Berufe vorzubereiten«.[258] Das Programm ist erfolgreich, weil
es das Lohnniveau der Teilnehmer tatsächlich steigert, aber
es ist teuer, weil die Jugendlichen in den Einrichtungen wohnen. Um Geld zu sparen, gründete das US-amerikanische Ar-
beitsministerium Jobstart. Dieses Programm war in jeder
Hinsicht identisch mit Job Corps, nur dass die Jugendlichen
weiterhin zu Hause wohnten. Es war jedoch nicht annähernd
so erfolgreich.

Unser Modell kann diesen Unterschied erklären. Auszubil-
dende in Programmen mit Unterbringung lernen nicht nur
praktische, marktgängige Fertigkeiten, sondern ändern in

der Gemeinschaft mit anderen, ähnlich lernbereiten Jugendlichen auch ihre Orientierung. Nach unserer Terminologie haben Programme mit Unterbringung den Vorteil, Außenseiter in Insider zu verwandeln. Die Programme ohne Unterbringung griffen viel weniger stark in das Leben der Auszubildenden ein und erzielten entsprechend weniger Wirkung.[259] Diese Interpretation ist mit dem Argument vereinbar, dass Programme mit Unterbringung auch soziale Fähigkeiten und neue Lebensgewohnheiten vermitteln, die Kennzeichen für eine Insideridentität sind.[260] Sie stimmen auch mit den Beobachtungen in dem Kapitel über Schulen überein, wo sich gezeigt hat, dass einige Schulen selbst in den schlimmsten Stadtvierteln bemerkenswerte Erfolge erzielen, wenn sie ihre Schüler isolieren und hart daran arbeiten, ihre Identität zu ändern.

Fazit

Über spezifische Programme hinaus kann die Identitätsökonomie den Lesern ein allgemeines Verständnis der sozialen und wirtschaftlichen Probleme eines Landes vermitteln. Die Probleme, die ein Land löst, und die Probleme, die es ungelöst lässt, hängen sowohl vom Verständnis der Probleme ab als auch von dem Willen, sie zu lösen. Wie wir im Kapitel über die Schulen schon bemerkt haben, sehen wir in den USA die Notwendigkeit, unser mittelmäßiges Bildungssystem mit viel mehr Einsicht und Handlungsbereitschaft zu verbessern. Mehr Mittel und ein neuer ökonomischer Ansatz sind ebenfalls notwendig, um die immer noch bestehenden sozialen Unterschiede zu beseitigen.

Barack Obama ist ein leidenschaftlicher Vertreter der Ansicht, dass sowohl Schwarze als auch Weiße ein tieferes Verständnis der Rassenproblematik erlangen sollten. Seine Rede »A More Perfect Union« war eine Reaktion auf all jene, die an seiner Urteilsfähigkeit zweifelten, weil er Jeremiah Wright als seinen Pfarrer gewählt hatte. Wright war berühmt-berüchtigt für seine Predigten. Er hatte zum Beispiel kurz nach dem 11. September gesagt, dass »die Untaten der Amerikaner auf ihre Urheber zurückfallen«. Obama distanzierte sich von Wright, gab ihm aber nicht völlig unrecht, sondern erklärte die Gründe für den Zorn der Schwarzen und auch für die Reaktion der Weißen auf diesen Zorn:

Und manchmal wird am Sonntagmorgen in der Kirche auf der Kanzel und auf den Bänken [über den Zorn der Afroamerikaner] gesprochen. Die Tatsache, dass so viele über den Zorn in manchen von Reverend Wrights Predigten überrascht sind, erinnert uns an die alte Binsenweisheit, dass die größte Rassentrennung im amerikanischen Leben am Sonntagmorgen stattfindet. Dieser Zorn ist nicht immer produktiv, denn er lenkt allzu oft von der Lösung wirklicher Probleme ab. Er hält uns davon ab, dass wir uns unserer eigenen Mitschuld an unseren Lebensbedingungen stellen, und er hindert die afroamerikanische Community daran, die Allianzen zu schmieden, die sie braucht, um wirkliche Veränderungen herbeizuführen. Doch der Zorn ist real, und er ist mächtig. Ihn einfach nur wegzuwünschen oder ihn zu verdammen, ohne seine Wurzeln zu verstehen, würde den Abgrund des gegenseitigen Missverständnisses zwischen den Rassen nur vergrößern.

Tatsächlich gibt es einen ähnlichen Zorn in Teilen der weißen Community. Die meisten Amerikaner aus der Unter- und Mittelschicht haben nicht das Gefühl, aufgrund ihrer Rasse besonders privilegiert zu sein. Ihre Erfahrung ist die Erfahrung von Einwanderern: Niemand hat ihnen etwas geschenkt, sie haben sich ihre Existenz aus dem Nichts aufgebaut. Sie haben ihr ganzes Leben lang hart gearbeitet, und das oft nur, um erleben zu müssen, wie ihre Arbeitsplätze nach Übersee verlagert werden und ihre Altersversicherung nach lebenslanger Arbeit zunichte gemacht wird. Sie haben Angst vor der Zukunft und spüren, dass ihnen ihre Träume entgleiten. In einer Ära stagnierender Löhne und globaler Konkurrenz werden berufliche Chancen als Nullsummenspiel betrachtet, bei dem der Erfolg des einen nur auf Kosten eines anderen gehen kann. Wenn diesen Leuten gesagt wird, dass sie ihre Kinder mit dem Bus zu einer Schule am ande-

ren Ende der Stadt schicken sollen; wenn sie hören, dass ein Afroamerikaner wegen eines Unrechts, das sie nie begangen haben, leichteren Zugang zu einem guten Job oder einem Studienplatz an einem guten College bekommt, und wenn ihnen gesagt wird, dass ihre Ängste wegen der hohen Kriminalität in den Städten irgendwie vorurteilsbehaftet seien, dann wächst auch bei ihnen der Zorn.[261]

Wir sehen, dass diese gegensätzlichen Ansichten über die Rassenproblematik und ihre Konsequenzen zum Stillstand führen (genau dem Begriff, den auch Obama benutzt hat) mit der Folge, dass die Probleme der afroamerikanischen Unterschicht und überhaupt aller Armen, unabhängig von ihrer ethnischen Zugehörigkeit, ungelöst bleiben. Statt die Probleme als »ihre« zu akzeptieren und an ihrer Lösung zu arbeiten, werden die Menschen auf beiden Seiten der ethnischen Schranke so wütend, dass die Mobilisierung der Ressourcen, die zur Überwindung der Unterschiede zwischen den Ethnien notwendig wären, politisch nicht mehr zu bewerkstelligen ist. Oder um es mit David Ellwoods Worten zu sagen, wir leisten uns gegenseitig »schwache Unterstützung«.[262]

Unser Ansatz in dieser Problematik berücksichtigt die herrschende Meinung in anderen Sozialwissenschaften. Wie wir geschen haben, gibt es sogar einen sehr bekannten Politiker, der das Problem genauso versteht wie wir und es auf dieselbe Art erklärt. Unsere Methode, das im dritten Kapitel vorgestellte Verfahren, stellt Faktoren wie Identität und Zorn und deren Folgen in einen herkömmlichen wirtschaftswissenschaftlichen Rahmen. Diese Lücke in der Ökonomie der ethnischen Diskriminierung zu schließen ist nur ein kleiner Schritt in der Bekämpfung der Disparitäten zwischen Schwarzen und Weißen. Aber vielleicht bleiben Ideen doch nicht folgenlos. Der neue wirtschaftswissenschaftliche Ansatz muss einfach Richtungen aufzeigen, wie die knappen Ressourcen am besten zu verteilen und zu nutzen sind.

TEIL 4　AUSBLICK

9 DIE IDENTITÄTSÖKONOMIE UND DIE METHODOLOGIE DER WIRTSCHAFTSWISSENSCHAFT

In diesem Buch modifizieren und erweitern wir herkömmliche wirtschaftswissenschaftliche Analysen, damit sie den Faktor Identität mit einschließen. Dem Strichmännchen *Homo oeconomicus,* das die ökonomischen Modelle seit dem letzten Jahrhundert bevölkerte, waren nur wirtschaftliche Güter und Dienstleistungen wichtig. Dann fügten Gary Becker (und seine Anhänger) der Nutzenfunktion alle möglichen Präferenzen hinzu. Danach kamen auch noch psychologische Abweichungen von der »Vernunft«, insbesondere kognitive Verzerrungen, ins Spiel. Die Identitätsökonomie ist ein weiterer Schritt in dieser Entwicklungslinie.

Wenn Identität ein so effektives Konzept ist, warum hat es dann so lange gedauert, bis es zum Einsatz kam? Warum war das Konzept nicht schon lange zuvor in die Wirtschaftswissenschaft integriert? In diesem Kapitel werden darauf einige plausible Antworten gegeben. Was ist nach den Maßstäben der Wirtschaftswissenschaft eine gute Theorie? Wie sehen richtige Verfahren für die Verwendung von Datenmaterial aus?

Theorie und Beweis

In der Wirtschaftswissenschaft besteht ein bemerkenswerter Konsens darüber, wie Forschung durchzuführen ist. Er lässt sich gut in Milton Friedmans Aufsatz »The Methodology of Positive Economics« studieren.[263] Natürlich ist nicht jeder Wirtschaftswissenschaftler mit allen Aussagen in diesem Aufsatz einverstanden. Aber wenn man Friedman großzügig interpretiert, hat er die Grundlagen wirtschaftswissenschaftlicher Verfahrensweisen erfasst. Man entscheidet sich zunächst einmal für ein Modell oder eine Theorie. Dann überprüft man das Modell anhand von Beobachtungen und verwirft es, wenn es mit den Beobachtungen nicht übereinstimmt. Oft springt man auch zwischen Beobachtungen und Theorie hin und her, da diese sich gegenseitig beeinflussen.

Eine gute Theorie sollte vor allem dem Kriterium der Sparsamkeit entsprechen: »Friedman empfiehlt, »viel durch wenig zu erklären«.[264] Dieses Kriterium wird unserer Ansicht nach von der Identitätsökonomie sehr gut erfüllt. Die Anwendung unseres einfachen Verfahrens hat gezeigt, dass wir eine große Zahl von Phänomenen erklären können, wie etwa das Wesen der afroamerikanischen Armut, die Gründe für den Schulabbruch vieler Schüler, die Rolle der Frauenbewegung und die Funktionsweise von Organisationen. Das bedeutet in der Tat viel durch wenig zu erklären.

Trotzdem halten viele unser Modell nicht für sparsam. In der Wirtschaftswissenschaft haben immer die älteren Theorien Vorrang, das heißt, eine neue Theorie darf nur eingeführt werden, wenn die ältere verworfen ist. Eine Theorie muss außerdem falsifizierbare Hypothesen hervorbringen. Wegen der Schwierigkeit, Theorien zu verwerfen, was wir als nächstes beschreiben, stellt das Kriterium der Sparsamkeit jedoch für die heute anerkannten Theorien fast so etwas wie einen Freifahrschein dar und führt dazu, dass kaum noch eine wirtschaftswissenschaftliche Theorie falsifizierbar ist.

Friedman und die meisten modernen Wirtschaftswissenschaftler vertreten die Ansicht, statistische Tests seien die angemessene Methode, um ein Modell zu überprüfen. Aber als Friedman 1953 seinen Aufsatz schrieb, kann er kaum vorausgehen haben, wie schwach Statistiken bei Verwerfen wirtschaftswissenschaftlicher Hypothesen sind. Es gibt mehrere Gründe für diese Schwäche. Der erste ist die Entstehung der modernen wirtschaftswissenschaftlichen Theorie. Als Friedman seinen Aufsatz schrieb, ging man in einem wirtschaftswissenschaftlichen Modell in aller Regel von idealen Wettbewerbsbedingungen aus. Unsicherheiten wurden vielleicht erwähnt, waren aber ein ungewöhnliches Merkmal. Es war wahrscheinlich noch recht einfach, diese eng gefassten Theorien auf statistischer Basis zu verwerfen. Heute jedoch, nach Einführung der Spieltheorie, werden in der herrschenden Wirtschaftswissenschaft alle Arten von strategischem Verhalten mitberücksichtigt; dies schließt auch alle Arten asymmetrischer Informationen mit ein und kann, in Gestalt der Verhaltensökonomie, sogar psychologische Beweggründe wie Risikoaversion und Present Bias berücksichtigen. Aufgrund dieser Erweiterung gibt es eine enorme Menge an Möglichkeiten, die älter und sparsamer sind als die Identitätsökonomie, und diese müssten alle ausgeschöpft werden, bevor ein Wirtschaftswissenschaftler nach den Normen seiner eigenen Profession Modelle anwenden dürfte, in denen neue Faktoren eine Rolle spielen.

Diese Wucherung der ökonomischen Theoriebildung hat die Wirtschaftswissenschaft sehr viel näher an die Realität herangebracht, ist aber für Anhänger des Logischen Positivismus in der Disziplin ein Alptraum. Wenn sie das Glück haben, ein Modell als wertlos verwerfen zu können, nimmt immer ein ähnliches sofort seinen Platz ein. Und das ist erst der Anfang der Schwierigkeiten. Jede statistische Überprüfung einer Theorie erfordert die Bestimmung von Variablen mit einer Genauigkeit, die die von der Theorie geforderte weit überschreitet. In der Wirtschaftswissenschaft steht man fast immer vor einer großen Auswahl bei der Bestimmung der unabhängigen Variablen (die auf der linken Seite der Regressionsgleichungen stehen), der abhängigen Variablen (auf der rechten Seite) und bei vielen verschiedenen Aspekten der funktionalen Form. Wenn sich eine Schätzung über einen bestimmten Zeitraum erstreckt, müssen zusätzlich die

Schwankungen im Handel berücksichtigt werden, der Zeitraum für die Schätzung (Anfangs- und Endtermin) muss festgelegt werden und auch die Periodizität der Daten (Wochen, Monate, Jahre oder irgendwelche anderen Intervalle) gilt es zu bestimmen. Wenn sich die Schätzung auf eine Population bezieht, müssen das Altersspektrum und die Zusammensetzung der Population bestimmt werden (zum Beispiel nur Männer, nur Frauen oder Personen beiderlei Geschlechts) usw. Eine Wirtschaftswissenschaftlerin hat also, selbst wenn sie nur ein relativ einfaches ökonomische Modell testen will, viele Alternativen, wie sie den Test durchführen kann.[265] Da all diese Entscheidungen unabhängig voneinander getroffen werden können, hat selbst der einfachste Test buchstäblich Millionen möglicher Spezifikationen. Dadurch wird es sehr schwierig, dem Diktum zu folgen, dass ein Modell so lange zu akzeptieren ist, bis es verworfen ist, und auch die Falsifizierung jeder Theorie wird erschwert. Selbst bei einem ausgesprochen blödsinnigen Modell wird es kaum gelingen, seine Millionen von Spezifikationen alle zu widerlegen.

Die Beobachtung des Kleinen

Statistische Tests haben bei den meisten empirischen Arbeiten einen so geringen Erklärungswert, dass wir nach Alternativen suchen sollten. Ein Großteil der Wissenschaft beruht auf der sehr sorgfältigen Beobachtung kleiner Dinge. Diese alternative Methode ist auf vielen Gebieten erfolgreich, weil der Schlüssel zum Gesamtergebnis oft im mikroskopisch kleinen Bereich zu finden ist. Das faszinierendste Beispiel für den Zusammenhang zwischen klein und groß ist die Struktur des Lebens selbst. Francis Crick und James Watson vermuteten zurecht, dass sie den Code des Lebens entschlüsselt hätten, wenn es ihnen gelänge, die Kristallstruktur eines einzigen DNA-Moleküls zu entschlüsseln.[266] Die Dualität zwischen der Struktur des DNA-Moleküls und der Art, wie Organismen generiert und reproduziert werden, ist eine der schönsten Entdeckungen der Naturwissenschaft.

Was sind die Implikationen eines solchen Ansatzes für die Wirtschaftswissenschaft? Die traditionelle wirtschaftswissenschaftliche Methodologie mit ihrer Betonung der statistischen Analyse von Populationen lässt vermuten, dass die intensive Untersuchung eines einzigen Moleküls eine fast wertlose »Fallstudie« wäre. Derartige Beobachtungen gelten ihr als »anekdotisch«. Im Fall der DNA ist jedoch genau das Gegenteil richtig. Kaninchen sehen einander sehr ähnlich, weil sie dieselbe DNA haben, und die Unterschiede zwischen ihnen beruhen auf den Unterschieden ihrer DNA. Es lohnt sich, Codes zu erforschen, weil sie ähnlich wie die DNA funktionieren: Wenn sie gleich sind, führen sie zur Duplikation und wenn sie unterschiedlich sind, führen sie zu Unterschieden. Die Ethnographien, die wir untersucht haben, versuchen die sozialen Codes von wirtschaftlichen Einheiten wie zum Beispiel Firmen, Schulen und Haushalten aufzudecken. Es ist aus demselben Grund sinnvoll, diese sozialen Codes zu untersuchen, wie es sinnvoll ist, die DNA von Kaninchen zu erforschen, nämlich um sowohl Ähnlichkeiten als auch Unterschiede zu verstehen.

Die interne Konsistenz der Ethnographien ist ein Kriterium für ihre Validität, wenn auch ein anderes als ein statistischer Test. Milton Friedman und andere warnten uns, voreilige Schlüsse aus den Aussagen befragter Personen zu ziehen. Sie verstehen manchmal ihre eigenen Motive nicht oder ihre Äußerungen sind eigennützig. Doch die besten ethnographischen Studien haben dagegen eine Sicherung eingebaut: Sie konstruieren aus den vielen Details, die sie erfassen, ein konsistentes Bild menschlichen Verhaltens, indem sie der tieferen Bedeutung von Aussagen große Aufmerksamkeit schenken. Tatsächlich zeichnen die allerbesten ethnographischen Studien nicht nur auf, was Menschen sagen, sondern entschlüsseln, was sie sagen und tun.

Kausalität

Es gibt noch einen weiteren, vielleicht unmittelbareren Grund, das Kleine zu studieren. Bei den meisten wirtschaftlichen Problemen wirkt die Kausalität in zwei Richtungen. Zum Beispiel kann eine Veränderung im Preis auf einer Veränderung bei Angebot oder Nachfrage beruhen. Ein beliebter Ansatz, den Grund herauszufinden, besteht darin, nach einem sogenannten natürlichen Experiment Ausschau zu halten, das heißt nach einem Ereignis, bei dem ein Faktor außerhalb des Systems lediglich bei der Nachfrage oder lediglich beim Angebot eine Veränderung verursacht. Unser Lieblingsbeispiel für ein solches natürliches Experiment ist der sogenannte Mariel Boatlift, bei dem im Jahr 1980 Tausende von Kubanern in die USA flüchteten. Dass Castro einer großen Zahl von Kubanern erlaubte, das Land zu verlassen, hatte nichts mit den Bedingungen auf dem US-amerikanischen Arbeitsmarkt zu tun. Die Einwanderer strömten nach Südflorida, wodurch das Angebot an ungelernten Arbeitskräften dort stark anstieg. Der Arbeitsökonom David Card nutzte diese hervorragende Gelegenheit, um den Einfluss dieses Zustroms auf Löhne und Arbeitslosigkeit zu studieren.[267]

Obwohl Wirtschaftswissenschaftler beim Aufspüren solcher Situationen und gelegentlich auch beim Entwickeln eigener Experimente sehr kreativ sind, lassen selbst die besten dieser Studien Fragen offen. Studien, die die Ursache eines Phänomens sorgfältig bestimmen, sind sicher nützlich, liefern aber unter Umständen nur einen Hinweis auf das, was wir wirklich wissen wollen. Zum Beispiel haben wir oben gesehen, wie Rivkin, Hanushek und Kain mittels eines speziellen Datensatzes bewiesen, dass der Lehrer einen Einfluss auf die Lernleistung der Schüler hat. So wichtig diese Erkenntnis auch sein mag, wirft sie doch eine andere Frage auf: Wie und warum spielt der Lehrer eine Rolle? Dieses Problem ist natürlich mit statistischen Methoden noch schwerer zu erforschen. Was tut ein guter Lehrer (vielleicht in seiner Gesamtstrategie und -planung, aber vielleicht auch in seinen ganz unmittelbaren Interaktionen mit den Schülern), das zum Lernerfolg führt?

Um solche Fragen zu beantworten, brauchen wir Informationen, die nur durch detaillierte, sorgfältige Beobachtung zu gewinnen sind. Studien wie *The World We Created at Hamilton High*, *The Shopping Mall High School* und *Spaß am Widerstand* verschaffen uns Einblicke in das Leben der Schüler. Die Teile der *Adolescent Society* von Coleman und der Studie über Einschüchterung an der Schule von Bishop und Bishop, die wir am wichtigsten fanden, waren nicht ihre (unvermeidlich schwachen) statistischen Tests, sondern ihre Beschreibungen der beobachteten Verhältnisse.

Experimente

Laborexperimente sind eine andere Möglichkeit, sich das Kleine anzusehen. Statistische Tests mit Bevölkerungsdaten sind manchmal wenig aussagekräftig, und ausgedehnte Feldforschung ist oft nicht durchführbar. Doch gut geplante Experimente können ein Ersatz dafür sein. Genau wie sich Risikoscheu, Present Bias und Strategiespiele experimentell testen lassen, lässt sich auch die Identitätsökonomie experimentell testen. Und tatsächlich beweisen einige experimentelle Arbeiten, wie oben diskutiert, heute schon, dass Identität und Normen Einfluss auf wirtschaftliche Ergebnisse haben.

Das Problem des »vornehmen Abstands«

Die meisten Wirtschaftswissenschaftler sind der Ansicht, dass ein gutes Modell nicht nur aus empirischen Tests bestehen, sondern auch überraschende Erkenntnisse liefern sollte. Ein Freund von uns sagte, es müsse ein »vornehmer Abstand« zwischen Hypothesen und Ergebnissen bestehen, sonst sei eine Theorie inhaltsleer. Seiner Ansicht nach ist die Direktheit, mit der wir aus unseren Hypothesen Schlüsse ziehen, ein Malus. Wir sind für ihn wie der Weise, der das Phänomen der Bewegung damit erklärt, dass sie auf den Prinzipien der Bewegung beruht.

Wir stimmen mit unserem Freund darin überein, dass die Schlüsse nicht offensichtlich sein sollten. Aber es kann mehr als einen Weg geben, zu nicht offensichtlichen Schlüssen zu kommen. Die Hypothesen selbst müssen neu sein und können zu neuen Erkenntnissen führen. Nehmen wir als Beispiel zwei Aussagen dieses Buches:

- Wenn Aufgaben als männlich oder weiblich etikettiert werden, arbeiten Männer und Frauen in verschiedenen Berufen, und Frauen bekommen niedrigere Löhne.
- Wenn Identität für Arbeiter wichtig ist, brauchen sie weniger Bezahlung als Anreiz, wenn sie sich als Insider des Unternehmens fühlen.

Keine der beiden Aussagen lässt sich aus einer herkömmlichen Theorie ableiten. Das Neue an beiden sind die Hypothesen. Wir sind uns bewusst, dass nur ein geringer Abstand zwischen Hypothese und Ergebnis besteht.

Tatsächlich ist es in der Wissenschaft recht häufig, dass die zentrale Einsicht in der Änderung einer Hypothese besteht. Sobald diese Änderung vollzogen ist, sind die Ergebnisse offensichtlich. Auch für dieses Phänomen ist die Arbeit von Crick und Watson ein gutes Beispiel. Als sie die Doppelhelix der DNA beschrieben hatten, musste gar nicht mehr ausdrücklich gesagt werden, dass die Doppelhelix die Basis für den genetischen Code bildete. Sie schrieben: »Es ist unserer Aufmerksamkeit nicht entgangen, dass die spezifische Paarbildung, die wir hier voraussetzen, unmittelbar einen möglichen Kopiermechanismus für das genetische Material nahelegt.«[268]

10 FÜNF ARTEN, WIE DAS KONZEPT DER IDENTITÄT DIE WIRTSCHAFTSWISSENSCHAFT VERÄNDERT, UND EIN FAZIT

Wir haben die Identitätsökonomie eingesetzt, um die Bedingungen am Arbeitsplatz, in der Schule und im Privathaushalt zu erforschen. Wir haben Vermutungen angestellt, warum Wirtschaftswissenschaftler den Faktor Identität nicht schon früher berücksichtigt haben. In diesem Kapitel wagen wir einen Ausblick und diskutieren anhand illustrativer Beispiele fünf verschiedene Gründe, warum das Konzept der Identität die wirtschaftswissenschaftliche Analyse bereichert.

Individuelles Handeln

Identität hat direkten Einfluss auf das Verhalten des Individuums. Dieser Einfluss ist bei den Handlungen am offensichtlichsten, durch die kein ökonomischer Gewinn erzielt wird und die oft kostspielig, unbequem und sogar gesundheitsschädlich sind. Mit der Identitätsökonomie hat die Wirtschaftswissenschaft ein taugliches Instrument an der Hand, um Handlungen zu analysieren, die man, buchstäblich, als selbstzerstörerisch bezeichnen könnte und die ökonomisch kaum Sinn zu ergeben scheinen.

Körperkunst und »schlechte Entscheidungen«. Eines der besten Beispiele für solche Handlungen ist die Art, wie Menschen ihren Körper verändern, damit er mit einem Ideal übereinstimmt. Ein Ausstellungsgegenstand im American Museum of Natural History hieß »Body Art: Marks of Identity« (Körperkunst: Kennzeichen der Identität). Er zeigt, wie Menschen in der Vergangenheit bei Kindern die weichen Knochen von Kopf oder Fuß einbanden; wie sie ihren Hals mit Ringen verlängerten; wie sie Rippen entfernten, damit die Kinder eine schmalere Taille bekamen; und wie sie noch im Europa des 19. Jahrhunderts die Kopfform veränderten.[269]

Laut Gerry Mackie banden im frühen 19. Jahrhundert 50 bis 80 Prozent der chinesischen Eltern ihren Mädchen die Füße ein. Dies geschah hauptsächlich, weil kleine Füße eine Voraussetzung für eine standesgemäße Ehe waren. Es wurde aber auch getan, weil es einem Idealbild der Frau entsprach. Eingebundene Füße galten als Merkmal von Bescheidenheit, durch die Frauen als fruchtbarer und auch als sexuell attraktiver galten.[270]

Körperkunst ist in der modernen Welt immer noch weit verbreitet, wenn auch an anderen Idealen ausgerichtet. Die kosmetische Chirurgie in den USA hat einen Jahresumsatz von 13 Milliarden Dollar.[271] Sie ist aber nur eine von vielen Methoden, den Körper zu verändern. Andere Möglichkeiten sind etwa Tätowierung, Piercing (das Durchbohren von Ohr, Nase, Nabel oder anderen Körperteilen), Gewichtheben, der Gebrauch von Steroiden, Beschneidung und Diät.

Die Identitätsökonomie hilft nicht nur, diese Bräuche zu verstehen, sondern erklärt auch allgemeiner, warum immer wieder »eine schlechte Entscheidung« getroffen wird. Die Lehrer in der Schule, die Paul Willis untersuchte, fanden, dass die Lads sich für die falschen Dinge entschieden. Doch die Lads selbst empfanden ihre »laffs« als sinnvoll. Generell meinen die Leute, Menschen, die andere Ideale haben, würden falsche Entscheidungen treffen. Dies ist natürlich auch unsere heutige Sichtweise, was die Körperkunst vergangener Jahrhunderte betrifft: Wir fragen uns, was diese Menschen eines anderen Zeitalters dazu bewegte, sich so zu verstümmeln.

Wohltätigkeit und Spenden von Ehemaligen: Spenden für wohltätige Zwecke sind ein ganz anderes Beispiel dafür, dass die Handlungen von Individuen durch Identität und Normen motiviert sind.[272] In den USA wird sehr viel für wohltätige Zwecke gespendet; die Gesamtsumme der Privatspenden betrug 2008 mehr als 300 Milliarden Dollar.[273] Die Identitätsökonomie trägt zu einem besseren Verständnis sowohl des Umfangs als auch des angestrebten Zwecks dieser Spenden bei. Allein die Spenden für Bildungseinrichtungen beliefen sich zum Beispiel auf 41 Milliarden.[274] In der manchmal verrückten Welt der traditionellen wirtschaftswissenschaftlichen Theorie könnte das Development Office der University of Carolina mit mehr Erfolg Spenden von Ehemaligen der Duke University eintreiben als von Exstudenten der eigenen Universität. Warum? Weil nach dem Standardmodell die Leute ihr Geld den Institutionen geben, bei denen es am meisten Gutes bewirkt, und das könnte die finanziell schlechter ausgestattete Universität sein. Die Identitätsökonomie dagegen würde korrekt voraussagen, dass amerikanische Ehemalige in aller Regel an ihre eigene Universität spenden. Kampfgesänge, Footballspiele und andere College-Rituale dienen allesamt dazu, die Bindung an die eigene Hochschule zu verstärken. In dem Song »Bright College Years« wird den Studenten von Yale klar gesagt, was ihre Aufgaben sind: »For God, for Country and for Yale«, »für Gott, für unser Land und für Yale«, heißt es dort.[275]

Externalitäten

Menschliche Handlungen üben oft Einfluss auf das Wohlergehen anderer Menschen aus. Wirtschaftswissenschaftler und Politiker messen dem, was wir als *Externalitäten* bezeichnen, eine große Wichtigkeit bei. Denken wir noch einmal an das Beispiel von der Fabrik, die zu viel Rauch ausstößt. Ihre Besitzer müssen die Kosten nicht tragen, die die Menschen auf der windabgewandten Seite der Fabrik erleiden. Es gibt also eine Diskrepanz zwischen privaten und öffentlichen

Kosten. Die Politik kann dieses Missverhältnis zum Beispiel durch die Erhebung von Emissionssteuern korrigieren. Aus ähnlichen Gründen sollten wir uns für die Externalitäten interessieren, die sich aus dem Identitätsnutzen ergeben. Externalitäten können sowohl positiv als auch negativ sein. Die Frauen, die bei Eveleth Mines arbeiteten, wurden von ihren ressentimentgetriebenen Arbeitskollegen misshandelt. Wie wir jedoch bei Experimenten und im Betrieb beobachtet haben, kann die Identifikation mit einer Gruppe auch zu Zusammenarbeit führen.

Beleidigungen, Hassverbrechen und Gewalt: Seit Gary Becker wendet die Wirtschaftswissenschaft die Nutzentheorie auf die Bereiche Verbrechen und Strafe an. Die Identitätsökonomie erweitert diese Theorie beträchtlich, indem sie die Auswirkungen von Beleidigungen und Kränkungen mit einbezieht. Eingebildete oder reale Beleidigungen können viel Gewalt auslösen und zu einer Verschärfung ethnisch motivierter Konflikte beitragen. Schauen wir uns wieder ein konkretes Beispiel an: Männer reagierten in den Vereinigten Staaten bis ins 19. Jahrhundert auf eine Beleidigung, indem sie den Täter zum Duell herausforderten. Richard Nisbett und Dov Cohen von der University of Michigan decken in *Culture of Honor: The Psychology of Violence in the South* Überbleibsel dieser Praxis auf.[276] In einem Experiment wurden männliche Studenten gebeten, ein Büro am Ende eines langen Korridors aufzusuchen. Auf dem Gang rempelte ein Mitarbeiter der Forscher den Studenten an und nannte ihn »Arschloch«, statt sich zu entschuldigen. Danach maßen die Forscher die Reaktion auf den Vorfall. Bei einem Test, in dem man Wörter komplettieren musste, bildeten Studenten aus dem Süden eher als Studenten aus dem Norden (und eher als die Mitglieder einer nicht beleidigten Kontrollgruppe aus dem Süden) aggressive Wörter wie zum Beispiel *g-un* (Gewehr) statt *f-un* (Spaß). Sie hatten auch höhere Kortisolwerte im Blut. Außerdem erklärten die Südstaatler, dass die Beleidigung ihr Selbstbild tangiert habe: Bei einer Befragung gaben sie an, sie hätten größere Angst gehabt, dass der Leiter des Experiments sie in ihrer Männlichkeit gering schätze.

Solche Reaktionen auf Beleidigungen und/oder aus Hass begangene Verbrechen passen gut in unser System. Deshalb haben wir mit der Identitätsökonomie ein machtvolles Instrument zur Verfügung, um sowohl Verbrechen und Gewalt als auch die Strategien zu ihrer Bekämpfung zu erforschen. Viele staatliche Maßnahmen beeinflussen das Vorkommen solcher Externalitäten und die Kosten der durch sie provozierten Racheakte. Das Verbot von Duellen, das zuerst in den Nord- und später auch in den Südstaaten verhängt wurde, setzte den Duellen schließlich ein Ende. Auch die Rassentrennung zwischen Schwarzen und Weißen wurde etwas weniger rigide, als Gesetze gegen das Lynchen erlassen wurden.[277] Einem ähnlichen Zweck dient auch die Gesetzgebung gegen Hasskriminalität.[278]

Trittbrettfahrer: Gruppenspezifische Normen können wiederum eines der wichtigsten Probleme der Wirtschaftswissenschaft lösen: das »Trittbrettfahrerproblem«. Öffentliche Dienstleistungen wie Parks, nationale Sicherheit und Bildungssystem kosten viel Geld. Nach der herkömmlichen Wirtschaftstheorie versuchen die Menschen diese Leistungen auszunutzen, indem sie sich als Trittbrettfahrer betätigen, also andere die Arbeit machen und die Kosten tragen lassen. Aber viele öffentliche Dienstleistungen werden freiwillig erbracht. Bei Wahlen und Abstimmungen erklären sich große Bevölkerungsteile bereit, für die Ausbildung fremder Kinder oder für die Pflege von Parks, die sie selbst nie besuchen, Steuern zu zahlen. Die Identitätsökonomie ist ein Konstrukt, um zu erforschen, warum und unter welchen Bedingungen diese Bereitschaft entsteht. Für Elinor Ostrom kann das Trittbrettfahrerproblem in Gemeinschaften, deren Normen Zusammenarbeit verlangen, durch Kommunikation gelöst werden.[279] Bei Versuchen wie dem Öffentliches-Gut-Spiel kooperieren die Spieler, wie oben erwähnt, stärker mit den Mitgliedern der eigenen Gruppe. Empirische Daten aus den Vereinigten Staaten beweisen, dass Menschen in ethnisch eher homogenen Gemeinschaften größere Beiträge für Bildung und andere lokale öffentliche Dienstleistungen leisten als in ethnisch weniger homogenen Communities.[280]

Die Etablierung von Kategorien und Normen

In diesem Buch haben wir soziale Kategorien, Normen und Ideale oft als gegeben angenommen. Viele Menschen und Organisationen manipulieren jedoch Kategorien, Normen und Ideale zu ihrem eigenen Vorteil.[281] In unseren Beispielen tun Firmen und Schulen genau dies, indem sie Geld ausgeben, um Außenseiter in Insider zu verwandeln.

Werbung: Werbung ist das offensichtlichste Beispiel für eine solche Manipulation. Ihr Ziel besteht natürlich darin, den Absatz eines beworbenen Produkts zu steigern. Zu diesem Zweck nutzt sie nicht nur bestehende Normen, sondern versucht auch, neue Ideale zu schaffen. Marketingforschern und anderen Experten, die außerhalb der klassischen Wirtschaftswissenschaft stehen, ist dies schon lang bewusst.[282] Geschlechtbezogene Ideale und Normen werden ebenfalls beeinflusst, wie wir bei der im dritten Kapitel behandelten Anzeigenkampagne für die Zigarette Virginia Slims gesehen haben.[283] Diese Anzeigen entsprechen nicht dem Bild, das die traditionelle Wirtschaftswissenschaft von der Werbung hat und demzufolge die Werbung den Verbraucher direkt über die Existenz oder die Eigenschaften eines Produkts informieren oder die Qualität des Produkts anpreisen müsste.[284] Wie die Anzeigen für Virginia Slims beweisen, besteht der Zweck von Werbung vielmehr häufig darin, in den Leuten den Wunsch nach einem Produkt zu wecken, mit dem sie einem Ideal gerecht werden können.

Politik: Auch die Politik ist häufig ein Kampf um Identität.[285] Anstatt die Vorlieben ihrer Wähler als gegeben hinzunehmen, versuchen politische Führer oder Aktivisten oft, deren Identität oder deren Normen zu ändern.[286] Bei einigen der interessantesten Regimewechsel kam es zu Normveränderungen in Bezug darauf, wer als Insider und wer als Außenseiter betrachtet wurde. Faschistische und populistische Führer tendieren dazu, ethnische Gegensätze zu verschärfen.[287] Symbolische Handlungen und geänderte Identitäten sind auch bei Revolutionen ein wichtiger Antrieb. Der Salzmarsch von Mohandas Gandhi war der Auslöser für die die indische Unabhängigkeitsbewegung und begründete eine neue nationale Identität. Die französische Revolution verwandelte Untertanen in *Staatsbürger.* Die russische Revolution verwandelte sie in *Genossen.*

Identität ist nicht nur bei Revolutionen und großangelegten Veränderungen des politischen Systems ein wichtiger Faktor, sie spielt auch bei demokratischen Wahlen eine wichtige Rolle. In der herkömmlichen Theorie der rationalen Entscheidung stimmen die Wähler für den Kandidaten, der ihre wirtschaftlichen Interessen am besten vertritt. In dem erweiterten Modell der Identitätsökonomie hat der Wähler nicht nur wirtschaftliche Interessen, sondern auch eine Identität und Normen und Ideale, und die Einbeziehung dieser Faktoren in das Modell führt zu ganz anderen Voraussagen. In der Praxis spielen Dinge wie das Küssen von Babys, das Hissen von Fahnen und die Stellungnahme zu sozialen Fragen in der Politik eine ziemlich wichtige Rolle. Kandidaten, die die Ideale und Normen der Wähler berücksichtigen, werden oft gewählt, obwohl ihre Politik nicht den wirtschaftlichen Interessen ihrer Wähler entspricht. Dieser Sachverhalt wird besonders deutlich, wenn Kandidaten (ähnlich wie in unserem Beispiel aus der Werbung) durch Marketing näher an den Idealen der Wähler positioniert werden, oder wenn das Marketing die Normen der Wähler verändert.

Identität und Reue

Menschen treffen häufig Entscheidungen, die sie später bereuen. Wir essen zu viel, wir rauchen, wie geben zu viel Geld aus, und dann bereuen wir es.[288] Identitätsökonomie kann die Erforschung solcher »zeitlicher Inkonsistenzen« stark verbessern. Menschen haben an unterschiedlichen Punkten ihre Lebens jeweils ein andere Selbst.[289] Das neue Selbst kann Entscheidungen bereuen, die das alte getroffen hat. Die Präferenzen des neuen Selbst beruhen auf einer neuen Identität und den mit ihr zusammenhängenden Normen und Idealen. Manchmal werden diese Persönlichkeitsveränderungen vorausgeahnt und die Leute können sich entsprechend verhalten. Häufig jedoch haben sie nur eine sehr unklare Vorstellung davon, wer sie später sein werden. Die neuen Normen und Ideale können zu den alten im Gegensatz stehen, sodass man sein Verhalten in der Vergangenheit bedauert. Einige Beispiele, geordnet nach der Häufigkeit ihres Auftretens, können uns eine Vorstellung vom Ausmaß solcher Identitätsveränderungen im Lauf eines Lebens vermitteln:

- *Geringste Häufigkeit:* Manche Formen der Identität sind permanent. So ändern sich etwa Rasse und Geschlecht im Lauf eines Lebens nur sehr selten.
- *Geringe Häufigkeit:* Einige Formen des Identitätswandels sind sehr selten. Sie vollziehen sich in der Regel nur ein oder zweimal im Leben und sind häufig durch Übergangsrituale wie Taufe, Konfirmation, Bar Mitzwa, Hochzeit oder Ruhestandsparty gekennzeichnet. Übergangsrituale markieren soziale Grenzen und sind ein klassischer Gegenstand der anthropologischen Forschung.[290] Mit dem Übergangsritual tritt eine Person in eine neue Situation ein, und dieser Übergang wird für die anderen Mitglieder ihrer Gesellschaft sichtbar gemacht.
- *Große Häufigkeit* und *Regelmäßigkeit*: Manche Veränderungen passieren sehr häufig, etwa der tägliche Übergang zwischen Heim und Arbeitsplatz. Die Anforderungen der Erwerbsarbeit sind zu Hause weitgehend aufgehoben und die Anforderungen des Privatlebens haben am Arbeitsplatz kaum Gewicht.

Wahl der Identität

Die Wirtschaftswissenschaft wird manchmal als die Wissenschaft der Wahl bezeichnet. In den letzten vier Abschnitten wurde der Einfluss der Identität auf die Wahl zwischen Handlungsmöglichkeiten diskutiert. Aber wie oben dargelegt kann auch Identität auf einer bewussten Entscheidung beruhen. In einem gewissen Ausmaß können Menschen selbst bestimmen, wer sie sein wollen. Im Folgenden stellen wir in aller Kürze drei Beispiele für Arten der Identitätswahl vor, die große volkswirtschaftliche Auswirkungen haben.

Hausfrauen und Mutterschaft: Ein eindeutiges Beispiel ist die Entscheidung zwischen einer beruflichen Karriere und einem Leben als Hausfrau und Mutter, die Frauen aus der Mittelschicht treffen müssen. In der Vergangenheit hatten Frauen mit College-Abschluss aufgrund der bestehenden Normen diese Wahl nicht. Im Jahr 1963 schilderte Betty Friedan in *Der Weiblichkeitswahn* das Ideal der Vorort-Hausfrau wie folgt:»Millionen Frauen richteten sich ihr Leben nach dem hübschen Vorbild der amerikanischen Vorort-Hausfrau ein, die vor dem großen Wohnzimmerfenster mit einem Kuss von ihrem Mann Abschied nimmt, ihre Wagenladung voll Kinder in der Schule abliefert und strahlend lächelnd mit der neuen elektrischen Bohnermaschine den makellosen Küchenboden wachst.«[291] Der Wandel der Frauenrolle von damals bis heute schlug sich, wie Claudia Goldin herausfand, sogar statistisch nieder: In den 1970er Jahren rechneten nur wenige weibliche Teenager damit, dass sie mit fünfunddreißig berufstätig sein würden; heute erwarten dies fast alle. Fast alle Frauen mit einer College-Ausbildung nahmen damals den Namen ihres Mannes an; heute behält eine beträchtliche Minderheit ihren Nachnamen. Frauen mit gut verdienenden Ehemännern waren damals viel seltener berufstätig. Heute besteht kaum noch eine Beziehung zwischen dem Verdienst des Mannes und der Berufstätigkeit der Frau. Wenn das Lohnniveau sank, gaben Frauen früher tendenziell ihre Arbeit auf; heute arbeiten sie viel öfter weiter. Goldin kommt zu folgendem Ergebnis:»Sie berücksichtigen den Faktor Identität bei der Entscheidung, ob sie arbeiten.«[292]

Wahl der Schule: Wir haben bereits das Lernen an der Highschool behandelt und sind auf die Wahlmöglichkeit eingegangen, sich in der Schule anzustrengen und einen Abschluss zu machen. Es ist jedoch noch eine weitere grundlegende Entscheidung zu treffen, nämlich die, *welche* Schule man besucht. Oft wählen die Eltern die Schule für ihre Kinder aus. Etwas mehr als 10 Prozent der amerikanischen Schüler zwischen Vorschule und 12. Klasse besuchen heute Privatschulen.[293] Dieser eher niedrige Prozentsatz steht jedoch in keinem Verhältnis zu der großen Bedeutung der Privatschulen im US-amerikanischen Bildungssystem. Während ihrer Schulkarriere ist ein viel größerer Prozentsatz der Schüler (wie viel größer er ist, wurde bisher noch nicht berechnet) eine gewisse Zeit an einer Privatschule. Diese Zahlen lassen eine beträchtliche Abneigung gegen die staatlichen Schulen vermuten, weil die finanziellen Aufwendungen für den Besuch einer Privatschule beträchtlich sind, selbst wenn sie nur ein Jahr besucht wird. Die Ausbildung an einer durchschnittlichen Privatschule verschlingt 5 Prozent eines durchschnittlichen mittelständischen Familieneinkommens. Annähernd 45 Prozent der Privatschüler besuchen katholische Schulen, 38 Prozent andere religiöse Schulen und 17 Prozent unabhängige Schulen.[294] Die Entscheidung zwischen öffentlichen oder privaten, konfessionellen oder nicht konfessionellen Schulen ist nur eine von vielen Entscheidungen, die in Bezug auf die Schulausbildung getroffen werden müssen. Und die Wahl der Schule steht zusammen mit der Einführung von Charterschulen und sogenannten »Bildungsschecks« [durch die der Besuch von Privatschulen von der Steuer abgesetzt werden kann, da die öffentlichen Schulen ja mit Steuergeldern bezahlt werden, A. d. Ü.] im Vordergrund der Debatte über die richtige Schulpolitik. In einem Großteil dieser Debatte geht es um die Qualität der Bildung. Wie wir jedoch in dem Kapitel zum Thema Schulbildung dargelegt haben, lässt die Identitätsökonomie vermuten, dass Identität und Qualität miteinander verknüpft sind.

Immigration: Immigranten müssen oft eine schwierige Entscheidung treffen. Sie müssen entscheiden, in welchem Ausmaß sie sich in ihr neues Land integrieren und ob sie ihre Staatsbürgerschaft ändern. Welche Wahl sie auch treffen, sie hat jeweils ökonomische Vor- und Nachteile und stößt jeweils auf Ablehnung bei denen, die den entgegengesetzten Weg eingeschlagen haben. Sehen wir uns die Sache wieder im Kleinen an: Richard Rodriguez, ein Amerikaner mexikanischen Ursprungs, der sich dafür entschied, auf Kosten seiner spanischen Muttersprache fließend Englisch zu sprechen, schildert die Reaktionen seiner Verwandten und anderer Mitglieder der spanischsprachigen Community. Eine Einkaufstour mit seiner Mutter hinterließ bei ihm einen nachhaltigen Eindruck: »›Pocho!‹ [abwertender Ausdruck für einen Latino, der kein Spanisch kann, A.d.Ü.], murmelte die Verkäuferin in dem mexikanischen Nahrungsmittelgeschäft kopfschüttelnd. Ich sah hinauf zum Ladentisch, über dem rote und grüne Peperoni wie eine moderne Christbaumbeleuchtung an Schnüren aufgereiht waren und blickte in das Gesicht einer streng blickenden Fremden. Meine Mutter lachte hinter mir. (Sie sagte, ihre Kinder hätten ihr Spanisch nicht mehr ›praktizieren‹ wollen, sobald sie in die Schule gekommen seien.) Das Lachen meiner Mutter ließ vermuten, dass die Frau, die vor mir stand, nicht wirklich böse mit mir war. Aber als ich ihr Gesicht studierte, konnte ich keine Spur eines Lächelns erkennen.«[295]

Die aktuellen politischen Debatten über Immigration und Sprache sind von einem solchen Konflikt über Normen und Ideale geprägt. Wieder einmal hilft uns eine neue Sichtweise, die Debatte und ihre politischen Auswirkungen zu verstehen.

Fazit

Dieses Buch ist eine Einführung in die Identitätsökonomie. Unser Ziel bestand darin, das Konzept der Identität auf möglichst einfache Art vorzustellen. Nachdem wir im dritten Kapitel unser Verfahren entwickelt hatten, wandten wir es erfolgreich auf zahlreiche Beispiele an.

Wir sind aus einer Reihe von Gründen optimistisch, was die Zukunft der Identitätsökonomie betrifft. Eine typische Einführung eröffnet eine neue Welt. Einem Erstklässler eröffnen sich durch die Fibel ganze Bibliotheken von Büchern, die er noch lesen und verstehen kann. Diese Einführung soll eine Welt eröffnen, die es zu erforschen gilt. Wir sprechen von unserer eigenen Erfahrung. Als wir vor etwa 14 Jahren mit der Arbeit begannen, hatten wir noch nicht einmal den Anfang eines Systems. Erving Goffmans Besuch bei dem Karussell oder die Frage: »Wenn du die Wahl hättest, für welches der drei unten genannten Dinge man dich an der Schule in Erinnerung behält, was würdest du gern sein: ein genialer Schüler, ein großer Sportstar oder der beliebteste Schüler?« die James Coleman in *Adolescent Society* Schülern auf einem Fragebogen stellt, hätten wir damals noch nicht systematisch einordnen können.[296] Goffman suchte nach Beispielen der *Selbstdarstellung.* Coleman suchte nach den *Idealen* der Schüler. Heute können wir dank unseres Konstrukts das gemeinsame Prinzip erkennen, auf dem beide Ansätze beruhten, nämlich das der Identität. Dieses Buch berichtet über die Ergebnisse dieser Erkenntnis.

In den fast zehn Jahren, seit wir mit »Economics and Identity« unseren ersten Artikel zum Thema publizierten, trieben andere Wirtschaftswissenschaftler die Identitätsökonomie in Richtungen voran, die wir nie vorausgesehen hätten. Sie wandten sie im Labor an; sie entwickelten theoretische Erklärungen für ihre Ursprünge und sie erstellten sogar einige statistische Analysen. Ein Teil dieser Arbeit wird in diesem Buch dargestellt.

Wir haben allen Grund zu glauben, dass dies nur der Anfang ist. Viele psychologische und soziologische Standardkonzepte passen in unser Konstrukt, und zwar mit erheblicher Allgemeingültigkeit und einem gemeinsamen Themenkomplex: Selbstbild, Selbstverwirklichung, Situation, Insider- und Außenseitertum, das Selbst im Vergleich zu anderen, Sozialstruktur, Macht und Unterschiedlichkeit. Jeder der obigen fünf Abschnitte wirft ökonomische Fragen auf, die sich identitätsökonomisch analysieren lassen. Dabei haben wir grundlegende Fragen wie die der Geschichte der ökonomischen Institutionen, der Wirtschaftsentwicklung und des Wesens und der Grenzen von Firmen noch gar nicht angeschnitten.

Und es gibt noch tiefergehende Fragen. Was ist der Ursprung von Normen und Identität? Wie ändern und entwickeln sie sich? Welche Wechselwirkung besteht zwischen Identität, Wirtschaftpolitik und Normen in verschiedenen Ländern? Wie kann man die Entstehung und das Abebben von Gruppenkonflikten erklären? Diese Fragestellungen – und ihre Beantwortung – werden Folgen haben.

ANHANG

DANK

Wir begannen mit der in diesem Buch vorgestellten Arbeit im Jahr 1995, und viele Menschen und Institutionen haben uns seither dabei geholfen. Hier wollen wir zum Ausdruck bringen, dass wir ihnen verpflichtet und dankbar sind.

Zuerst danken wir unseren Herausgebern. Der ursprüngliche Artikel »Economics and Identity« erschien im *Quarterly Journal of Economics* und wurde von Edward Glaeser und Lawrence Katz herausgegeben. Ihre Kommentare waren unschätzbar wertvoll für die Präzisierung unserer Argumentation, und ihr Rat, unser Rahmenwerk auf viele Beispiele anzuwenden, hat uns durch das ganze Forschungsprogramm geleitet. John McMillan vom *Journal of Economic Literature* hat uns sehr geholfen, als wir unser ursprüngliches Manuskript von »Identity and Schooling« für die Publikation in der Zeitschrift strafften, verdichteten und beträchtlich ergänzten. Andrei Shleifer, Michael Waldman und Timothy Taylor halfen uns, »Identity and the Economics of Organizations« für das *Journal of Economic Perspective* neu zu formulieren. Shleifer machte uns auf Upskys *Absolutely American* aufmerksam. Und wir sind Peter Dougherty von Princeton University Press ungemein dankbar. Er ermutigt uns schon seit vielen Jahren zu unserer Arbeit und hat durch seinen kontinuierlichen Rat und seine Redaktion dafür gesorgt, dass unser Manuskript viel lesbarer und klarer fokussiert ist, als unsere ursprünglichen Entwürfe für dieses Buch, das viel umfangreicher geworden ist als die Zeitungsartikel, auf denen es beruht. Extrem dankbar sind wir auch den anonymen Gutachtern, die unsere Texte für das *Quarterly Journal of Economics,* das *Journal of Economic Literature* und das *Journal of Economic Perspectives* beurteilt haben. Und ganz besonderen Dank schulden wir den drei anonymen Gutachtern für Princeton University Press.

Viele Forschungsassistenten haben uns bei der Arbeit geholfen. Wir danken ihnen für ihre durchweg gute Arbeit und dafür, dass sie so viel Geduld mit uns gehabt haben. Sie heißen Michael Ash, Paul Chen, Jennifer Eichberger, Cyd Fremmer, Alexander Groves, Joshua Hausman, Nisha Malhotra, Tomas Rau und Eric Verhoogen. Ihre detaillierten Kommentare zu unseren Artikeln und frühen Versionen des Manuskripts erwiesen sich ebenfalls als sehr wertvoll und halfen uns sehr beim Schreiben.

Viele Freunde und Kollegen haben uns im Lauf der Jahre zugehört und unsere Arbeiten gelesen, während wir unsere Gedanken über Identitätsökonomie entwickelten. Sie hörten uns sogar schon in den Frühstadien zu, und ihre zahlreichen Kommentare haben unser Denken positiven beeinflusst. Besonders dankbar sind wir Claudia Goldin und Lawrence Katz, den ersten Lesern von »Economics and Identity« damals im Jahr 1996. Auch danken wir allen, die unsere Arbeit kommentierten, uns herausforderten und uns mit Rat und Tat unterstützten: Daron Acemoglu, Philippe Aghion, Siwan Anderson, Abhijit Banerjee, Kaushik Basu, Paul Beaudry, Gary Becker, Roland Bénabou, Timothy Besley, John Bishop, Barry Bosworth, Samuel Bowles, Robert Boyd, Gary Burtless, Jeffrey Butler, David Card, Alessandra Casella, Penny Codding, Stefano DellaVigna, William Dickens, Rafael Di Tella, Curtis Eaton, Catherine Eckel, Stuart Elliott, Ernst Fehr, Gary Fields, Patrick Francois, Nicole Fortin, Pierre Fortin, James Foster, Roland Fryer, Robert Gibbons, Herbert Gintis, Paola Giuliano, Lorenz Goette, Avner Greif, Richard Harris, Victoria Hattam, John Helliwell, Elhanan Helpman, Chaviva Hosek, Peter Howett, David Huffman, Aurora Jackson, Shachar Kariv, Botond Koszegi, Michael Kremer, David Laibson, Kevin Lang, Edward Lazear, George Loewenstein, Glenn Loury, George Mailath, Ulrike Malmendier, Eric Maskin, Robert Merton, Pascal Michaillat, Edward Miguel, Deborah Minehart, Joel Mokyr, John Morgan, Andrew Newman, Philip Oreopoulos, Robert Oxoby, Janet Pack, George Perry, Shelley Phipps, Matthew Rahin, Antonio Rangel, Craig Riddell, Joanne Roberts, Francisco Rodriguez, Christina Romer, David Romer, Paul Romer, Seth Sanders, Kathryn Shaw, Robert Shiller, Dennis Snower, Anand Swamy, Richard Thaler, Eric Wanner, Kent Weaver, Robin Wells, Wei-Kang Wong und Peyton Young.

Mehrere Personen lasen verschiedene Versionen unseres Manuskripts weit sorgfältiger, als es ihre Pflicht gewesen wäre, und machten detaillierte Kommentare, darunter: Alex Haslam, Marion Fourcade, Irene Bloemraad und Robert Merton. Wir sind ihnen für ihre Hilfe besonders dankbar; sie hat unser Denken und Schreiben stark beeinflusst. Sie änderten den Fokus des Buches und polierten unsere Diskussion soziologischer und psychologischer Aspekte.

Dank schulden wir auch den Teilnehmern der vielen Seminare und Konferenzen, bei denen wir unsere Artikel und dieses Buch vorstellten. Wir danken folgenden Einrichtungen, dass sie jeweils eine(n) von uns einluden, um unsere Arbeit zu präsentieren: Boston University, Brookings Institution, Cornell University, Finman University, George Mason University, Georgetown University, Harvard University, Institute for Advanced Study, James Madison University, Keio University, London School of Economics, Massachusetts Institute of Technology, Northwestern University, Ohio State University, Russell Sage Foundation, Scranton University, Smith College, Stanford University, Tufts University, University of Akron, Universität Antwerpen, University of British Columbia, University of California in Berkeley, University of California in Davis, University of California in San Diego, University of Chicago, University College London, Vanderbilt University und Williams College.

Viele Institute halfen uns. Außer von unseren eigenen Universitäten, der University of California in Berkeley, der University of Maryland und der Duke University, wurden wir finanziell unterstützt vom Canadian Institute for Advanced Research. George Akerlof erhielt Unterstützung durch die Programme unter dem Titel Institutions, Organizations and Growth und seine Vorgängerprogramme, und wir beide durch das Programm zu Social Interactions, Identity and Wellbeing. George Akerlof wurde außerdem von der Brookings Institution und der National Science Foundation durch die Forschungsstipendien SBR 97-09250 und SES 04-17871 unterstützt. Rachel Kranton war Gastdozentin bei der Russell Sage Foundation und Mitglied der School of Social Science am Institute for Advanced Study, und sie hielt außerdem Gastvorlesungen an der International Economics Section der Princeton University. All diesen Institutionen sind wir sehr dankbar für ihre großzügige finanzielle und logistische Unterstützung.

Schließlich danken wir unseren Familien. Janet Yellen, George Akerlofs Frau, lebt schon seit vielen Jahren mit dem Projekt der Identitätsökonomie und unterstützt es nach Kräften. Robert Akerlof, ein junger Wissenschaftler, der der Disziplin seinen eigenen Stempel aufdrücken wird, kommentiert unsere Arbeit, seit er in den 1990er Jahren ein Teenager war. Wir sind sehr dankbar für seinen Rat in Bezug auf unser Modell in dem Kapitel über Organisationen und noch sogar noch dankbarer für sein Urteil und seine Kommentare, als wir für dieses Buch Ideen sammelten. Rachel Kranton dankt ihren Eltern Jack und Esther Kranton. Sie haben sie während des ganzen Unternehmens unermüdlich unterstützt. Ihre Kinder Lena und Sarah waren uns in den letzten acht Jahren wunderbar fröhliche Begleiter. Insbesondere jedoch danken wir ihrem Mann Abdeslam Maghraoui, dessen wissenschaftliche Sicht der Identität unsere Perspektive beeinflusste und uns zu der Frage führte, was für eine Rolle die Identität ökonomisch spielt. Sein Buch *Liberalism without Democracy: Nationhood and Citizenship in Egypt, 1922–1936*, über politische Identität und Demokratie in Ägypten ist vor zwei Jahren erschienen. Seine Einsichten, sein Rat und seine unablässige Unterstützung waren äußerst wertvoll für uns. Wir sind stolz darauf, dieses Buch Robert Akerlof und Abdeslam Maghraoui zu widmen, um ihnen dadurch unsere Liebe zu zeigen und ihnen unseren besonderen Dank für ihre wichtigen Beiträge zu unserem Denken und für ihre Großzügigkeit und Hilfe beim Schreiben dieses Buches auszusprechen.

ANMERKUNGEN

1 Hopkins, 2005, S. 359f.; *Price Waterhouse v. Hopkins,* 490 U.S. 228, 1989. Die Zahl 25 Millionen Dollar stammt aus dem Verfahren vor dem Obersten Gerichtshof.

2 In der Urteilsbegründung heißt es: »Von den damals 662 Partnern bei der Firma waren 7 Frauen. Von den 88 Personen, die in jenem Jahr für die Position eines Partners vorgeschlagen wurden war nur eine, Hopkins, eine Frau. Von diesen Kandidaten wurden 47 als Partner angenommen, 21 wurden abgelehnt und 20, darunter auch Hopkins, wurden zur erneuten Begutachtung im folgenden Jahr »behalten« *Price Waterhouse v. Hopkins,* 490 U.S. 228, 1989.

3 *Price Waterhouse v. Hopkins,* 490 U.S. 228, 1989.

4 *Price Waterhouse v. Hopkins,* 490 U.S. 228, 1989.

5 Ellis, 2008.

6 Goldman Sachs, »About Us.«

7 Ellis, 2008, S. 189.

8 Akerlof, 1997. Der Artikel mit den Titel »Social Distance and Social Decisions« untersucht die Folgen sozialer Distanz bei sozialen Entscheidungen, insbesondere was ihre Auswirkungen in Ausbildung und Schwangerschaft betrifft.

9 Unsere jüngsten Artikel, Akerlof und Kranton, 2000, 2002, 2005, sind die Grundlage dieses Buchs. George Akerlof hat die Prinzipien dieser Arbeiten auch makroökonomisch angewandt: siehe Akerlof, 2007.

10 *Price Waterhouse v. Hopkins,* 490 U.S. 228, 1989.

11 Siehe Becker, 1957, 1971, 1981; Becker und Lewis, 1973.

12 Feministische Wirtschaftswissenschaftlerinnen plädieren schon lange für eine erweiterte Sicht der Wirtschaftswissenschaft. Siehe zum Beispiel Ferber und Nelson, 1993.

13 Donald Rumsfeld benutzte diese Wendung in seiner Rede für Milton Friedman und sagte, dies gelte auch für andere Abschiedsworte bei der Feier, einschließlich denen von Gary Becker, Edwin Meese und Alan Greenspan. *Ideas Have Consequences* ist auch der Titel eines 1948 publizierten Buches des Philosophen Robert Weaver von der University of Chicago.

14 Keynes 1966, deutsche Ausgabe, S. 323.

15 Siehe zum Beispiel Nash, 1953; Varian, 1974; Rabin, 1993; Fehr und Schmidt 1999.

16 Eine Diskussion solcher Ergebnisse findet sich in Camerer und Thaler, 1995.

17 Diese Interpretation der Arbeiten von Judith Harris, 1998 und 2006, stammt aus R. Akerlof, 2009a, S. 4, sowie aus früheren Entwürfen.

18 Delpit, 1995, S. 48. Schüler durchschauen auch ethnisch-soziale Kategorien, und dieses Verstehen kann sich auf ihr Verhalten auswirken. In einer Studie über Highschool-Schüler in Miami und San Diego stellte Rumbaut fest, dass der Notendurchschnitt der Schüler je nach ihrem ethnischen Selbstverständnis variierte. (Bei der Analyse wurde der sozioökonomische Status der Eltern berücksichtigt.) Rumbaut stellte außerdem fest, dass die schulischen Leistungen umso schlechter waren, je stärker sich die Schüler als Amerikaner identifizierten (Rumbaut, 2000).

19 Goffman, 1961, S. 105–110.

20 Siehe zum Beispiel, Christakis und Fowler, 2008.

21 Centers for Disease Control and Prevention, 2002, Tabelle 2.
22 Siehe Waldron, 1991, S. 993.
23 Siehe zum Beispiel Elkind, 1985.
24 »You've Come a Long Way, Baby.«
25 Siehe Waldron, 1991.
26 Fiore, 1992.
27 U.S. Bureau of the Census, 1992, Tabelle 198, S. 128.
28 Sen, 1997, S. 745.
29 Siehe Friedman, 1953.
30 Siehe insbesondere Bourdieu, 1982.
31 Siehe Sherif et al., 1954.
32 Tajfel, Billig, Bundy und Flament, 1971.
33 Siehe Haslam, 2001.
34 Chen und Li, 2009.
35 Andere theoretische und experimentelle Arbeiten entfernen sich noch
    weiter von der wirtschaftswissenschaftlichen Standardtheorie. Sie zeigen,
    dass finanzielle Anreize nichtmonetäre Anreize wie Fairness, Gegenseitig-
    keit und die Beachtung sozialer Normen »erdrücken« können, was zu einer
    schlechteren Gesamtleistung führt, Frey und Jegen, 2001; Rob und
    Zemsky, 2002; Huck, Rubier und Weibull, 2003; Gneezy und Rustichini
    2000; Fehr und Gächter 2002.
36 McLeish und Oxoby, 2006. Bei einem Experiment, das die Betonung der
    Gruppenmitgliedschaft variierte, stellten Charness, Rigotti und Rustichini
    fest, dass die Gruppenmitgliedschaft Auswirkungen hat, wenn sie betont
    wird, aber keine Auswirkungen hat, wenn sie kaum eine Rolle spielt,
    Charness, Rigotti und Rustichini, 2007.
37 Ball, Eckel, Grossman und Zame, 2001; Butler 2008.
38 Steele und Aronson, 1995.
39 Spencer, Steele und Quinn, 1999; Hess, Auman, Colcombe, und Rahhal
    2003.
40 Hoff und Pandey, 2004, S. 5.
41 Benjamin, Choi und Strickland, 2007, fanden in Laborversuchen
    außerdem heraus, dass das Priming der asiatisch-amerikanischen
    Identität Einfluss auf die Investitionsentscheidungen von Amerikanern
    asiatischen Ursprungs hat, und dass das Priming der ethnischen Identität
    von in den USA geborenen Afroamerikanern Einfluss auf deren Risikobe-
    reitschaft hat.
42 Glaeser, Laibson, Scheinkman, und Soutter 2000.
43 Fershtman und Gneezy, 2001. Das Spiel wurde nur mit männlichen
    Versuchspersonen durchgeführt.
44 Goette, Huffman und Meier, 2006.
45 Gneezy, Niederle und Rustichini, 2003; Croson, Marks und Snyder, 2003.
46 Becker, 1957.
47 Becker, 1971, S. 1.
48 Becker, 1971, S. 14.
49 Becker, 1957 und 1971.
50 Siehe zum Beispiel Becker, 1968, 1981, 1993a, 1993b; Becker und
    Murphy, 1988.
51 Becker, 1996, S. 3–23.
52 Stigler und Becker, 1977.
53 Goffman, 1959.
54 U.S. Military Academy at West Point, »About the Academy.«
55 Siehe Akerlof, 1976, was eine solchen Umgang mit Normen betrifft.

56 Für eine Diskussion solcher Normen als soziales Kapital innerhalb geschlossener Gemeinschaften siehe Bowles und Gintis, 2002.

57 Kandori, 1992.

58 Young, 2008. Siehe auch Burke und Young, 2009.

59 Bernheim, 1994.

60 Austen-Smith und Fryer, 2005.

61 Amartya Sen betont schon seit langem die Wichtigkeit von Normen und Identität in seinen theoretischen Aufsätzen. Siehe zum Beispiel Sen, 1977 und 1985. In seinem Buch *Die Identitätsfalle* (Sen, 2006) zeigt er, wie Normen und Identität Gewalt sowohl anheizen als auch dämpfen können.

62 Elster, 1989. Davis, 2003, betont ebenfalls, wie wichtig die Identität für das Verständnis der wirtschaftlichen Rolle des Individuums ist.

63 Ostrom, 1990.

64 Oxoby, 2004. Siehe auch Kuran und Sandholm, 2008.

65 Bénabou und Tirole, 2006 und 2007.

66 Horst, Kirman und Teschel, 2007.

67 Akerlof, 2009a und b.

68 Siehe Lipsky, 2003, S. 145–154.

69 U.S. Military Academy at West Point, »U.S. Military Academy Mission.«

70 Die Berichte von Prendergast, 1999, und Gibbons, 1998, lassen die Nachteile finanzieller Anreizsysteme erkennen.

71 Siehe Holmstrom, 1982.

72 Diese Beobachtung wird gemacht in Lazear, 1989. Dass die Arbeiter um Fairness ist ein weiterer Grund, warum sie gegen eine Differenzierung der finanziellen Entlohnung Widerstand leisten, Akerlof und Yellen 1990.

73 Siehe Jacob und Levitt, 2003.

74 Gibbons, 1998, vertritt die Ansicht, dass die Ergebnisse durch subjektive Leistungskriterien und wiederholte Interaktion verbessert werden könnten. Diese Möglichkeiten haben jedoch wiederum neue Schwierigkeiten zur Folge, zum Beispiel haben die Arbeitnehmer den Anreiz, ihre produktive Zeit zur Beeinflussung ihrer Bewertung durch ihre Vorgesetzten zu nutzen, und Firmen können durch neue Umstände gezwungen sein, langfristige implizite Versprechen an ihre Beschäftigten nicht mehr zu erfüllen.

75 In den klassischen soziologischen Arbeiten von Barnard, 1938, und Selznick, 1957, wird diese Motivation diskutiert. So schreibt zum Beispiel Selznick, der Unternehmensleiter habe die Aufgabe »die Mission des Unternehmens [zu definieren]... Das Unternehmen muss von wirklich akzeptierten Werten erfüllt sein« (S. 26). Kogut und Zander, 1996, sind moderne Vertreter dieser Tradition und beschreiben die Rolle der Identität bei der Motivation der Beschäftigten.

76 Siehe Besley und Ghatak, 2005; Prendergast, 2003.

77 Bowles, Gintis und Osborne, 2001, bemessen in ihrem Modell den Wert von Beschäftigten nach »anreizerhöhenden Präferenzen«. Lindbeck, Nyberg und Weibull, 2003, stellen im Kontext von Sozial- und Unterstützungsprogrammen fest, dass sich die Wähler bei schwach ausgeprägter Arbeitsnorm für weniger großzügige Sozialleistungen entscheiden. In diesem Sinne sind Länder mit starken Normen Länder, die »gut arbeiten«. Ihre frühere Studie (Lindbeck, Nyberg, und Weibull, 1999) zeigte, dass ein politisches Gleichgewicht entweder durch strenge Normen, wenig Empfänger und hohe Leistungen oder durch laxe Normen, viele Empfänger und niedrige Leistungen gekennzeichnet sein kann.

78 Detaillierte Versionen des Modells finden sich in: Akerlof und Kranton, 2005 und 2008.

79 Dieses Resultat ergibt sich direkt aus dem Unterschied der Kosten für die Leistung verschiedener Arbeiter. Das ist an und für sich nichts Neues. Neu ist nur die Quelle der Kostendifferenz, nämlich, ob sich der Beschäftigte mit der Firma identifiziert oder nicht.

80 Dies ist jedoch kein allgemeingültiges Ergebnis. Wenn die Identität bei einem Modell mit mehr als zwei Leistungsebenen die Kosten für die Leistung der Beschäftigten vermindert, empfindet die Firma es vielleicht als optimal, diese zu noch größerer Leistung anzuspornen. In diesem Fall könnten wir uns gut vorstellen, dass die Firma bei Arbeitern, die Insider sind, die Variabilität der Vergütung, die der Motivation der Beschäftigten dient, eher steigert als vermindert. In diesem Sinne können finanzielle Anreize und Motivation durch Identität sich durchaus ergänzen, anstatt sich zu ersetzen.

81 Eine klassische Darstellung vom Wesen des Gefechts bietet Keegan, 1976.

82 Es gibt viele nicht finanzielle Arten zur Schaffung einer Identität, die den Anliegen eines Unternehmens entsprechen können. Neben der umfassende Darstellung der Theorie der sozialen Identität in: Haslam, 2001, gibt es noch zahlreiche Darstellungen über die Psychologie der Überzeugung, darunter: Aronson, 1984; Brown, 1990; und Aronson, Wilson und Akert, 2002. Auch all die von Mullainathan und Shleifer (2005) geschilderten Voreingenommenheiten bei der Interpretation von Nachrichten können von Unternehmen genutzt werden, um die Selbstwahrnehmung ihrer Beschäftigten zu verändern.

83 Siehe Janowitz, 1960, S. 61f., und Rostker et al., 1992.

84 Siehe Asch und Warner, 2001. Der Mangel an finanziellen Anreizen ist nicht nur innerhalb des Militärs erkennbar, sondern auch im Vergleich der Bezahlung von Zivilisten und Militärs. So ergab zum Beispiel ein Vergleich von Brigadegeneralen der amerikanischen Luftwaffe und zivilen Spitzenmanagern in vergleichbarer Position, dass die Zivilisten 60 Prozent weniger Personal unter sich hatten und über 94 Prozent weniger Material verfügten, aber das Fünffache der Militärs verdienten (Janowitz, 1960, S. 184). Asch und Warner haben allerdings eine andere Erklärung für die geringen Unterschiede in der Bezahlung von Militärpersonal als wir. Sie betonen, dass das Militär, weil es wenig späte Zugänge hat, seine Führungstalente schon früh in deren Berufslaufbahn und am unteren Ende der Hierarchie rekrutieren muss. Diese Beschränkung hat eine relativ hohe Bezahlung bei Eintritt ins Militär zur Folge. Nach diesem Modell ist der potenzielle Wert eines Talents die Erklärung dafür, dass Soldaten in der Regel »aufsteigen oder aussteigen« und ein ungewöhnlich hohes Ruhegehalt bekommen.

85 Besley und Ghatak, 2005. Die Ökonomie bei der Verwendung von Medaillen und Auszeichnungen wird untersucht in: Frey, 2007.

86 Es gibt eine recht lebhafte Debatte über die Veränderung des militärischen Ideals sowohl bei gemeinen Soldaten als auch bei Offizieren. Für Huntington war das Offizierskorps auch nach dem Zweiten Weltkrieg immer noch den militärischen Werten Pflichterfüllung, Ehre und Vaterlandsliebe verpflichtet (Huntington, 1957), während das militärische Ideal laut Janowitz mehr und mehr mit dem Ideal ziviler Unternehmen konvergiert (Janowitz, 1960). Ricks wiederum vertritt die Ansicht, dass das Militär sich immer stärker von der Zivilgesellschaft unterscheidet (Ricks, 1997).

87 Siehe Moskos, Williams und Segal, 2000, S. 1.

88 Benton, 1999, S. 2f. und 8. Benton vertritt hier wie Huntington (1957) die

Ansicht, das Militär sei eine Berufung. Lipsky berichtet, wie populär dieser Gedanke unter den Offizieren in West Point war, als er dort weilte (Lipsky, 2003).

89 Siehe Bradley, 1999, S. 14, und den Aufsatz von General Malham Wakin, »Service before Self«.

90 Siehe Janowitz, 1960, S. 129.

91 Ganzer Text in: Fogleman, 1995, S. 5.

92 McNally, 1991, S. 101.

93 Siehe Stouffer et al., 1949b, S. 131.

94 Stouffer et al., 1949a, S. 412.

95 Siehe Erikson, 1966.

96 Benton, 1999, S. 41.

97 Becker, 1968.

98 Um ein weiteres Beispiel zu geben: In Modellen zur Effizienz des Lohns auf dem Arbeitsmarkt erbringen die Beschäftigten Leistungen, weil sie Angst haben entlassen zu werden, falls sie sich vor der Arbeit drücken und erwischt werden, nicht jedoch weil sie Freude an ihrer Arbeit hätten oder sich verpflichtet fühlten, ihren Lohn auch wirklich zu verdienen (Shapiro und Stiglitz, 1984; Becker und Stigler 1974). Ähnlich erbringen die Beschäftigten nach Principal-Agent-Modellen wie dem Standardmodell in Kapitel fünf nur in Reaktion auf Veränderungen in der Bezahlung hohe Leistung statt geringe Leistung.

99 Lipsky, 2003.

100 Zit. in: Hodson, 2001, S. 29.

101 Covaleski et al., 1998, S. 313.

102 Siehe Peters und Waterman, 1982.

103 Rodgers, 1969, S. 100.

104 Pepper, 2005, S. 127.

105 Bewley, 1999, S. 2.

106 Terkel, 1974, S. xxxi–xxxv.

107 Smith, 2001, S. 30.

108 Juravich, 1985, S. 135f.

109 Newman, 2000, S. 96–99.

110 Siehe Burawoy, 1979, und Roy, 1953.

111 Burawoy, 1979, S. 51; Roy, 1952, S. 430.

112 Burawoy, 1979, Kapitel 4, insbesondere S. 82ff.; Roy, 1953, S. 511ff.

113 Burawoy, 1979, S. 84. Dieser zitiert Roy 1953, S. 511.

114 Burawoy, 1979, S. 88.

115 Siehe Homans, 1951.

116 Seashore, 1954. Natürlich konnten die Aufgaben nicht total zufällig verteilt werden, da ähnliche Arbeiten ähnliche Eigenschaften erfordern und Freunde vielleicht gerne zusammenarbeiten wollten. Die Probleme bei diesem Verfahren sind die üblichen. Sie betreffen die Selbstauswahl und die Bestimmung der Auswirkungen von sogenannten »Peer Effects« auf das individuelle Verhalten. Siehe dazu: Manski, 1993; Durlauf, 2002.

117 Seashore weist in seiner Studie auch Unterschiede in der Strenge der Vorgesetzten nach, weil die Arbeiter auf die Frage, ob ihr Vormann »den Männern« oder der »Betriebsleitung« näher stehe, unterschiedliche Antworten gaben.

118 Milgrom und Roberts, 1992, S. 393.

119 Fast und Berg, 1975, S. 6; Gibbons und Waldman, 1999, S. 2388.

120 Siehe Fast und Berg, 1975, S. 8.

121 Siehe Moore und Galloway, 1992, S. xiv.

122 Siehe Stouffer et al., 1949b, S. 136.

123 Stamberg, 2001.
124 Neun japanische Fischer auf der *Ehime Maru* wurden getötet. Am Ende kam heraus, dass eine Gruppe von Managern aus der Ölindustrie mit ihren Frauen auf der *Greeneville* einen Ausflug gemacht hatten. Die *Ehime Maru* war 20 Minuten zuvor gesichtet worden, aber weil sich in der Zentrale des U-Boots Zivilisten drängten, wurde wahrscheinlich vergessen, die Position des Fischtrawlers zu überwachen, daher der Zusammenstoß. Details siehe Israel, 2001.
125 Stouffer et al., 1949a.
126 Stouffer et al., 1949a. Tabelle 13, S. 409.
127 Stücklohn hat noch andere Vorteile als Einfachheit. So heißt es in: Gibbons, 1987, S. 413f.: »Arbeiter werden für die Arbeit bezahlt, die sie verrichten, nicht für die, die sie verrichten könnten, und dies löst wahrscheinlich sowohl das Problem der versteckten Informationen (Antiselektion) als auch versteckter Aktionen (subjektives Risiko).«
128 Weber, 1980 [1922], S. 552f.
129 Wir haben es hier also mit einem weiteren Fall von Multitasking zu tun. Siehe Holmstrom and Milgrom, 1991.
130 Grant, 1988.
131 Auch durch Peer-Effekte ließ sich nicht erklären, warum die Leistungen sowohl bei den ursprünglichen Schülern als auch bei den per Bus in die Schule gefahrenen sanken. Im Gegenteil, sie hätten eigentlich bewirken müssen, dass sich die Leistungen der ursprünglichen Schüler verschlechtert, aber die der neuen Schüler verbessert hätten. Siehe Epple und Romano, 1998.
132 Eine bemerkenswerte Ausnahme ist die Arbeit von John Bishop und Michael Bishop (2007), die wir unten diskutieren.
133 Grant, 1988, S. 241.
134 Grant, 1988, S. 36.
135 Grant, 1988, S. 35, 38.
136 Hollingshead, 1949; Coleman, 1961.
137 Hollingshead, 1949; Coleman, 1961.
138 Siehe Coleman, 1961, S. 42f.
139 Siehe Eckert, 1989, S. 50ff..
140 Bishop und Bishop, 2007.
141 Harris, 1998.
142 Eckert, 1989, S. 51 und 53f.
143 Willis, 1977.
144 Foley, 1990. Zu den Amerikanern mexikanischen Ursprungs siehe auch Valenzuela, 1999. Fordham führte eine Untersuchung über afromaerikanische Schüler durch (Fordham 1996).
145 Foley, 2001, S. 36, übersetzt *vatos* mit »coole Typen«.
146 Foley, 1990, S. 58.
147 Foley, 1990, S. 139f.
148 Everhart, 1983; Willis, 1977; Weiss, 1990.
149 Diese Regeln wurden an alle Schüler in einem Handbuch verteilt, in dem ihre Rechte skizziert waren. Grant, 1988, S. 53.
150 Grant, 1988, S. 54.
151 Powell, Farrar und Cohen, 1985.
152 Siehe Goldin und Katz, 1997. Die Debatte ist gut dokumentiert in: Krug 1964 und 1972. Ravitch (1983, S. 46) übt heftige Kritik an progressiven Pädagogen, die sich für nicht traditionelle Lehrpläne an den Highschools einsetzen, und betont lebenspraktische Fertigkeiten in Bezug auf Gesundheit, Beruf, Familie und Leben in der Gemeinschaft.

153 Tatsächlich wurde die Schule als »das Wunder von East Harlem« bezeichnet (Fliegel, 1993).

154 Meier, 1995, S.30.

155 Meier, 1995, S. 50.

156 CPESS ist ein weiteres Beispiel dafür, wie die Disziplinarverfahren einer Schule die Gemeinschaft prägen. Schüler, die sich wegen Fehlverhaltens im Büro des Direktors melden müssen, werden durch die fünf Geisteshaltungen geführt, um das Problem zu klären, Meier, 1995, S. 50. Eine solche Methode wäre nicht effektiv, wenn sich die Schüler zuvor schon mit der Schule und ihren Regeln identifiziert hätten.

157 Comer, 1980, S. 76.

158 Allem Anschein nach verbesserten sich auch die schulischen Leistungen erheblich; allerdings gibt es offenbar relativ wenig Evaluationsdaten. Siehe Comer, 1980 S. 74.

159 Comer, 1988, S. 219.

160 Comer, 1980, S. 118.

161 Siehe Core Knowledge Foundation, »About Core Knowledge.«

162 Siehe Parker Core Knowledge School, »Dress Code.«

163 Ein Artikel aus der Frühzeit der Core-Knowledge-Schulen kommt zu dem Ergebnis, dass die Schüler dieser Schulen in Lesen und Mathematik im Vergleich zu denen vergleichbarer Schulen etwas besser und in Bezug auf ihr Wissen beträchtlich besser abschnitten (Datnow, Borman und Stringfield, 2000). Auf der Website der Core Knowledge Foundation werden Belege für diesen Erfolg angeführt. So sind zum Beispiel die Testergebnisse der Schüler von Core-Knowledge-Schulen in Colorado, wo diese Schulform besonders beliebt ist, besser als in allen staatlichen Schulen. Siehe Core Knowledge Foundation, »Core Knowledge Research.« Diese und andere angeführte Untersuchungen sind vermutlich jedoch durch eine relativ verzerrte Auswahl beeinträchtigt. Außer diesen Quellen gibt es recht wenige Beweise für den relativen Erfolg oder Misserfolg der Core-Knowledge-Schulen.

164 Siehe Bryk et al., 1993, S. 146.

165 Bryk et al., 1993, S. 141: »Die Lehrer haben ein extremes Interesse am Leben der Schüler, das weit über das Klassenzimmer hinausgeht und praktisch jede Facette des Schullebens erfasst. In manchen Fällen erstreckt es sich sogar auf Wohnsituation und Familie der Schüler.«

166 Bryk etal., 1993, S. 141.

167 Altonji, Elder und Taber, 2003.

168 Altonji, Elder und Taber korrigieren ihre Auswahlverzerrung, indem sie die Verzerrung bei den beobachtbaren Phänomen zur Korrektur der Verzerrung bei den nicht beobachtbaren Phänomen einsetzen (2003).

169 Siehe Altonji, Elder und Taber, 2003, Tabellen 1 und 2, letzte Zeile.

170 Zu ähnlichen Ergebnissen kommen auch Evans und Schwab, 1995. Ein interessantes Rätsel besteht darin, dass die Unterschiede zwischen katholischen und staatlichen Schulen bei der Leitungsbewertung viel weniger ausgeprägt sind, siehe Altonji, Elder und Taber 2003. Eine Ursache könnte darin bestehen, dass die Lehrer an den katholischen Schulen weniger als die Lehrer staatlicher Schulen Grund haben, ihren Unterricht speziell auf die Tests zu orientieren. Auch dass potenzielle Schulabbrecher an katholischen Schulen mit viel größerer Wahrscheinlichkeit den Test absolvieren, dürfte dazu beitragen, das Ergebnis negativ zu verzerren. Laut Neal, 1997, sind katholische Schulen für städtische Minderheiten sehr vorteilhaft, weil die staatlichen Schulen in ihren Vierteln oft besonders schlecht sind.

171 Siehe Kaufman, Alt und Chapman, 2004, S. iii. Sie stellen fest, dass die Schulabbrecherrate der Sechzehn- bis Vierundzwanzigjährigen, die nicht mehr zur Schule gehen und keinen Highschool-Abschluss haben, im Jahr 2001 bei Weißen 7,3 und bei schwarzen Nicht-Latinos 10,9 Prozent betrug.

172 Der Anteil von Zwanzig- bis Fünfundzwanzigjährigen mit Bachelor-Abschlüssen betrug im Jahr 2002 bei weißen Nicht-Latinos 29 Prozent und bei Schwarzen 17 Prozent. Siehe U.S. Census Bureau, 2003.

173 Siehe Jencks und Phillips, 1998, Schaubild 1, S. 4.

174 Genauer gesagt, wenn der Nutzen statistisch geringer ist, verlassen Afroamerikaner die Schule früher. Empirisch gesehen ist der Nutzen für Afroamerikaner jedoch größer.

175 Delpit, 1995, S. 58f.

176 A. Ferguson, 2001.

177 A. Ferguson, 2001, S. 64f.

178 Cook und Ludwig, 1997.

179 Akerlof und Kranton, 2002, Tabelle 3, S. 1194f.

180 Akerlof und Kranton, 2002, Tabelle 4, S. 1196.

181 Wir sind der Ansicht, dass wir mit unserem Modell auch andere Ergebnisse erklären können, so etwa die Beobachtung von Ronald Ferguson (2001), dass afroamerikanische Schüler in der Vorstadtsiedlung Shaker Heights in Ohio mehr Zeit für die Hausaufgaben aufwenden als Weiße, die Aufgaben jedoch mit geringerer Wahrscheinlichkeit vollständig erledigen. Möglicherweise können wir auch die von Fryer und Torelli (2005) festgestellte Tatsache erklären, dass in Schulen mit Rassentrennung und in rein weißen Schulen die Beliebtheit der Schüler wächst, je besser ihr Notendurchschnitt ist, während sie in integrierten Schulen zu ab einem bestimmten Notendurchschnitt abnimmt. Wie Fryer und Torelli vermuten, rührt dies daher, dass sich afroamerikanische Schüler in integrierten Schulen unbeliebt machen, wenn sie sich »wie Weiße« verhalten.«

182 Diese Passage stützt sich auf Arbeiten, die von Hanushek, 1986, zusammengefasst werden, darunter auch seine eigenen. Auch Ferguson, 1998, analysiert die Differenz bei den Testergebnissen von Schwarzen und Weißen.

183 Rivkin, Hanushek und Kain, 2005, S. 450.

184 Peshkin, 1986, S. 289.

185 Henig, 1993, S. 105f.

186 Siehe Goldin (1990, Kapitel 3) was das historische Ausmaß der beruflichen Segregation betrifft. Die Zahlen für die Zeit von 1970–1990 stammen aus: Blau, Simpson und Anderson, 1998. Sie verwenden die dreistelligen Berufsklassifikationen des U.S. Census Bureau. Aufgrund von Veränderungen bei diesen Klassifikationen ist es schwierig, die Zahlen zu aktualisieren, indem man auch den Zensus von 2000 mit einbezieht (persönliches Gespräch mit Francine Blau).

187 Siehe Blau Weisskoff, 1972; Strober und Arnold, 1987.

188 Siehe Milkman, 1987; Honey, 1984; Pierson, 1986.

189 Für eine Untersuchung über Krankenschwestern und Marineinfanteristen siehe Williams, 1989.

190 Siehe Pierce, 1995, S. 134.

191 Siehe Padavic, 1991.

192 U.S. Court of Appeals for the Eighth Circuit, 1997.

193 U.S. Court of Appeals for the Eighth Circuit, 1997.

194 Siehe MacKinnon, 1979, und Pringle, 1988.

195 Siehe Davies, 1982; Kanter, 1977, und Pierce, 1995.

196 Im Gegensatz dazu sind nur 56,9 Prozent der Lehrkräfte an Sekundarschulen weiblich.

197 Siehe Fisher, 1995 und Williams, 1989. Die Zahlen über die Prozentsätze von Frauen in verschiedenen Berufen im Jahr 2007 stammen vom U.S. Census Bureau und aus U.S. Bureau of Labor Statistics 2008, Tabelle 11, »Employed Persons by Detailed Occupation, Sex, Race, and Hispanic or Latino Ethnicity«. Der Begriff »Sekretärin« bezieht sich auf die Klassifikation » »Sekretärinnen und Verwaltungsassistenten«. »Krankenschwestern« sind »Krankenpflegehelfer und Berufskrankenschwestern«.

198 Bulow und Summers (1986) und Lazear und Rosen (1990) nennen andere Gründe für die geringere Bindung der Frauen an das Arbeitskräftereservoir; beide versuchen auch die berufliche Segregation zu erklären.

199 Siehe zum Beispiel Mincer und Polachek, 1974.

200 Laut Bergmann, 1974, widerstrebt es männlichen Arbeitgebern, für bestimmte Tätigkeiten Frauen einzustellen, und sie halten Frauen vielleicht stillschweigend von besser bezahlten Tätigkeiten fern, um andere Männer davon profitieren zu lassen. Laut unserer Theorie gibt es berufliche Segregation, weil die Beschäftigten ihre geschlechtliche Identität bewahren wollen.

201 Goldin, 2006. Unserer Ansicht nach markieren die Veröffentlichung von Betty Friedans Buch *Der Weiblichkeitswahn* im Jahr 1963 und die Gründung der National Organization for Women im Jahr 1966 die Anfänge der modernen Frauenbewegung.

202 1968 lauteten diese Zahlen 7,1 Jahre für Männer und 3,8 für Frauen (U.S. Department of Labor, 1968, Tabelle A). 1998 lauteten sie 3.8 Jahre für Männer und 3.4 für Frauen (U.S. Bureau of the Census 2000, Tabelle 664). Die Zahlen für die beiden Jahre sind nicht ganz vergleichbar: In 1968 bezog sich die Frage auf die Zeit, die seit dem Antritt der damaligen Arbeitsstelle vergangen war, während 1998 nach der Anstellungszeit beim damaligen Arbeitgeber gefragt wurde. Die mittlere männliche Anstellungszeit wurde auch durch Veränderungen in der Verteilung der Altersstufen in den Belegschaften und durch Frühpensionierungen erheblich beeinflusst.

203 Siehe Blau, Simpson, und Anderson, 1998.

204 Quelle: Blau, Simpson, und Anderson, 1998, Anhang A-1.

205 Siehe Blau, Simpson, und Anderson, 1998, Tabelle 3 und Anhang A-1.

206 Der zunehmende Einsatz von Computern ist die wichtigste technische Innovation dieser Periode. Sie werden jedoch werden nur in wenigen der Berufe intensiv genutzt, in denen sich das Geschlechterverhältnis am stärksten änderte.

207 42 U.S.C. 2000e-2000e17 (1982) Sections 703(a) (1) und 703(a) (2).

208 Siehe Becker, 1971, und Arrow, 1972.

209 *Phillips vs. Martin-Marietta*, 442 F. 2d 385, (5th Cir. 1971), cert. denied, 404 U.S. 950 (1971). *Griggs v. Duke Power*, 401 U.S. 424 (1971), ein Verfahren wegen ethnischer Diskriminierung, ist ein wichtiger Präzedenzfall für das Verbot der Verwendung von Testergebnissen und anderen mit Ethnie oder Geschlecht verbundenen Kriterien bei Personalentscheidungen.

210 Diaz vs. Pan American World Airways, 442 F.2d 385, (5th Cir.) cert. denied, 404 U.S. 950, 1971.

211 Zitiert in: MacKinnon, 1979, S. 180.

212 *Price Waterhouse v. Hopkins*, 490 U.S. 228, 1989. Zitiert in: Wurzburg und Klonoff, 1997, S. 182.

213 *Berkman v. City of New York*, 580 F. Supp. 226, (E.D.N.Y. 1983), aff'd, 755 F. 2d913 (2ndCir. 1985). Das Urteil orientierte sich an der ausführlichen Urteilsbegründung in: *McKinney v. Dole*, 765 F. 2d 1129 (D.C. Cir. 1985), dass »jede Belästigung oder Ungleichbehandlung eines Beschäftigten oder einer Gruppe von Beschäftigten, die nur aufgrund des Geschlechts des oder der Beschäftigten eintritt, eine illegale Beschäftigungsbedingung gemäß Title VII darstellen kann, wenn sie hinreichend systematisch oder umfassend ist« (zitiert in: Schultz 1998, S. 1733).

214 Siehe Schultz, 1998, S. 1770.

215 Franke, 1995.

216 Laut Schultz, 2003, tendieren Firmen dazu, harmloses sexuelles Verhalten am Arbeitsplatz zu verbieten, während sie geschlechtsbedingte Diskriminierung am Arbeitsplatz zulassen. Zum Beispiel verbieten manche Firmen private Verabredungen mit anderen Beschäftigten. Aus Angst vor Klagen wegen sexueller Belästigung verfolgen manche Firmen sogar Strategien der informellen Geschlechtertrennung, obwohl solche Bestrebungen in direktem Widerspruch Sinn von Title VII stehen.

217 32. Eine frühe Abhandlung über die Geschlechtszugehörigkeit und die Ökonomie im Haushalt ist: Folbre, 1994.

218 Lundberg und Pollak, 1993.

219 Hochschild, 1990, S. 38.

220 In unserer Analyse wird als Einheit ein Paarjahr für den Zeitraum 1983–1992 untersucht. In jedem Jahr werden nur Paare berücksichtigt, die verheiratet sind, bei denen kein Ehepartner im Ruhestand oder behindert ist und die berufliche Arbeitsstunden, ein Einkommen und häusliche Arbeitsstunden hatten. Auch nahmen wir nur Paare auf, bei denen für beide Ehepartner Daten über das Einkommen, die beruflichen Arbeitsstunden, die Hausarbeitsstunden und die Zahl der Kinder vorlagen. Die endgültige Auswahl bestand aus etwas mehr als 29 000 beobachteten Paarjahren. Der Anteil des Ehemanns an der Hausarbeit, hswk, wird als sein Anteil an der insgesamt von dem Paar verrichteten Hausarbeit definiert. Auf diese Weise wird sein Anteil auch Haushalten ermittelt, die externe Arbeitskräfte beschäftigen. Es gilt die folgende Tobin-Gleichung: $hswk = a + \sum_{i=1,2,3}[b_{1i}h_i + b_{2i}h_i^2 + b_{3i}h_i^3 + b_{4i}h_i^4]$ + Varianz h_i steht für den Anteil des Ehemanns an externen Arbeitsstunden, falls er zur Gruppe i gehört. Die Summe (i=1,2,3) erfasst drei Haushaltstypen: kinderlose Haushalte oder jüngstes Kind über 13 Jahre, jüngstes Kind zwischen 0 und 5 Jahren, und jüngstes Kind zwischen 6 und 13 Jahren. Kontrollen wurden für das Alter von Ehemann und Ehefrau relativ zum Bevölkerungsdurchschnitt, das Gesamteinkommen und die gesamte Hausarbeit in Stunden eingebaut. Die Ergebnisse waren stabil gegen verschiedene Spezifikationen und Schätzfunktionen und gegen die Substitution des Anteils am Familieneinkommen durch den Anteil der Arbeitsstunden. Die Gleichungen und Wahrscheinlichkeitsintervalle sind auf Nachfrage erhältlich. (Die Berichte der Männer über die Anteile an der Hausarbeit stimmten fast genau mit den Berichten der Frauen in Prestons Studie von 1700 Wissenschaftlern überein (Preston, 1997).

221 Hersch und Stratton (1994) verwenden die PSID (Panel Study for Income Dynamics), um zu untersuchen, ob ein Ehemann mit höherem Einkommen einen geringeren Anteil der Hausarbeit macht. Bei dieser Schätzung wird die Asymmetrie in der Beziehung zwischen dem Anteil des Mannes am Haushaltseinkommen und seinem Anteil an der Hausarbeit einerseits und dem Anteil der Frau am Einkommen und an der Hausarbeit andererseits ausgewertet.

222 Siehe Tsuya, Bumpass und Choe, 2000.

223 Siehe Tsuya, Bumpass und Choe, 2000, Tabelle 5, S. 208.

224 Quelle: Greenstein, 1996, S. 586, Tabelle 1, S. 590.

225 Siehe U.S. Census Bureau, *Historical Poverty Tables*, Tabelle 2.

226 Mehr als die Hälfte der Afroamerikaner verfügten über Einkommen, die mehr als 100 Prozent über der Armutsgrenze lagen. Siehe U.S. Department of Labor, Bureau of Labor Statistics, 2006, Tabelle POV03.

227 Myrdal, 1944.

228 2002 betrug der Anteil der unehelichen Geburten 68,2 Prozent. Siehe U.S. Bureau of the Census, 2006, Tabelle 82. Im Jahr 2007 lebten 58,5 Prozent der Familien mit weiblichen Haushaltsvorstand, ohne Ehemann mit Kindern unter 5 Jahren in Armut. U.S. Bureau of the Census, 2008, Tabelle POV03.

229 Kling, 2006, S. 863. Klings Quelle ist Bonczar, 2003.

230 Diese Aussage stützt sich auf die statistischen Daten in: Holzer, Offner und Sorensen, 2004, Abbildung 2, S. 4. Ihren Berechnungen zufolge waren in dieser Altersgruppe und bei diesem Bildungsniveau 25 bis 30 Prozent der nicht in Institutionen wie Armee, Schule, Gefängnis oder psychiatrischen Kliniken befindlichen arbeitsfähigen Männer im Jahr 2000 entweder erwerbslos oder nicht auf dem Arbeitsmarkt. Laut demselben Artikel waren 12 Prozent der jungen männlichen Schwarzen im Gefängnis (S. 6). Im Gegensatz dazu lag die Arbeitslosigkeit bei nicht in Institutionen befindlichen männlichen arbeitsfähigen Latinos nur wenig höher als bei den Weißen, nämlich um die 10 Prozent.

231 Siehe Neal, 2006, Tabelle 6, S. 546.

232 Siehe Coate und Loury, 1993.

233 Siehe Bertrand und Mullainathan, 2003.

234 Siehe Munnell, Tootell, Browne und McEneaney, 1996, S. 26.

235 Siehe Ayres und Siegelman, 1995, S. 311.

236 Zu dem Argument, dass die traditionelle Theorie die Fakten nicht erklären kann, siehe Neal, 2005 und 2006.

237 Bei Afroamerikanerinnen nicht lateinamerikanischen Ursprungs lag der Anteil der unehelichen Geburten im Jahr 2005 bei 69,9 Prozent im Vergleich zu 25,3 Prozent bei weißen Frauen nicht lateinamerikanischen Ursprungs. Siehe Martin et al., 2007.

238 Levitt und Venkatesh, 2000, S. 771. Die Bandenführer hatten ein viel höheres Einkommen, was vielleicht eine Erklärung für das geringe Einkommen der Fußsoldaten ist, wenn diese hoffen, in der Bandenhierarchie aufzusteigen. Aber selbst die Einkünfte der Bandenführer waren nicht allzu hoch. Sie betrugen etwa 100 000 Dollar im Wert von 1995 (S. 775) und entsprachen damit etwa dem Eingangsgehalt eines Master of Business Administration.

239 Siehe Neal, 2005, S. 7.

240 Siehe Loury, 2002, S. 82f. James Stewart vertritt ebenfalls schon lange die Ansicht, dass die Wirtschaftswissenschaft in ihren Studien den Faktor Identität berücksichtigen sollte, siehe Stewart, 1997. Im Anhang seines Buches findet sich ein Modell, in dem ethnische Identität für Individuen als Nutzen gewertet wird.

241 Siehe zum Beispiel Parley et al., 1993, und Schelling 1971.

242 Siehe E. Anderson 1990; Baldwin, 1963; Clark und Clark, 1965); DuBois, 1965; Dyson, 1996; Frazier, 1957; Hannerz, 1969; hooks, 1990; Ogbu, 1974; Rainwater, 1970; Wilson, 1987 und 1996.

243 Siehe zum Beispiel Miller, 1985.

244 Whyte, 1943.
245 Siehe Willis, 1977.
246 Said, 1978. Siehe auch Bhabha, 1983, und Fanon, 1967.
247 Man vergleiche zum Beispiel Gandhi, 1966, und Fanon, 1967, die die koloniale Erfahrung beschreiben, mit Fulwood, 1996, Staples, 1994, und Rodriguez, 1982, die über die Erfahrungen von Afroamerikanern und Latinos in den Vereinigten Staaten berichten.
248 Siehe Nelson, 1993, S. 10. Dass sie mit „Mau-Mau" einen Begriff kolonialen Ursprungs verwendet, festigt unsere These, dass die Lage von Kolonialbewohnern und Afroamerikanern ähnlich ist.
249 NIAonline, 2005.
250 Darity, Mason und Stewart (2006) entwickeln ein evolutionäres Modell, bei dem die ethnische Identität als Gleichgewichtsfaktor erscheint.
251 Elkins (2006) schildert den Mau-Mau-Aufstand in Kenia, bei dem die Briten Tausende von Kikuyus brutal inhaftierten. Auch diese Behandlung ist ein gutes Beispiel für den unterschiedlichen Umgang mit »uns« und »den anderen«.
252 In R. Akerlof (2009a) findet sich ein Modell, nach dem Menschen die gleichen Überzeugungen wie ihre Gefährten haben wollen, was ihrem Wunsch nach Bestätigung ihrer Überzeugungen entspringt.
253 Für eine komplette Beschreibung des Modells und der Gleichgewichtsergebnisse siehe Akerlof und Kranton, 2003.
254 Siehe »Dr. Bill Cosby Speaks«, 2004.
255 Siehe Nation of Islam, »What the Muslims Want.«
256 Siehe zum Beispiel Dickens und Kane, 1996.
257 Siehe Loury, 1995.
258 Siehe U.S. Department of Labor, *Find It! By Topic*.
259 Das Center for Employment and Training in San Jose war die eine bemerkenswerte Ausnahme mit einem Jobstartprogramm, das eine beträchtliche Steigerung der Löhne erzielte. Siehe Stanley, Katz und Krueger, 1998.
260 Heckman, 1999.
261 »Text of Obama's Speech: A More Perfect Union«, 2008.
262 Ellwood, 1988.
263 Friedman, 1953, S. 3.
264 Friedman, 1953, S. 14 und 10. Friedman fordert »Einfachheit.« Die heutige Wirtschaftswissenschaft verwendet das Wort »Sparsamkeit.«
265 Außerdem sollten die Forscher weniger Vertrauen in die Spezifizierung ihres Modells und mehr in seine allgemeinere theoretische Version haben. Wie Hausman (1992) bemerkt, kann diese Anforderung ein Modell praktisch unfalsifizierbar machen. Das Versagen eines Modells in einem statistischen Test wird häufig als ein Problem seiner ökonometrischen Spezifizierung betrachtet und nicht als ein Problem der Theorie als solcher.
266 Wie beschrieben in: Watson, 1969.
267 Card, 1990.
268 Watson und Crick, 1953, S. 737.
269 Paraphrase der Beschreibung des Ausstellungsgegenstands »Body Art: Marks of Identity« im American Museum of Natural History.
270 Siehe Mackie, 1996, S. 1001f.
271 Siehe American Society of Aesthetic Plastic Surgery, 2008.
272 James Andreoni (1990) entwickelt eine allgemeine Nutzenfunktion, bei der Einzelpersonen eine Präferenz für wohltätige Spenden haben, weil sie ihnen ein »warmes Gefühl« vermitteln.

273 Giving USA Foundation, 2008.

274 Giving USA Foundation, 2008.

275 Die letzten vier Zeilen des Songs lauten: »Oh, let us strive that ever we / May let these words our watch-cry be, / Where'er upon life's sea we sail: / ‚For God, for Country and for Yale!'« (»Lasst uns danach streben, / Dass diese Worte unsere Losung sein mögen, / Wo immer wie auch auf dem Meer des Lebens fahren mögen: / Für Gott, für unser Land und für Yale.«)

276 Nisbett und Cohen, 1996. Eine Beschreibung dieser »Kultur der Ehre« findet sich auch in: Butterfield, 1995. »Gentlemen« reagierten auf eine Beleidigung, indem sie den Täter zum Duell forderten. Männer aus den unteren Schichten kämpften mit Händen und Fäusten. Dabei waren alle Mittel erlaubt.

277 Zur geographischen Verteilung der Lynchmorde siehe Tolnay, Deane und Beck, 1996.

278 All diese Gesetze sollen die Minderheit vor der Mehrheit oder die Mehrheit vor sich selbst schützen. Aber sie wurden nur gegen erheblichen Widerstand verabschiedet. Identitätsexternalitäten sind also ein klassisches Problem, was die Bewertung der Wirksamkeit politischer Maßnahmen betrifft. Das Verbot der Eheschließung zwischen Homosexuellen, Antidiskriminierungsgesetze und Gesetze mit moralischen Vorschriften sind allesamt Beispiele für den Konflikt der an Pareto orientierten Liberalen (siehe Sen, 1970). Es ist nicht möglich, eine Person gegen Externalitäten zu schützen, die durch Entscheidungen einer anderen Person verursacht wurden, und die erste Person zugleich vor der Reaktion der zweiten zu schützen. Es besteht ein Konflikt zwischen dem Schutz der Rechte von Einzelpersonen, die bestimmte Aktivitäten ausüben, und der Unterdrückung dieser Aktivitäten, weil sie anderen Unannehmlichkeiten oder Angst verursachen.

279 Ostrom, 1990.

280 Alesina, Baqir und Easterly, 1999; Miguel und Gugerty, 2005.

281 Die Identitätsökonomie erschließt also einen neuen Weg zum Verständnis endogener Präferenzen. Siehe Bowles, 1998.

282 Werbung richtet sich häufig an bestimmte soziale Zielgruppen und spricht deren Normen und Ideale an. Siehe de Grazia (1996) für historische Studien über Werbung und andere Einflüsse auf Geschlecht und Konsum.

283 Siehe auch Tobacco Documents.Org, »Tobacco Documents Online.«

284 Siehe Bagwell, 2007.

285 Zur Theorie und Analyse von Politik und Identität siehe zum Beispiel Anderson, 1983, Norton, 1988, und Connolly, 1991.

286 Romer, 1994, zieht die Möglichkeit in Erwägung, dass Politiker die Emotionen der Wähler und insbesondere deren »Wut« manipulieren und dadurch politische Entwicklungen beeinflussen.

287 Glaeser, 2005.

288 Es gibt viel Literatur über die Ökonomie und Psychologie der Zeitinkonsistenz. Siehe zum Beispiel Strotz, 1956; Phelps und Pollak, 1968; Thaler und Shefrin, 1981; Loewenstein, 1987; Loewenstein und Thaler, 1989; Loewenstein und Prelec, 1992; Ainslie, 1992; Laibson, 1997; Laibson, Repetto und Tobacman, 1998.

289 Siehe zum Beispiel Fudenberg und Levine, 2006.

290 Turner, 1995.

291 Friedan, deutsche Ausgabe, S. 70.

292 Siehe Goldin, 2006, S. 13.

293 Im Jahr 2006, besuchten 5,1 Millionen Schüler der Klassenstufen 1–12
Privatschulen. 49,1 Millionen Schüler der Klassenstufen 1–12 besuchten
staatliche Schulen, U.S. Bureau of the Census, 2009.

294 2,25 Millionen Schüler besuchten katholische Schulen. 1,89 waren an
»anderen religiösen Schulen« und 0,86 Millionen besuchten konfessionell
unabhängige Schulen, U.S. Bureau of the Census, 2009, Tabelle 254.

295 Rodriguez, 1982, S. 29.

296 Coleman, 1961, S. 28. Dies war die Frage für Jungen. Bei Mädchen wurde
»athletic star« durch »leader in activities« ersetzt.

LITERATURVERZEICHNIS

Ainslie, George, 1992, *Picoeconomics,* Cambridge.

Akerlof, George A., 1976, »The Economics of Caste and of the Rat Race and Other Woeful Tales«, *Quarterly Journal of Economics* 90 (4), S. 599–617.

Akerlof, George A., 1997, »Social Distance and Social Decisions«, *Econometrica* 65 (5), S. 1005–1027.

Akerlof, George A., 2007, »The Missing Motivation in Macroeconomics«, *American Economic Review* 97 (1), S. 5–36.

Akerlof, George A., und Rachel E. Kranton, 2000, »Economics and Identity«, *Quarterly Journal of Economics* 115 (3), S. 715–753.

Akerlof, George A., und Rachel E. Kranton, 2002, »Identity and Schooling: Some Lessons for the Economics of Education«, *Journal of Economic Literature* 40 (4), S. 1167–1201.

Akerlof, George A., und Rachel E. Kranton, 2003, »A Model of Poverty and Oppositional Culture«, in: Kaushik Basu, Pulin Nayak und Ranjan Ray, Hg., *Markets and Governments,* New Delhi.

Akerlof, George A., und Rachel E. Kranton, 2005, »Identity and the Economics of Organizations«, *Journal of Economic Perspectives* 19, (1), S. 9–32.

Akerlof, George A., und Rachel E. Kranton, 2008, »Identity, Supervision, and Work Groups«, *American Economic Review* 98 (2), S. 212–217.

Akerlof, George A., und Janet L. Yellen, 1990, »The Fair Wage-Effort Hypothesis and Unemployment«, *Quarterly Journal of Economics* 105 (2), S 255–283.

Akerlof, Robert J., 2009a, »A Theory of Social Motivation«, Kapitel 1 in: »Essays in Organizational Economics«, Dissertation, Harvard University, Cambridge (Massachusetts).

Akerlof, Robert J., 2009b, »A Theory of Authority«, Kapitel 2 in: »Essays in Organizational Economics«, Dissertation, Harvard University, Cambridge (Massachusetts).

Alesina, Alberto, Reza Baqir und William Easterly, 1999, »Public Goods and Ethnic Divisions«, *Quarterly Journal of Economics* 114 (4), S. 1243–1284.

Altonji, Joseph G., Todd R. Elder und Christopher R. Taber, 2003, »Selection on Observed and Unobserved Variables: Assessing the Effectiveness of Catholic Schools«, nicht publizierte Arbeit Northwestern University.

American Museum of Natural History, nicht datiert, »Body Art: Marks of Identity«, www.amnh.org/exhibitions/bodyart/glossary.html.

American Society of Aesthetic Plastic Surgery, 2008, »Quick Facts: Highlights of the ASAPS 2007 Statistics on Cosmetic Surgery«, www.surgery.org/sites/default/files/statsquickfacts.pdf.

Anderson, Benedict, 1983, *Imagined Communities,* New York, (deutsche Ausgabe: *Die Erfindung der Nation,* Frankfurt am Main; 2005)

Anderson, Elijah, 1990, *Streetwise: Race, Class, and Change in an Urban Community,* Chicago.

Andreoni, James, 1990, »Impure Altruism and Donations to Public Goods: A Theory of Warm-Glow Giving«, *Economic Journal* 100 (401), S. 464–477.

Aronson, Elliot D., 1984, *The Social Animal,* 4. Auflage, New York. Aronson, Elliot D., Timothy D. Wilson und Robin M. Akert, 2002, *Social Psycology,* 2002, 4. Auflage Englewood Cliffs (New Jersey), (deutsche Ausgabe: *Sozialpsychologie,* aktualisierte Auflage, München 2006).

Arrow, Kenneth J., 1972, »Models of Job Discrimination,« und im Anhang: »Some Mathematical Models of Race Discrimination in the Labor Market«, in: Anthony H. Pascal, Hg., *Racial Discrimination in Economic Life,* Lexington (Massachusetts).

Asch, Beth J., und John T. Warner, 2001, »A Theory of Compensation and Personnel Policy in Hierarchical Organizations with Application to the United States Military«, *Journal of Labor Economics* 19 (3), S. 523–562.

Austen-Smith, David, und Roland G. Fryer Jr., 2005, »An Economic Analysis of ,Acting White'«, *Quarterly Journal of Economics* 120 (2), S. 551–583.

Ayres, Ian, und Peter Siegelman, 1995, »Race and Gender Discrimination in Bargaining for a New Car«, *American Economic Review* 85 (3), 304–321.

Bagwell, Kyle, 2007, »The Economic Analysis of Advertising«, in: Mark Armstrong und Rob Porter, Hg., *Handbook of Industrial Organization*, Bd. 3., Amsterdam.

Baldwin, James, 1963, *The Fire Next Time, New York, (deutsche Ausgabe: Hundert Jahre Freiheit ohne Gleichberechtigung,* Reinbek bei Hamburg 1964.

Ball, Sheryl, Catherine Eckel, Philip J. Grossman und William Zame, 2001, »Status in Markets«, *Quarterly Journal of Economics* 116 (1), S. 161–188.

Barnard, Chester I., 1938, *The Functions of the Executive,* Cambridge (Massachusetts), (deutsche Ausgabe: *Die Führung großer Organisationen,* Essen 1970).

Becker, Gary S., 1957, *The Economics of Discrimination*, Chicago.

Becker, Gary S., 1968, »Crime and Punishment: An Economic Approach«, *Journal of Political Economy* 76 (2), S. 169–217.

Becker, Gary S., 1971, *The Economics of Discrimination,* 2. Auflage, Chicago.

Becker, Gary S., 1981, »Altruism in the Family and Selfishness in the Market Place«, *Economica*, 48 (189), S. 1–15.

Becker, Gary S., 1993a, »A Theory of Marriage: Part I«, *Journal of Political Economy* 81 (4), S. 813–846.

Becker, Gary S., 1993b, »A Theory of Marriage: Part II«, *Journal of Political Economy* 82 (2), Teil 2, S. 11–26.

Becker, Gary S., 1996, *Accounting for Tastes*, Cambridge (Massachusetts).

Becker, Gary S., und H. Gregg Lewis, 1973, »On the Interaction between the Quantity and Quality of Children«, *Journal of Political Economy* 81 (2), Teil 2, S. 279–288.

Becker, Gary S., und Kevin M. Murphy, 1988, »A Theory of Rational Addiction«, *Journal of Political Economy* 96 (4), S. 675–700.

Becker, Gary S., und George J. Stigler, 1974, »Law Enforcement, Malfeasance, and the Compensation of Enforcers«, *Journal of Legal Studies* 3, (1), S. 1–18.

Bénabou, Roland, und Jean Tirole, 2006, »Incentives and Prosocial Behavior«, *American Economic Review* 96 (5), S. 1652–1678.

Bénabou, Roland, und Jean Tirole, 2007, »Identity, Dignity and Taboos: Beliefs as Assets«, Center for Economic Policy Research, CEPR Discussion Paper 6123.

Benjamin, Daniel J., James J. Choi und A. Joshua Strickland. 2007, »Social Identity and Preferences«, National Bureau of Economic Research Working Paper 13309, Juli.

Benton, Jeffrey C., 1999, *Air Force Officer's Guide,* 32. Auflage, Mechanicsburg (Pennsylvania).

Bergmann, Barbara R., 1974, »Occupational Segregation, Wages and Profits When Employers Discriminate by Race or Sex«, *Eastern Economics Journal* 1 (2), S. 103–110.

Bernheim, Douglas, 1994, »A Theory of Conformity«, *Journal of Political Economy* 102 (5), S. 841–877.

Bertrand, Marianne, und Sendhil Mullainathan, 2003, »Are Emily and Greg More Employable than Lakisha and Jamal? A Field Experiment on Labor Market Discrimination«, *National Bureau of Economic Research,* Working Paper 9873, Juli.

Besley, Timothy und Maitreesh Ghatak, 2005, »Competition and Incentives with Motivated Agents«, *American Economic Review* 95 (3), S. 616–636.

Bewley, Truman F., 1999, *Why Wages Don't Fall during a Recession,* Cambridge (Massachusetts).

Bhabha, Homi, 1983, »Difference, Discrimination, and the Discourse of Colonialism«, in: F. Barker, Hg., *The Politics of Theory,* London.

Bishop, John H., und Michael M. Bishop, 2007, »An Economic Theory of Academic Engagement Norms: The Struggle for Popularity and Normative Hegemony in Secondary Schools«, Ithaca (New York), Cornell University, School of Industrial and Labor Relations, Center for Advanced Human Resource Studies, Working Paper 07-14. September.

Blau, Francine D., Patricia Simpson und Deborah Anderson, 1998, »Continuing Progress? Trends in Occupational Segregation in the United States over the 1970s and 1980s«, National Bureau of Economic Research, Working Paper No. 6716. September.

Blau Weisskoff, Francine, 1972, »Women's Place(in the Labor Market«, *American Economic Review* 62 (2), S. 161–166.

Bonczar, Thomas P., 2003, *Prevalence of Imprisonment in the U. S. Population, 1974–2001,* (NCJ 797976), Washington DC, U.S. Department of Justice, Bureau of Justice Statistics.

Bourdieu, Pierre, 1982, *Die feinen Unterschiede: Kritik der gesellschaftlichen Urteilskraft,* Frankfurt am Main.

Bowles, Samuel, 1998, »Endogenous Preferences: The Cultural Consequences of Markets and Other Economic Institutions«, *Journal of Economic Literature* 36 (1), S. 75–111.

Bowles, Samuel, und Herbert Gintis, 2002, »Social Capital and Community Governance«, *Economic Journal* 112 (483), S. 419–436.

Bowles, Samuel, Herbert Gintis und Melissa Osborne, 2001, »The Determinants of Earnings: A Behavioral Approach«, *Journal of Economic Literature,* 39 (4), S. 1137–1176.

Bradley, Omar N., 1999, *A Soldier's Story,* New York.

Brown, Roger, 1990, *Social Psychology: The Second Edition,* New York.

Bryk, Anthony S., Valerie E. Lee und Peter B. Holland, 1993, *Catholic Schools and the Common Good,* Cambridge (Massachusetts).

Bulow, Jeremy I., und Lawrence H. Summers. 1986. »A Theory of Dual Labor Markets with Application to Industrial Policy, Discrimination and Keynesian Unemployment«, *Journal of Labor Economics* 4 (3), Teil 1, S. 376–415.

Burawoy, Michael, 1979, *Manufacturing Consent: Changes in the Labor Process under Monopoly Capitalism,* Chicago.

Burke, Mary H., und H. Peyton Young, 2009, »Social Norms«, in: Alberto Bisin, Jess Benhabib und Matthew Jackson, Hg., *The Handbook of Social Economics,* Amsterdam.

Butler, Jeffrey, 2008, »Trust, Truth, Status, and Identity: An Experimental Inquiry«, nicht publizierte Arbeit, Department of Economics, University of California at Berkeley, März.

Butterfield, Fox, 1995, *All God's Children: The Bosket Family and the American Tradition of Violence,* New York.

Camerer, Colin, und Richard H. Thaler. 1995. »Anomalies: Ultimatums, Dictators, and Manners«, *Journal of Economic Perspectives* 9 (2), S. 209–219.

Card, David, 1990, »The Impact of the Mariel Boatlift on the Miami Labor Market«, *Industrial and Labor Relations Review* 43 (2), S. 245–257.

Centers for Disease Control and Prevention, 2002, »Annual Smoking-Attributable Mortality, Years of Potential Life Lost, and Economic Costs – United States, 1995–1999«, *Morbidity and Mortality Weekly Report*, 12. April, www.cdc. gov/mmwr/preview/mmwrhtml/mm5114a2.htm.

Charness, Gary, Luca Rigotti und Aldo Rustichini, 2007, »Individual Behavior and Group Membership«, *American Economic Review* 97 (4), S. 1340–1352.

Chen, Yan, und Sherry Xin Li, 2009, »Group Identity and Social Preferences«, *American Economic Review* 99 (1), S.431–457.

Christakis, Nicholas A., und James H. Fowler, 2008, »The Collective Dynamics of Smoking«, *New England Journal of Medicine* 358 (21), S.2249–2258.

Clark, Kenneth B., und Mamie P. Clark, 1950, »Emotional Factors in Racial Identification and Preference in Negro Children«, *Journal of Negro Education* 19 (3), S.341–350.

Coate, Stephen, und Glenn C. Loury, 1993, »Will Affirmative-Action Policies Eliminate Negative Stereotypes?«, *American Economic Review* 83 (5), 1220–1240.

Coleman, James S., 1961, *The Adolescent Society: The Social Life of the Teenager and Its Impact on Education,* New York.

Comer, James P., 1980, *School Power: Implications of an Intervention Project,* New York.

Comer, James P., 1988, *Maggie's American Dream: The Life and Times of a Black Family,* New York.

Connolly, William, 1991, *Identity/Difference,* Ithaca (New York).

Cook, Philip J., und Jens Ludwig, 1997, »Weighing the Burden of ›Acting White‹: Are There Race Differences in Attitudes toward Education?«, *Journal of Policy Analysis and Management* 16 (2), S. 256–278.

Core Knowledge Foundation, nicht datiert, »About Core Knowledge«, www. coreknowledge.org. nicht datiert, »Core Knowledge Research«, http://core-knowledge.org/CK/about/research/evali2_2002.htm.

Covaleski, Mark A., Mark W. Dirsmith, James B. Heian und Sajay Samuel, 1998, »The Calculated and the Avowed: Techniques of Discipline and Struggles over Identity in Big Six Public Accounting Firms«, *Administrative Science Quarterly* 43, (2), S. 293–327.

Croson, Rachel T., Melanie B. Marks und Jessica Snyder, 2003, »Groups Work for Women: Gender and Group Identity in the Provision of Public Goods«, nicht publizierte Arbeit, Wharton School, University of Pennsylvania. April.

Darity, William A., jr., Patrick L. Mason und James B. Stewart, 2006, »The Economics of Identity: the Origin and Persistence of Racial Identity Norms«, *Journal of Economic Behavior and Organization* 60 (3), S. 283–305.

Datnow, Amanda, Geoffrey Borman und Sam Stringfield, 2000, »School Reform through a Highly Specified Curriculum: Implementation and Effects of the Core Knowledge Sequence«, *Elementary School Journal* 101 (2), S. 167–191.

Davies, Margery, 1982, *Women's Place Is at the Typewriter: Office Work and Office Workers*, 1870–1930, Philadelphia.

Davis, John B., 2003, *The Theory of the Individual in Economics: Identity and Value,* London.

de Grazia, Victoria, 1996, *The Sex of Things: Gender and Consumption in Historical Perspective,* Berkeley.

Delpit, Lisa, 1995, *Other People's Children: Cultural Conflict in the Classroom,* New York.

Dickens, William T., und Thomas J. Kane, 1996, *Racial and Ethnic Preference in College Admissions,* Brookings Institution, Brookings Policy Brief Nr. 9, November.

»Dr. Bill Cosby Speaks«, 2004, www.eightcitiesmap.com/transcript_bc.htm.

Du Bois, William E. B., 1965, *The Souls of Black Folk,* Greenwich (Connecticut), (deutsche Ausgabe: *Die Seelen der Schwarzen,* Freiburg 2003).

Durlauf, Steven N., 2002, »On the Empirics of Social Capital«, *Economic Journal* 112 (483), S. 459–479.

Dyson, Michael E., 1996, *Between God and Gangsta Rap: Bearing Witness to Black Culture,* New York.

Eckert, Penelope, 1989, *Jocks and Burnouts: Social Categories and Identity in the High School,* New York.

Elkind, Andrea K., 1985, »The Social Definition of Women's Smoking Behavior«, *Social Science and Medicine* 20 (12), S. 1269–1278.

Elkins, Caroline, 2006, *Imperial Reckoning: The Untold Story of Britain's Gulag in Kenya,* New York.

Ellis, Charles D., 2008, *The Partnership: The Making of Goldman Sacks,* New York.

Ellwood, David T., 1988, *Poor Support: Poverty in the American Family,* New York.

Elster, Jon, 1989, *The Cement of Society: A Study of Social Order,* Cambridge.

Epple, Dennis, und Richard E. Romano, 1998, »Competition between Private and Public Schools, Vouchers, and Peer Group Effects«, *American Economic Review* 88 (1), S. 33–62.

Erikson, Kai, 1966, *The Wayward Puritans: A Study in the Sociology of Deviance,* New York, (deutsche Ausgabe: *Die widerspenstigen Puritaner: zur Soziologie abweichenden Verhaltens,* Stuttgart 1978).

Evans, William N., und Robert M. Schwab, 1995, »Finishing High School and Starting College: Do Catholic Schools Make a Difference?« *Quarterly Journal of Economics* 110 (4), S. 941–974.

Everhart, Richard, 1983, *Reading, Writing, and Resistance: Adolescence and Labor in a Junior High School,* London.

Fanon, Frantz, 1967, *Black Skin, White Masks,* New York, (deutsche Ausgabe: *Schwarze Haut, weisse Masken,* Frankfurt am Main 1985).

Farley, Reynolds, Charlotte Steeh, Tara Jackson, Maria Krysan und Keith Reeves, 1993, »Continued Racial Segregation in Detroit: ›Chocolate City, Vanilla Suburbs‹, Revisited«, *Journal of Housing Research* 4 (i), S. 1–38.

Fast, Norman, und Norman Berg, 1975, *The Lincoln Electric Company,* Harvard Business School Case Study 9-376-028, Boston (Massachusetts).

Fehr, Ernst, und Simon Gächter, 2002, »Do Incentive Contracts Undermine Voluntary Cooperation?« Institut für Empirische Wirtschaftsforschung, Universität Zürich, Working Paper Nr. 34. April.

Fehr, Ernst, und Klaus M. Schmidt, 1999, »A Theory of Fairness, Competition, and Cooperation«, *Quarterly Journal of Economics* 114 (3). S. 817–868.

Ferber, Marianne, und Julie Nelson, Hg., 1993, *Beyond Economic Man: Feminist Theory and Economics,* Chicago.

Ferguson, Ann A., 2001, *Bad Boys: Public Schools in the Making of Black Masculinity,* Ann Arbor.

Ferguson, Ronald F., 1998, »Can Schools Narrow the Test Score Gap?«, in: Christopher Jencks und Meredith Phillips, Hg., *The Black-White Test Score Gap,* Washington DC.

Ferguson, Ronald F., 2001, »A Diagnostic Analysis of Black-White GPA Disparities in Shaker Heights, Ohio«, *Brokings Papers on Education Policy* 2001, S. 347–414.

Fershtman, Chaim, und Uri Gneezy, 2001, »Discrimination in a Segmented Society: An Experimental Approach«, *Quarterly Journal of Economics* 116 (1), S. 351–377.

Fiore, Michael C., 1992, »Trends in Cigarette Smoking in the United States: The Epidemiology of Tobacco Use«, *Medical Clinics of North America* 76 (2), S. 289–303.

Fisher, Sue, 1995, *Nursing Wounds: Nurse Practitioners, Doctors, Women Patients, and the Negotiation of Meaning*, New Brunswick, (New Jersey).

Fliegel, Seymour, 1993, *Miracle in East Harlem: The Fight for Choice in Public Education*, New York.

Fogleman, Ronald R. 1995. »The Profession of Arms«, *Air Power Journal* 9 (3), S. 4f.

Folbre, Nancy, 1994, *Who Pays For the Kids? Gender and the Structures of Constraint*, New York.

Foley, Douglas E, 1990, *Learning Capitalist Culture: Deep in the Heart of Texas*, Philadelphia.

Foley, Douglas E, 2001, »The Great American Football Ritual: Reproducing Race, Class and Gender in Equality«, in: Andrew Yiannakis and Merrill J. Melnick, Hg., *Contemporary Issues in Sociology of Sport*, Champaign, Illinois.

Fordham, Signithia, 1996, *Blacked Out: Dilemmas of Race, Identity and Success at Capital High*, Chicago.

Franke, Katherine M., 1995, »The Central Mistake of Sex Discrimination Law: The Disaggregation of Sex from Gender«, *University of Pennsylvania Law Review* 114 (1), S. 1–99.

Frazier, Franklin, 1957, *The Black Bourgeoisie: The Rise of the New Middle Class in the United States*, New York.

Frey, Bruno, 2007, »The Economics of Awards«, *European Management Review* 2007 (4), S. 6–14.

Frey, Bruno S., und Reto Jegen, 2001, »Motivation Crowding Theory«, *Journal of Economic Surveys* 15 (5). S. 589–611.

Friedan, Betty, 1963, *The Feminine Mystique*, New York, (deutsche Ausgabe: *Der Weiblichkeitswahn oder die Selbstbefreiung der Frau*, Reinbek bei Hamburg 1970).

Friedman, Milton, 1953, »The Methodology of Positive Economics«, in: Milton Friedman, *Essays in Positive Economics*, Chicago.

Fryer, Roland G., und Paul Torelli, 2005, »An Empirical Analysis of Acting White«, National Bureau of Economic Research, Working Paper 11334, Mai.

Fudenberg, Drew, und David Levine, 2006, »A Dual-Self Model of Impulse Control«, *American Economic Review* 96 (5), S. 1449–1476.

Fulwood, Sam III., 1996, *Waking from the Dream: My Life in the Black Middle Class*, New York.

Gandhi, Mohandas, 1966, *An Autobiography*, London, (deutsche Ausgabe: *Eine Autobiographie*, Gladenbach/Hessen 1991).

Gibbons, Robert, 1987, »Piece-Rate Incentive Schemes«, Journal of Labor Economics 5 (4), Teil 1, S. 413–429.

Gibbons, Robert, »Incentives in Organizations«, 1998, *Journal of Economic Perspectives* 12 (4), S. 115–132.

Gibbons, Robert, und Michael Waldman, 1999, »Careers in Organizations: Theory and Evidence«, in: Orley Ashenfelter und David Card, Hg., Handbook of Labor Economics, Amsterdam.

Giving USA Foundation, 2008, »U.S. Charitable Giving Estimated to be $307.65 Billion in 2008«, http://www.philanthropy.iupui.edu/News/2009/docs/GivingReaches300billion_06102009.pdf.

Glaeser, Edward L., 2005, »The Political Economy of Hatred«, *Quarterly Journal of Economics* 120 (1). S. 45–86.

Glaeser, Edward L., David I. Laibson, Jose A. Scheinkman und Christine L. Soutter, 2000, »Measuring Trust«, *Quarterly Journal of Economics* 15 (3), S. 811–846.

Gneezy, Uri, Muriel Niederle und Aldo Rustichini, 2003, »Performance in Competitive Environments: Gender Differences«, *Quarterly Journal of Economics* 118 (3), S. 1049–1074.

Gneezy, Uri, und Aldo Rustichini, 2000, »A Fine is a Price«, *Journal of Legal Studies* 29 (1), S. 1–18.

Goette, Lorenz, David Huffman, und Stephan Meier, 2006, »The Impact of Group Membership on Cooperation and Norm Enforcement: Evidence Using Random Assignment to Real Social Groups«, *American Economic Review* 96 (2), S. 212–216.

Goffman, Erving, 1959, *The Presentation of Self in Everyday Life*, Garden City (New York), (deutsche Ausgabe: *Wir alle spielen Theater: die Selbstdarstellung im Alltag,* München 2010).

Goffman, Erving, 1961, *Encounters: Two Studies in the Sociology of Interaction*, Indianapolis, (deutsche Ausgabe: *Interaktion: Spaß am Spiel, Rollendistanz,* München 1973).

Goldin, Claudia, 1990, *Understanding the Gender Gap: An Economic History of American Women,* New York.

Goldin, Claudia, 2006, »The Quiet Revolution that Transformed Women's Employment, Education, and Family«, *American Economic Review* 96 (2), S. 1–21.

Goldin, Claudia, und Lawrence F. Katz, 1997, »Why the United States Led in Education: Lessons from Secondary School Expansion, 1910-1940«, National Bureau of Economic Research, Working Paper 6144. August.

Goldman Sachs, nicht datiert, »About Us: The Goldman Sachs Business Principles«, http://www2.goldmansachs.com/our-firm/about-us/business-principles.html.

Grant, Gerald, 1988, *The World We Created at Hamilton High,* Cambridge (Massachusetts).

Greenstein, Theodore N., 1996, »Husbands' Participation in Domestic Labor: Interactive Effects of Wives' and Husbands' Gender Ideologies«, *Journal of Marriage and the Family* 58 (3), S. 585–595.

Hannerz, Ulf, 1969, *Soulside: Inquiries into Ghetto Culture and Community,* New York.

Hanushek, Eric A., 1986, »The Economics of Schooling: Production and Efficiency of Public Schools«, *Journal of Economic Literature* 24 (3), S.1141–1177.

Harris, Judith R., 1998, *The Nurture Assumption: Why Children Turn Out the Way They Do,* New York, (deutsche Ausgabe: *Ist Erziehung sinnlos?: Warum Kinder so werden, wie sie sind*, Reinbek bei Hamburg 2002).

Harris, Judith R., 2006, *No Two Alike: Human Nature and Human Individuality,* New York, (deutsche Ausgabe: *Jeder ist anders: das Rätsel der Individualität,* München 2007).

Haslam, S. Alexander, 2001, *Psychology in Organizations: The Social Identity Approach,* Thousand Oaks, Kalifornien.

Hausman, Daniel, 1992, *The Inexact and Separate Science of Economics,* Cambridge.

Henig, Jeffrey R., 1993, *Rethinking School Choice: Limits of the Market Metaphor,* Princeton, New Jersey.

Heckman, James, 1999, »Policies to Foster Human Capital«, National Bureau of Economic Research, Working Paper Nr. 7288. August.

Hersch, Joni, und Leslie S. Stratton, 1994, »Housework, Wages, and the Division of Housework Time for Employed Spouses«, *American Economic Review* 84 (2), S. 120–125.

Hess, Thomas M., Corinne Auman, Stanley J. Colcombe und Tamara A. Rahhal, 2003, »The Impact of Stereotype Threat on Arbeitgeber Differences in Memory Performance«, *Journals of Gerontology Series B: Psychological Sciences and Social Sciences* 58: P3-P11.

Hochschild, Arlie, mit Anne Machung, 1990, *The Second Shift,* New York Avon, (deutsche Ausgabe: *Der 48-Stunden-Tag,* München 1993).

Hodson, Randy, 2001, *Dignity at Work,* Cambridge.

Hoff, Karia, und Priyanka Pandey, 2004, »Belief Systems and Durable Inequalities: An Experimental Investigation of Indian Caste«, World Bank, Policy Research Working Paper Nr. 3351. Juni.

Hollingshead, August de B., 1949, *Elmtown's Youth: The Impact of Social Classes on Adolescents,* New York.

Holmstrom, Bengt, 1982, »Moral Hazard in Teams«, *Bell Journal of Economics* 13 (2), S. 324–340.

Holmstrom, Bengt, und Paul Milgrom, 1991, »Multitask Principal-Agent Analyses: Incentive Contracts, Asset Ownership, and Job Design«, »Papers from the Conference on the New Science of Organization, January 1991,« Sondernummer des *Journal of Law, Economics, and Organization* 7, S. 24–52.

Holzer, Harry J., Paul Offner und Elaine Sorensen, 2004, »Declining Employment among Young Black Less-Educated Men: The Role of Incarceration and Child Support«, Institute for Research on Poverty, Discussion Paper 1281–04, Mai.

Homans, George C., 1951, *The Human Group,* London, (deutsche Ausgabe: *Theorie der sozialen Gruppe,* Opladen 1978).

Honey, Maureen, 1984, *Creating Rosie the Riveter: Class, Gender, and Propaganda during World War II.,* Amherst (Massachusetts).

hooks, bell, 1990, *Yearning: Race, Gender, and Cultural Politics,* Boston.

Hopkins, Ann, 2005, »Price Waterhouse v. Hopkins: A Personal Account of a Sexual Discrimination Plaintiff«, *Hofstra Labor and Employment Law Journal* 22, S. 357–410.

Horst, Ulrich, Alan Kirman und Miriam Teschl. 2007. »Changing Identity: The Emergence of Social Groups«, Institute for Advanced Study, Economics Working Paper 0078, September.

Huck, Steffen, Dorothea Kubler, und Jörgen Weibull, 2003. »Social Norms and Economic Incentives in Firms«, Nicht publizierte Arbeit, University College London, Mai.

Huntington, Samuel P., 1957, *The Soldier and the State: The Theory and Politics of Civil-Military Relations,* Cambridge (Massachusetts).

Israel, Jared, 2001, »The Sinking of the Ehime Maru: Was U.S. Sub Shadowing the Trawler?« *The Emperor's New Clothes,* 5. März, http://emperors-clothes. com/articles/jared/sink.htm.

Jacob, Brian A., und Steven D. Levitt, 2003, »Catching Cheating Teachers: The Results of an Unusual Experiment in Implementing Theory«, Brookings-Wharton Papers on Urban Affairs 2003, S. 185–209.

Janowitz, Morris, 1960, *The Professional Soldier: A Social and Political Portrait,* New York, Free Press, 1960.

Jencks, Christopher und Meredith Phillips, 1998, *The Black-White Test Score Gap,* Washington, DC.

Juravich, Tom. C., 1985, *Chaos on the Shop Floor: A Worker's View of Quality, Production and Management,* Philadelphia.

Kandori, Michihiro, 1992, »Social Norms and Community Enforcement«, *Review of Economic Studies* 59 (1), S. 63–80.

Kanter, Rosabeth Moss, 1977, *Men and Women of the Corporation,* New York.

Kaufman, Phillip, Martha N. Alt und Christopher Chapman, 2004, *Dropout Rates in the United States: 2001* (NCES *2005046)*, U.S. Department of Education, National Center for Education Statistics. Washington, DC.

Keegan, John, 1976, *The Face of Battle,* New York, (deutsche Ausgabe: *Das Antlitz des Krieges,* Düsseldorf 1978).

Keynes, John Maynard, 1960, *The General Theory of Employment, Interest and Money,* New York, (deutsche Ausgabe: John M. Keynes, *Allgemeine Theorie der Beschäftigung, des Zinses und des Geldes,* Berlin 1966).

Kling, Jeffrey R., 2006, »Incarceration Length, Employment and Earnings«, *American Economic Review* 96 (3), S. 863–876.

Kogut, Bruce, und Udo Zander, 1996, »What Firms Do? Coordination, Identity and Learning«, *Organization Science* 7 (5), S. 502–518.

Krug, Edward A., 1964, *The Shaping of the American High School, 1880–1920,* Madison (Wisconsin).

Krug, Edward A., 1972. *The Shaping of the American High School, 1920–1941,* Madison (Wisconsin).

Kuran, Timur, und William H. Sandholm, 2008, »Cultural Integration and Its Discontents«, *Review of Economic Studies* 75 (1), S. 201–228.

Laibson, David I., 1997, »Golden Eggs and Hyperbolic Discounting«, »In Memory of Amos Tversky (1937–1996)«, Sondernummer des *Quarterly Journal of Economics* 112 (2), S. 443–477.

Laibson, David I., Andrea Repetto, und Jeremy Tobacman, 1998, »Self-Control and Saving for Retirement«, *Brookings Papers on Economic Activity* 1998 (1), S. 91–172.

Lazear, Edward P., 1989, »Pay Equality and Industrial Politics«, Journal of Political Economy 97 (3), S. 561–580.

Lazear, Edward P., und Sherwin Rosen, 1990, »Male-Female Wage Differentials in Job Ladders«, *Journal of Labor Economics* 8 (1), Teil 2, S. 106–123.

Levitt, Steven D., und Sudhir A. Venkatesh, 2000, »An Economic Analysis of a Drug-Selling Gang's Finances«, *Quarterly Journal of Economics* 115 (3), S. 755–789.

Lindbeck, Assar, Sten Nyberg, und Jörgen W. Weibull, 1999, »Social Norms and Economic Incentives in the Welfare State«, *Quarterly Journal of Economics* 114 (1), S. 1–35.

Lindbeck, Assar, Sten Nyberg, und Jörgen W. Weibull, 2003, »Social Norms and Welfare State Dynamics«, *Journal of the European Economic Association,* 1 (2–3), S. 533–542.

Lipsky, David, 2003, *Absolutely American: Four Years at West Point,* Boston.

Loewenstein, George, 1987, »Anticipation and die Valuation of Delayed Consumption«, *Economic Journal* 97 (387), S. 666–684.

Loewenstein, George, und Drazen Prelec, 1992, »Anomalies in Intertemporal Choice: Evidence and an Interpretation«, *Quarterly Journal of Economics* 107 (2), S. 573–597.

Loewenstein, George, und Richard H. Thaler, 1989, »Anomalies: Intertemporal Choice«, *Journal of Economic Perspectives* 3 (4), S. 181–93.

Loury, Glenn C., 1995, *One by One from the Inside Out,* New York.

Loury, Glenn C., 2002, *The Anatomy of Racial Inequality,* Cambridge (Massachusetts).

Lundberg, Shelly, und Robert Pollak, 1993, »Separate Spheres Bargaining and the Marriage Market«, *Journal of Political Economy* 101 (6), S. 988–1010.

Mackie, Gerry, 1996, »Ending Footbinding and Infibulation: A Convention Account«, *American Sociological Review* 61 (6), S. 999–1017.

MacKinnon, Catharine A., 1979, *Sexual Harassment of Working Women,* New Haven (Connecticut).

Manski, Charles F., 1993, »Identification of Endogenous Social Effects: The Reflection Problem«, *Review of Economic Studies* 60 (3), S. 531–542.

Martin J. A., B. E. Hamilton, P. D. Sutto, S. J. Ventura, F. Menacker, S. Kirmeyer, und M. L. Munson, 2007, *Births: Final Data for 2005,* National Vital Statistics Reports 56, Nr. 6., Hyattsville, (Maryland), http://www.cdc.gov/nchs/data/nvsr/nvsr56/nvsr56_06.pdf.

McLeish, Kendra N. und Robert J. Oxoby. 2006. »Identity, Cooperation, and Punishment«, Nicht publizierte Arbeit, University of Calgary, März.

McNally, Jeffrey A., 1991, *The Adult Development of Career Army Officers,* New York.

Meier, Deborah, 1995, *The Power of Their Ideas,* Boston.

Miguel, Edward, und Mary Kay Gugerty, 2005, »Ethnic Diversity, Social Sanctions, and Public Goods in Kenya«, *Journal of Public Economics* 89 (11–12), S. 2325–2368.

Milgrom, Paul, und John Roberts, 1992, *Economics, Organization and Management,* Englewood Cliffs, (New Jersey).

Milkman, Ruth, 1987, *Gender at Work: The Dynamics of Job Segregation by Sex during World War II.,* Urbana (Illinois).

Miller, Kerby A., 1985, »Assimilation and Alienation: Irish Emigrants' Responses to Industrial America«, in: P. J. Drudy, Hg., *The Irish in America: Emigration, Assimilation and Impact,* Cambridge.

Mincer, Jacob, und Solomon Polachek, 1974, »Family Investments in Human Capital: Earnings of Women«, *Journal of Political Economy* 82 (2), Teil 2, S. 76–108.

Moore, Harold G., und Joseph L. Galloway, 1992, *We Were Soldiers Once – and Young: Ia Drang, the Battle That Changed the War in Vietnam,* New York.

Moskos, Charles C., John Alien Williams, und David R. Segal, 2000, »Armed Forces after the Cold War«, in Charles C. Moskos, John Alien Williams, und David R. Segal, Hg., *Armed Forces after the Cold War,* Oxford.

Mullainathan, Sendhil, und Andrei Shleifer, 2005, »The Market for News«, *American Economic Review* 95 (4), S. 1031–1053.

Munnell, Alicia H., Geoffrey M. B. Tootell, Lynn E. Browne, und James McEneaney, 1996, »Mortgage Lending in Boston: Interpreting HMDA Data«, *American Economic Review* 86 (1), S. 25–53.

Myrdal, Gunnar, 1944, *An American Dilemma: The Negro Problem and American Democracy,* New York.

Nash, John, 1953, »Two-Person Cooperative Games«, Econometrica 21 (1), S. 128–140.

Nation of Islam, nicht datiert, »What the Muslims Want«, www.noi.org/muslim_program.htm.

Neal, Derek, 1997, »The Effects of Catholic Secondary Schooling on Educational Achievement«, *Journal of Labor Economics,* 15 (1), Teil1, S. 98–123.

Neal, Derek, 2005, »Black-White Labour Market Inequality in the United States«, Arbeitspapier für das *New Palgrave Dictionary of Economics.*

Neal, Derek, 2006. »Why Has Black-White Skill Convergence Stopped?«, in: Eric A. Hanushek und Finis Welch, Hg., *Handbook of the Economics of Education,* Bd. 1, Amsterdam.

Nelson, Jill, 1993, *Volunteer Slavery: My Authentic Negro Experience,* New York.

Newman, Katherine B., 2000, *No Shame in My Game: The Working Poor in the Inner City,* New York.

NIAOnline, 2005, »When Keeping It Real Goes Right«, 30. August, www.niaon-line.com.

Nisbett, Richard E., und Dov Cohen, 1996, *Culture of Honor: The Psychology of Violence in the South,* Boulder (Colorado).

Norton, Anne, 1988, *Reflections on Political Identity,* Baltimore (Maryland).

Ogbu, John U., 1974, *The Next Generation: An Ethnography of Education in an Urban Neighborhood,* New York.

Ostrom, Elinor, 1990, *Governing the Commons: The Evolution of Institutions for Collective Action,* Cambridge, (deutsche Ausgabe: *Die Verfassung der Allmende: jenseits von Staat und Markt,* Tübingen 1999).

Oxoby, Robert J., 2004, »Cognitive Dissonance, Status and Growth of the Underclass«, *Economic Journal* 114 (498), S. 727–749.

Padavic, Irene, 1991, »The Recreation of Gender in a Male Workplace«, *Symbolic Interaction* 14 (3), S. 279–294.

Parker Core Knowledge School, nicht datiert, »Dress Code«, PCKS Parent Handbook, www.ckcs.net.

Pepper, John, 2005, *What Really Matters,* Cincinnati (Ohio).

Peshkin, Allen, 1986, *God's Choice: The Total World of a Fundamentalist Christian School,* Chicago.

Peters, Thomas J., und Robert H. Waterman jr., 1982, *In Search of Excellence,* New York, (deutsche Ausgabe: *Auf der Suche nach Spitzenleistungen,* Heidelberg 2006).

Phelps, Edmund S., und Robert A. Pollak, 1968, »On Second-Best National Saving and Game-Equilibrium Growth«, *Review of Economic Studies* 35 (2), S. 185–199.

Pierce, Jennifer, 1995, *Gender Trials: Emotional Lives in Contemporary Law Firms.* Berkeley.

Pierson, Ruth R., 1986, *They're Still Women After All: The Second World War and Canadian Womanhood,* Toronto.

Powell, Arthur G., Eleanor Farrar und David K. Cohen, 1985, *The Shopping Mall High School: Winners and Losers in the Educational Marketplace,* Boston.

Prendergast, Canice, 1999, »The Provision of Incentives in Firms«, *Journal of Economic Literature* 37 (1), S. 7–63.

Prendergast, Canice, 2003, »The Motivation and Bias of Bureaucrats«, Nicht publizierte Arbeit, Graduate School of Business, University of Chicago. Oktober.

Preston, Anne, 1997, »Sex, Kids, and Commitment to the Workplace: Employers, Employees, and the Mommy Track«, Russell Sage Foundation, Working Paper Nr. 123.

Price Waterhouse v. Hopkins, 1989, Nr. 87–1167, 490 U.S. 228; 109 S. Ct. 1775; 104 L. Ed. 2d 268; 1989 U.S. LEXIS 2230; 57 U.S.L.W. 4469; 49 Fair Empl. Prac. Cas. (BNA) 954; 49 Empl. Prac. Dec. (CCH) P38,936. 31. Oktober 1988, Argued, 1. Mai 1989, Decided, http://bss.sfsu.edu/naff/Diversity/fall%20 2001/Hopkins%20v%20PW.htm.

Pringle, Rosemary, 1988, *Secretaries Talk: Sexuality, Power and Work,* New York.

Rabin, Matthew, 1993, »Incorporating Fairness into Game Theory and Economics«, *American Economic Review* 83 (5), S. 1281–1302.

Rainwater, Lee, 1970, *Behind Ghetto Walls: Black Families in a Federal Slum,* Chicago.

Ravitch, Diane, 1983, *The Troubled Crusade: American Education, 1945–1980,* New York.

Ricks, Thomas E., 1997, »The Widening Gap between the Military and Society«, *Atlantic Monthly,* Juli, S. 66–78.

Rivkin, Steven G., Eric A. Hanushek und John F. Kain. 2005. »Teachers, Schools, and Academic Achievement«, *Econometrica* 73 (2), S. 417–458.

Rob, Rafael, und Peter Zemsky, 2002, »Social Capital, Corporate Culture, and Incentive Intensity«, *RAND Journal of Economics* 33 (2), S. 243–257.

Rodgers, William, 1969, *Think: A Biography of the Watsons and IBM,* New York, (deutsche Ausgabe: Die IBM-Saga: ein Unternehmen verändert die Welt, Frankfurt am Main 1973).

Rodriguez, Richard, 1982, *Hunger of Memory: The Education of Richard Rodriguez,* New York.

Romer, Paul M., 1994, »Preferences, Promises, and the Politics of Enlightenment«, nicht publizierte Arbeit; University of California at Berkeley, Dezember.

Rostker, Bernard, Harry Thie, James Lacy, Jennifer Kawata und Susanna Purcell, 1993, *The Defense Officer Personnel Management Act of 1980: A Retrospective Assessment,* Santa Monica (Kalifornien).

Roy, Donald F., 1952, »Quota Restriction and Goldbricking in a Machine Shop«, *American Journal of Sociology* 57 (5), S. 427–442.

Roy, Donald F., 1953, »Work Satisfaction and Social Reward in Quota Achievement: An Analysis of Piecework Incentive«, American Sociological Review 18 (5), S. 507–514.

Rumbaut, Ruben G., 2000, »Children of Immigrants and Their Achievement: The Role of Family, Acculturation, Social Class, Gender, Ethnicity, and School Contexts«, nicht publizierte Arbeit, Michigan State University.

Rumsfeld, Donald H., 2002, »Lucky Us: A Tribute to Milton Friedman,« National Review On-line, 31. Juli www.nationalreview.com/nrof_document/document073102.asp.

Said, Edward W., 1978, *Orientalism,* New York, (deutsche Ausgabe: *Orientalismus,* Frankfurt am Main 1981).

Schelling, Thomas C., 1971, »Dynamic Models of Segregation«, *Journal of Mathematical Sociology* 1 (1), S. 143–186.

Schultz, Vicki. 1998. »Reconceptualizing Sexual Harassment«, *Yale Law Journal* 107 (6), S. 1683–1805.

Schultz, Vicki. 2003, »The Sanitized Workplace«, *Yale Law Journal* 112 (8), S. 2061–2103.

Seashore, Stanley E., 1954, *Group Cohesiveness in the Industrial Work Group,* Ann Arbor, (Michigan).

Selznick, Philip, 1957, *Leadership in Administration,* Berkeley.

Sen, Amartya K., 1970, »The Impossibility of a Paretian Liberal«, *Journal of Political Economy* 78 (1), S. 152–157.

Sen, Amartya K., 1977, »Rational Fools: A Critique of the Behavioral Foundations of Economic Theory«, *Philosophy and Public Affairs* 6 (4), S. 317–344.

Sen, Amartya K., 1985, »Goals, Commitment and Identity«, *Journal of Law, Economics, and Organization* 1 (2), S. 341–355.

Sen, Amartya K., 1997, »Maximization and the Act of Choice«, *Econometrica* 65 (4), S. 745–779.

Sen, Amartya K., 2006, *Identity and Violence: The Illusion of Destiny,* New York, (deutsche Ausgabe: *Die Identitätsfalle: Warum es keinen Krieg der Kulturen gibt; die brillante Analyse des Nobelpreisträgers,* München 2010).

Shapiro, Carl, und Joseph E. Stiglitz, 1984, »Equilibrium Unemployment as a Worker Discipline Device«, *American Economic Review* 74 (3), S. 433–444.

Sherif, Muzafer, O.J. Harvey, B.Jack White, William R. Hood, und Carolyn W. Sherif, 1954, *Intergroup Conflict and Cooperation: The Robbers Cave Experiment,* Norman (Oklahoma).

Smith, Vicki, 2001, *Crossing the Great Divide: Worker Risk and Opportunity in the New Economy,* Ithaca, (New York).

Spencer, Steven M., Claude M. Steele und Diane M. Quinn, 1999, »Stereotype Threat and Women's Math Performance«, *Journal of Experimental Social Psychology* 35 (1), S. 4–28.

Stamberg, Susan, 2001, »Profile: Loyalty in the Military«, Interview, National Public Radio, 27. März.

Stanley, Marcus, Lawrence Katz und Alan Krueger, 1998, »Impacts of Employment Programs: The American Experience«, Nicht publizierte Arbeit, Harvard University.

Staples, Brent, 1994, *Parallel Time: Growing Up in Black and White,* New York.

Steele, Claude, und Joshua Aronson, 1995, »Stereotype Threat and the Intellectual Test Performance of African Americans,« *Journal of Personality and Social Psychology* 69 (5), S. 797–811.

Stewart, James B., 1997, »NEA Presidential Address, 1994: Toward Broader Involvement of Black Economists in Discussions of Race and Public Policy: A Plea for a Reconceptualization of Race and Power in Economic Theory«, in: James B. Stewart, Hg., *African Americans and Post-Industrial Labor Markets,* New Brunswick (New Jersey).

Stigler, George J., und Gary S. Becker, 1977, »De Gustibus Non Est Disputandum«, *American Economic Review* 67 (1), S. 76–90.

Stouffer, Samuel A., Edward A. Suchman, Leiand C. DeVinney, Shirley A. Star und Robin M. Williams jr., 1949a, *The American Soldier,* Bd. 1, *Adjustment during Army Life,* Princeton (New Jersey).

Stouffer, Samuel A., Arthur A. Lumsdaine, Marion Harper Lumsdaine, Robin M. Williams Jr., M. Brewster Smith, Irving L. Janis, Shirley A. Star und Leonard S. Cottrell jr., 1949b, *The American Soldier,* Bd. 2. *Combat and Its Aftermath,* Princeton (New Jersey).

Strober, Myra H., und Carolyn Arnold, 1987, »The Dynamics of Occupational Segregation among Bank Tellers«, in: Clair Brown und Joseph Pechman, Hg., *Gender in the Workplace,* Washington DC.

Strotz, Robert H., 1956, »Myopia and Inconsistency in Dynamic Utility Maximization«, *Review of Economic Studies* 23 (3), S. 165–180.

Tajfel, Henri, Michael G. Billig, Robert P. Bundy und Claude Flament, 1971, »Social Categorization and Intergroup Behavior«, *European Journal of Social Psychology* 1 (2), S. 149–178.

Terkel, Studs, 1974, *Working: People Talk About What They Do All Day and How They Feel About What They Do,* New York.

»Text of Obama's Speech: A More Perfect Union«, 2008, *Wall Street Journal,* 18. März, http://blogs.wsj.com/washwire/2008/03/18/text-of-obamas-speech-a-more-perfect-union/.

Thaler, Richard H., und Hersh M. Shefrin, 1981, »An Economic Theory of Self-Control«, *Journal of Political Economy* 89 (2), S. 392–406.

TobaccoDocuments.Org. nicht datiert, »Tobacco Documents Online: Collections-PM Advertising Archive«, http://tobaccodocuments.org/ads_pm/.

Tolnay, Stewart E., Glenn Deane und E. M. Beck. 1996. »Vicarious Violence: Spatial Effects on Southern Lynchings, 1890–1919«, *American Journal of Sociology* 102 (3), S. 788–815.

Tsuya, Noriko O., Larry L. Bumpass und Minja Kim Choe, 2000, »Gender, Employment, and Housework in Japan, South Korea, and the United States«, *Review of Population and Social Policy* 9, S. 195–220.

Turner, Victor Witter, 1995, *The Ritual Process,* New York, (deutsche Ausgabe: *Das Ritual: Struktur und Anti-Struktur*, Frankfurt am Main 2005).

U.S. Bureau of the Census. 1992. *Statistical Abstract of the United States,* Washington DC.

U.S. Bureau of the Census. 2000, *Statistical Abstract of the United States,* www.census.gov/prod/2001pubs/statab/sec13.pdf.

U.S. Bureau of the Census. 2006, *Statistical Abstract of the United States,* www.census.gov/prod/2005pubs/06statab/vitstat.pdf.

U.S. Bureau of the Census. 2008, *Current Population Survey: Annual Social and Economic Supplement,* 2007, www.census.gov/macro/032008/pov/new03_100_06.htm.

U.S. Bureau of the Census. 2009, *Statistical Abstract of the United States,* Washington DC.

U.S. Census, 2008, *Current Population Survey, Annual Social and Economic (ASEC) Supplement,* http://pubdb3.census.gov/macro/032008/pov/new03_100_06.htm.

U.S. Census Bureau, nicht datiert, *Historical Poverty Tables,* http://www.census.gov/hhes/www/censpov.html.

U.S. Census Bureau, 2003, »Women Edge Men in High School Diplomas, Breaking 13 Year Deadlock«, *U.S. Census Bureau News,* 21. März, www.census.gov/Press-Release/www/releases/archives/education/000818.html.

U.S. Census Bureau and U.S. Bureau of Labor Statistics, 2008, *Current Population Survey,* www.bls.gov/cps/cpsaat11.pdf.

U.S. Court of Appeals for the Eighth Circuit, 1997, Lois E. Jenson v. Eveleth Taconite Co. Case 97–1147. www.ca8.uscourts.gov/opndir/97/12/971147P.pdf.

U.S. Department of Labor, nicht datiert, *Find It! By Topic: Training-Job Corps,* www.dol.gov/dol/topic/training/jobcorps.htm.

U.S. Department of Labor, 1968, *Job Tenure of Workers,* Januar 1968, Special Labor Force Report 112, Washington DC.

U.S. Department of Labor, Bureau of Labor Statistics, 2006, *Current Population Survey: Annual Demographic Survey, March Supplement,* http://pubdb3.census.gov/macro/032005/pov/new01_200_05.htm.

U.S. Military Academy at West Point, nicht datiert, »About the Academy«, www.usma.edu/about.asp.

U.S. Military Academy at West Point, nicht datiert, »U.S. Military Academy Mission«, www.usma.edu/mission.asp.

Valenzuela, Angela, 1999, *Subtractive Schooling: U.S.-Mexican Youth and the Politics of Caring,* Albany.

Varian, Hal, 1974, »Equity, Envy, and Efficiency«, *Journal of Economic Theory* 9 (1), S. 63–91.

Wakin, Malham, nicht datiert, »Service before Self«, in: *United States Air Force, Guides, Essays and Articles about the Air Force Core Values,* http://www.usafa.af.mil/core-value/service-before-self.html.

Waldron, Ingrid, 1991, »Patterns and Causes of Gender Differences in Smoking«, *Journal of Social Science and Medicine* 32 (9), S. 989–1005.

Watson, James D., 1969, *The Double Helix: A Personal Account of the Discovery of the Structure of DNA,* New York, (deutsche Ausgabe: *Die Doppelhelix: ein persönlicher Bericht über die Entdeckung der DNS-Struktur,* Reinbek bei Hamburg 2001).

Watson, James D., und Francis H. C. Crick, 1953, »A Structure for Deoxyribose Nucleic Acid«, *Nature* 171 (4356), S. 737f.

Weber, Max, 1980, *Wirtschaft und Gesellschaft,* Tübingen.

Weiss, Lois, 1990, *Working Class without Work: High School Students in a Deindustrializing Economy,* New York.

Whyte, William Foote, 1943, *Street Corner Society: The Social Structure of an Italian Slum,* Chicago.

Williams, Christine, 1989, *Gender Differences at Work: Women and Men in Non-traditional Occupations,* Berkeley.

Willis, Paul R., 1977, *Learning to Labour: How Working Class Kids Get Working Class Jobs,* Westmead, (United Kingdom), (deutsche Ausgabe: *Spaß am Widerstand: Gegenkultur in der Arbeiterschule,* Frankfurt 1982).

Wilson, William J., 1987, *The Truly Disadvantaged,* Chicago.

Wilson, William J., 1996, *When Work Disappears: The World of the New Urban Poor,* New York.

Wurzburg, Lynne A., und Robert A. Klonoff, 1997, »Legal Approaches to Sex Discrimination«, in: Hope Landrine und Elizabeth A. Klonoff, Hg., *Discrimination against Women: Prevalence, Consequences, Remedies,* Thousand Oaks (Kalifornien).

Young, Peyton, 2008, »Self-Perception and Self-Knowledge«, Department of Economics, University of Oxford, Working Paper Nr. 383.

»You've Come a Long Way, Baby«, nicht datiert, Tobacco Ads Online, http://tobaccodocuments.org/ads_pm/2058502462.html.

Die neue Hypermacht der Kunden

Bernoff, Schadler
Empowered – Die neue Macht der Kunden
Wie Unternehmen und ihre Mitarbeiter
Facebook & Co. nutzen können
ca. 250 Seiten
ISBN 978-3-446-42698-6

Im Internet-Zeitalter schlucken die Kunden nicht länger die Hochglanzwerbung der Unternehmen, sie lassen sich nicht mit billigen Sprüchen abspeisen, sondern melden sich zu Wort, lautstark und unmissverständlich. Erfahrungsberichte anderer Nutzer zeigen gnadenlos, ob das neue Handy, das Hotel im sonnigen Süden oder der aktuellste Fashion-Style wirklich so gut ist – oder ob uns clevere Marketing-Strategen mal wieder das Blaue vom Himmel versprechen.

Unternehmen können sich nicht länger darauf verlassen, dass unzufriedene Kunden stillhalten. Denn die vernetzen sich, nutzen über ihre Smartphones und Netbooks Social Media wie Facebook und Twitter, tauschen sich aus, sofort und unkontrollierbar. Unternehmen, die sich dieser neuen Realität stellen, bieten sich enorme Chancen: Durch Mitarbeiter, die über das Internet Kontakt zu den Kunden suchen und halten, erfahren sie viel mehr als ihre verschlafenen Mitbewerber, können bei Pannen schneller reagieren und Kundenwünsche besser verstehen.

HANSER

Warum der Westen Platz machen muss – und nur gewinnen kann

Bremmer
Das Ende des freien Marktes
Der ungleiche Kampf zwischen
Staatsunternehmen und Privatwirtschaft
240 Seiten
ISBN 978-3-446-42700-6

Staatskapitalismus lautet die Formel, die westliche Unternehmen und Demokratien neuerdings das Fürchten lehrt: Riesige Unternehmen wie Gazprom und Rosneft, Sinopec und die Industrial and Commercial Bank of China (ICBC) werden von staatlicher Seite massiv unterstützt – finanziell und durch die Gesetzgebung. Sie verfolgen nicht nur wirtschaftliche Ziele, sondern politische: Sie sollen den Einfluss ihres Ursprungslands und seiner Machthaber sichern. Zur Durchsetzung ihrer Interessen ist jedes Mittel recht: Preiskämpfe, Lohndumping, Bestechung. Die Hauptakteure sitzen in China, Russland, Saudi-Arabien und im Iran – doch ihr Erfolg ruft immer mehr Nachahmer in den Schwellenländern auf den Plan.

Westliche Unternehmen sind dagegen machtlos: Sie sind Zwerge im Vergleich zu den gigantischen Staatsunternehmen. Wie soll man einem Unternehmen wie der China Investment Corporation (CIC) ernsthaft Konkurrenz machen, deren Kapital mit rund 200 Milliarden Dollar dem Bruttoinlandsprodukt eines mittelgroßen Staates wie Portugal entspricht?

Mehr Informationen zu diesem Buch und zu unserem
Programm unter **www.hanser-literaturverlage.de**

Warum die alten Konfrontationslinien der Weltpolitik nicht mehr gelten

Rahr
Der kalte Freund
Warum wir Russland brauchen:
Die Insider-Analyse
ca. 250 Seiten
ISBN 978-3-446-42438-8

Russland wird für Europa und besonders für Deutschland immer wichtiger: Der größte Flächenstaat der Erde ist gesegnet mit allen Bodenschätzen, die unseren Wohlstand sichern können, braucht unsere Technologie, bietet uns eine Freihandelszone an und ist bereit, uns vor möglichen Raketenangriffen zu schützen.

Aber Russland ist ein schwieriger Partner: Wir sind schockiert von der ausufernden Korruption, der fehlenden Rechtsstaatlichkeit und den autoritären Machtstrukturen eines Landes, das sich vor 20 Jahren vom Kommunismus befreite. Der Umwandlungsprozess ist noch nicht abgeschlossen und steckt voller Gefahren.

Alexander Rahr zählt zu den besten Russlandkennern Deutschlands. In seinem neuen Buch gibt er Antworten auf die brennendsten Fragen: Wer wird 2012 Russlands neuer Präsident? Welche Chancen bietet der russische Markt nach dem Ende der Finanzkrise? Ist Russland der große Gewinner der Krise – und wie sollten wir unser Verhältnis zu Russland gestalten?

Mehr Informationen zu diesem Buch und zu unserem
Programm unter **www.hanser-literaturverlage.de**

Droht uns ein neuer Kalter Krieg?
Ein kalter Wirtschaftskrieg?

Sandschneider
Der erfolgreiche Abstieg Europas
Heute Macht abgeben, um morgen
zu gewinnen
ca. 250 Seiten
ISBN 978-3-446-42352-7

Die Zahlen sprechen eine klare Sprache: Im Jahr 1900 lebten noch rund 21% der
Weltbevölkerung in Europa, 2050 werden es gerade mal 7,6% sein. Versinken wir
in der Bedeutungslosigkeit?

Aufstrebende Schwellenländer wie China, Indien, Brasilien und Russland gewinnen
an wirtschaftlicher Stärke, machen uns mit ihrem Rohstoffhunger angestammte
Plätze streitig und beanspruchen immer mehr politische Macht. Der Westen dagegen
ächzt unter den Folgen der Wirtschaftskrise und ist geschwächt. Gigantische
Schuldenberge schnüren kommenden Generationen die Luft ab. Unser technolo-
gischer Vorsprung, jahrzehntelang Garant unseres Wohlstands, schmilzt dahin.

Eberhard Sandschneider zeigt eine überzeugende Alternative auf: Wenn wir freiwillig Macht abgeben, kann ein neues Gleichgewicht zum Nutzen aller entstehen –
nur so werden wir unseren Einfluss in der Welt wahren. Eine kluge und dabei
sehr lesbare Analyse.

Mehr Informationen zu diesem Buch und zu unserem
Programm unter **www.hanser-literaturverlage.de**